纳税服务心理学

NASHUI FUWU XINLIXUE

马岩／著

立信会计出版社
LIXIN ACCOUNTING PUBLISHING HOUSE

图书在版编目(CIP)数据

纳税服务心理学 / 马岩著.—上海：立信会计出版
社,2018.12
　　ISBN 978-7-5429-6103-7

　　Ⅰ.①纳… Ⅱ.①马… Ⅲ.①纳税-税收管理-心
理学分析-中国 Ⅳ.①F812.423-05

　　中国版本图书馆 CIP 数据核字(2019)第 045359 号

策划编辑　张巧玲
责任编辑　许　颖
封面设计　南房间

纳税服务心理学

出版发行	立信会计出版社		
地　　址	上海市中山西路 2230 号	邮政编码	200235
电　　话	(021)64411389	传　　真	(021)64411325
网　　址	www.lixinph.com	电子邮箱	lixinaph2019@126.com
网上书店	http://lixin.jd.com		http://lxkjcbs.tmall.com
经　　销	各地新华书店		
印　　刷	上海天地海设计印刷有限公司		
开　　本	710 毫米×1000 毫米	1/16	
印　　张	18	插　　页	1
字　　数	266 千字		
版　　次	2018 年 12 月第 1 版		
印　　次	2018 年 12 月第 1 次		
书　　号	ISBN 978-7-5429-6103-7/F		
定　　价	68.00 元		

如有印订差错,请与本社联系调换

前　言

　　纳税服务是政府公共服务的重要形式,也是税务机关税收工作的两个核心业务之一。随着社会经济发展水平的提高和私人部门致力于服务质量提升的示范效应,人民群众期待政府能提供更加优质、高效、便捷的公共服务。党和政府为顺应人民群众的新期待,提出了建设服务型政府的主张。对税务机关来说,提高纳税服务水平是建设服务型税务机关、推进税收治理现代化、营造良好营商环境、深化"放管服"改革的重要抓手。

　　长期以来,由于税务管理高层对纳税服务的高度重视和不断推动,各级税务机关的实践探索,以及学术界研究的推进,纳税服务水平无论在实践层面还是在理论层面都得到了长足的发展,纳税服务质量得以大幅提升,纳税人满意度逐年走高。目前国内的纳税服务研究大都着重于税收、法律和管理的视角,缺乏对纳税服务心理层面的研究。本书以行为公共管理学的新视角,探讨纳税服务过程中服务提供者与接受者以及服务互动、服务环境、服务接触等诸维度中涉及到的感知、认知、动机、情绪、情感、体验等心理因素在纳税服务质量评价中的作用,试图找到进一步提高纳税服务质量的有效途径。作为心理学与公共管理学交叉的新兴学科,行为公共管理学采用科学方法对公共管理现象与心理过程的共有部分进行研究,重点探索政府与公民互动中政府行为与公民体验的动力机制、反馈过程和判断评价,无疑对纳税服务研究提供了绝佳的切入点。但由于本人水平有限,加上有些知识节点过于艰深,在某些环节未能充分展开,以期将来时机成熟时再进行深入研究。

　　本书成书过程中,李朝波、唐小庭、彭俐钗、王世江、兰玲、周粤萍、贺鸿燕、王颖香、彭夏云等在谋篇布局、资料提供、问卷调查、实地调研等方面给予了大力支持和帮助,在此表示衷心感谢。在写作中,借鉴了很多网站、报纸和书籍,吸收了国内外学者的研究成果,同样表示衷心感谢。本书作为行为公共管理学应用在纳税服务领域的首次尝试,不足之处在所难免,希望广大读者提出宝贵建议和意见,对本书的不足之处提出批评指正,本人将不胜感激!

作者

2018 年 10 月

目　录

第一章

绪　　论

第一节　纳税服务研究的回顾与反思

一、纳税服务发展历程回顾

纳税服务的构想在我国最早提出来是在 1990 年召开的全国税收征管工作会议上,当时提出要把征管过程看作是为纳税人服务的过程,主张既要严格依法进行征、管、查,也要热心为纳税人服务,搞好支、帮、促。在 1993 年召开的全国税制改革工作会议上,"为纳税人服务"的口号第一次被提出,明确了纳税服务与税收征管之间的关系。1994 年,我国推行了分税制财政体制改革,一些地方开始试行"纳税申报、税务代理、税务稽查"三位一体的税收征管模式。1996 年召开的全国税收征管改革会议提出了"以申报纳税和优化服务为基础,以计算机网络为依托,集中征收,重点稽查"的新型税收征管模式,"优化服务"在税收征管中的基础地位首次被确定,纳税服务在我国作为公共服务的一个核心思想以文件的形式被正式确定下来。1997 年,国家税务总局下发了《关于深化税收征管改革的方案》,在全国税务系统范围内推行征管改革,提出要把优化税收服务作为税收征管的基础。1998 年,国家税务总局出台了《国税总局关于印发〈全国税务系统办税服务厅规范化服务要求〉的通知》,明确了把办税服务厅作为税务机关为纳税人办理日常税务事宜和提供税务服务的场所。

2000 年,国家税务总局印发了《关于在全国税务系统进一步实行文明办税"八公开"的意见》,此举措增加了税收执法透明度,使税务部门的执法行为置于广大纳税人的监督之下,有利于增强广大税务干部依法治税的自觉性,促进勤政廉政建设;有利于办事公平、公开、公正,改善征纳双方关系,体现了社会主义市场经济条件下做好税收工作、全心全意为纳税人服务的必然要求。2001 年,新的《中华人民共和国税收征收管理法》第七条"税务机关应当广泛宣传税收法律、行政法规,普及纳税知识,无偿为纳税人提供纳税咨询服务"和第九条第二款"税务机关、税务人员必须秉公执法、忠于职守、清正廉洁、礼貌待人、文明服务,尊重和保护纳税人、扣缴义务人的权利,依法接受监督"是对纳税服务的直接规定,使纳税服务从精神文明和职业道德的层面转变为法律规定的税务机关的法定行政行为,实现了质的飞跃。2003 年,国家税务总局下发《关于加强纳税服务工作的通知》,明确开展纳税服务在日常税务工作中的地位,尤其是明确了纳税服务作为构建现代税收征管新格局的基础环节的地位,为各级税务机关将纳税服务工作列入重要议事日程提供了重要的制度保障。相应地,国家税务总局在征收管理司专门成立了纳税服务处,也在某种程度上为纳税服务提供了组织机构保障。2004 年,"优化服务"理念被时任国家税务总局局长的谢旭人在全国税务工作会议上再次重申。2005 年,国家税务总局制定下发了《纳税服务工作规范(试行)》,规定了税务机关和税务人员开展纳税服务工作的基本行为准则,为建立健全纳税服务制度、规范和优化纳税服务、促进纳税人依法诚信纳税、切实保护纳税人合法权益提供了保障。2007 年,国家税务总局在北京召开了全国第一次纳税服务工作会议,提出要构建法治、公正、服务、对等的税收征纳关系。2008 年,国家税务总局在其内部组织机构中正式成立纳税服务司,标志着我国纳税服务工作进入了一个新的发展阶段,其职能定位为"税法宣传、纳税咨询、办税服务、权益保护",明确地指出了纳税服务的主要内容和主要目的(姚巧燕,2011)。2009 年,全国税务系统纳税服务工作会议召开,会议讨论制定了《全国 2010—2012 年纳税服务工作规划》,确立了"到 2012 年末,初步形成以纳税人合理需求为导向,以持续提高纳税人满意度和税法遵从度为目标,以办税服务厅、税务网站和纳税服务热线为平台,以税法宣传、纳税咨询、办税服务、权益保护、信用管理、社会协作为任务,以健全组织、完善制度、优化平台、提高能力、强化预算、细化考评为保障的'始于纳税人需求,基于纳税人满意,终于纳税人遵从'的纳税服务新格局"。同年,税务总局又发布了《关于纳税人权利与义务的公告》,该公告明确了纳税人的义务和权利,立足于制度层面,对纳税人的合法权益给予保护。

　　2011年,国家税务总局印发了《"十二五"时期纳税服务工作发展规划》,进一步明确了纳税服务的指导思想,基本原则和主要目标。2012年,国税总局下发《国家税务总局关于进一步加强办税服务厅管理的意见》,提出在"十二五"关键时期,围绕"服务科学发展、共建和谐税收"主题,从提高认识、完善管理制度、改善办税环境、提高服务效能、加强组织领导等几个方面为今后办税服务厅工作提出具体要求和提供政策依据。2013年,国家税务总局分别出台了《关于转变职能改进作风更好为广大纳税人服务的公告》(以下简称《公告》)和《关于转变职能改进作风更好为基层服务的通知》(以下简称《通知》)。《公告》和《通知》都分别提出了十点措施,其中《公告》主要内容是纳税服务优化、实行税收优惠、减轻纳税人负担、宣传税收政策、进一步加强和维护纳税人的合法权益等。在《通知》中则强调政府放权、规范管理活动、落实调研制度等。"双十条"的出台,为税务部门职能转变指明了方向,极大改变了税务机关的工作职能,改进了税务机关的工作作风,也转变了税务部门的纳税服务理念。2014年,为建设优质便捷的纳税服务体系,国家税务总局制定了《全国县级税务机关纳税服务规范》(1.0版),于10月1日在全国试运行;同年,税务系统始创"便民办税春风行动",推动纳税服务进一步深入。2015年,国家税务总局制定了《全国税务机关纳税服务规范》(2.0版);同年,总局颁布了《国家税务局地方税务局合作工作规范(1.0版)的通知》,该通知提到了国地税要加强纳税服务的十一个方面的合作,办税服务厅纳税服务工作又增加了国地税合作方面的内容,为国地税联合办税服务厅的建立提供了有力的契机。2015年,中共中央办公厅、国务院办公厅发布《深化国税、地税征管体制改革方案》,明确提出推动服务深度融合、执法适度整合、信息高度融合的工作要求,提出"按照加快建设服务型税务机关的要求,围绕最大限度便利纳税人、最大限度规范税务人,不断提高纳税服务水平,着力解决纳税人办税两头跑、纳税成本较高等问题"。各地国税机关、地税机关全方位开展了纳税服务领域国地税合作。2016年,国家税务总局颁布了《税务系统简化优化纳税服务流程方便纳税人办税实施方案》,增强了网上办理业务及网上咨询的能力,将建立并发展"网上办税服务厅"提上日程,进而促进了办税服务厅纳税服务方式新时代的创新;同年提出年底前形成《全国税务机关纳税服务规范》(3.0版),于2017年1月1日起在全国实施。2016年5月,国家税务总局发布了《进一步优化营改增纳税服务工作的通知》,初次提议对"营改增"期间纳税服务的基本要求,这也说明了我国纳税服务工作步入更规范更严谨的新阶段。2017年5月,《国家税务总局关于发布〈涉税专业服务监管办法〉(试行)的公告》发布并于2017年9月1日起施行,有效地贯彻落实了国务院简政放权、放管结合、优化服务的工作要求,有助于扩大涉税专业服务市场,充分发挥有偿涉税专业服务的作用,合理优化了税务机关纳税服务的资源配置。

回顾纳税服务工作历程可以发现,我国的纳税服务工作经历了一个由浅入深、由表及里、由粗放到精细,不断拓展、丰富、完善的过程,税务系统在提高纳税服务水平上做了长期的持续的努力。

二、纳税服务工作的成就

(一)纳税服务理念初步形成

随着服务型政府理念的深入传播和整个社会对优质公共服务的需求日趋高涨,税务部门顺应时代发展,不断进行理念升级,管理本位意识逐渐减弱,服务本位意识日益增强,税务干部逐渐由"管理者"向"服务者"转变,以纳税人需求为导向、征纳双方法律地位平等、执法与服务并重、全员全程全方位服务等服务理念和服务意识不断强化。对纳税服务的理解,也从微笑式、礼遇式等浅层次,向规范化、高效化、个性化、精细化等深层次转变,初步建立起"始于纳税人需求、基于纳税人满意、终于纳税人遵从"的现代化纳税服务理念(孙玉山,刘新利,2018)。

（二）纳税服务形式与内容丰富多元

税务部门借助现代科学技术不断探索新的办税方式以解决纳税人多种办税需求。目前，纳税人可以自主选择上门申报、邮寄申报、电话申报、网上申报、银行网点申报、24 小时无人值守自助办税终端申报等多元化申报纳税方式。申报方式的多样化极大地方便了纳税人，减少了纳税人办税成本，也缓解了税务机关办税服务场所的压力。从纳税服务的内容和范围上看，税务机关可以对纳税人提供咨询、申报、宣传、意见交流、发票查询等服务，一些地方还备有纳税人自助查询服务设施，还有一些税务局建立了纳税人沟通交流平台，如税务网站的留言版块、局长信箱、纸质的意见簿或通过电话发表意见等，并且把纳税服务理念和行为渗透于税收工作的各个环节，如税前辅导、宣传、征、管、查、复议、诉讼等，充分体现了税务机关为纳税人服务，建设服务型税务机关的长期性、持续性追求。

（三）纳税服务平台体系建设日益完备

税务机关紧跟新技术的发展，以信息化为基础和依托，适时推进标准化纳税服务大厅、12366 服务热线、电子税务局、税务机器人、掌上税务等信息化平台。除了方便纳税人亲自到大厅处理办税事宜之外，还提供了人工语音、自动语音、留言传真、自助办理等多种服务。2016 年 1 月 12 日，国家税务总局 12366 上海国际纳税服务中心正式挂牌成立，12366 双语网站和 12366 双语咨询同时开通。通过热线系统、网站、手机 APP 等渠道向纳税人主动推送相关信息，为"引进来"和"走出去"企业答疑解惑，标志着纳税服务体系的国际化、跨区域化、高质效化取得了新的进展。总体而言，税务机关通过贯彻实施"互联网＋税务"，逐步建成了全天候、全方位、全覆盖、全流程、全联通的智慧税务生态系统。

（四）纳税人合法权益得到保护

在纳税服务理念不断强化的背景下，保护纳税人的合法权益作为其重要的内容，也被提升到了一个新高度。各层级主管部门通过修订税收征管法、制定涉税保密办法、发布纳税人权利与义务公告、发布纳税服务投诉管理办法，以及出台纳税人权益保护工作意见等系列举措,稳步推进纳税人权益保护法制化进程,积极为纳税人提供信息性、程序性服务,来降低纳税人办税成本,保障纳税人知情权等权益。不断建立和完善纳税人举报、投诉相关工作制度,保障纳税人的举报、投诉权利,完善税务举报奖励办法,依法保护投诉人、举报人的合法权益。这些措施维护了纳税人的知情权、参与权、表达权和监督权,缓解了征纳矛盾,促进了征纳关系的和谐有序。

三、纳税服务研究评价

(一)纳税服务得到实务界与理论界的高度重视,但理论界的知识供给难以满足实务界的需求

在"中国知网"以"纳税服务"为主题词进行检索,截止到 2018 年 9 月 4 日,共检索到文献 15 731 篇,最早的文献出现在 1994 年,随着时间发展呈逐步递增态势,从 2008 年开始几乎每年超过 1 000 篇文献,于 2011 年达到高峰值有 1 915 篇文献;同一日,在百度中搜索"纳税服务",共检索到 545 万条信息。可见,随着社会的发展,服务型政府理念深入人心,整个社会,包括纳税人、理论界和实务界等对纳税服务的关注度逐渐高涨。通过深入分析"中国知网"上的文献可以发现,在检索到的 15 731 篇文献中,发表在报纸上的文献共有 9 608 篇,这些文章除了发表在一些专业性媒体上之外,多数文章发表在省、市、区(县)的日报上,内容多是报道各地税务机关在纳税服务方面的一些创新方法,提高纳税服务水平以及在纳税服务工作中所取得的成效。这些报道显示了税务机关在打造服务型税务机关、提高服务水平、方便纳税人等方面的关注,是税务机关工作的重心之一。结合上文纳税服务历史回顾,可以发现,从国家税务总局层面到省、市、区等各级税务局对纳税服务都十分重视,也反映出税务机关通过提高纳税服务这一抓手提高税务机关形象、建设和谐征纳关系的不懈努力。由此可以判断,通过提高纳税服务这一手段来提升税务机关形象、赢得纳税人认可是各级税务部门常用的措施和工作着力点,有着很大的现实需求和理论诉求。进一步反观学界对纳税服务的深度研究以及学理供给则显得比较薄弱。例如,

同是 2018 年 9 月 4 日,在由南京大学中国社会科学研究评价中心开发研制的中文社会科学引文数据库(CSSCI)以"纳税服务"为篇名进行检索,共检索到 114 篇文献,最早的文献出现在 2000 年。中文社会科学引文数据库(CSSCI)是遵循文献计量学规律,采取定量与定性评价相结合的方法,从全国 2 700 余种中文人文社会科学学术性期刊中精选出学术性强、编辑规范的期刊作为来源期刊,相对来说,其收录的文献质量比较高。但是纳税服务领域的文献从 2000 年到 2018 年 9 月近 20 年来仅 114 篇,也即是说平均每年发表的高质量纳税服务文献不足 6 篇,相较于广泛的社会需求和实务界需求,其知识供给和理论基础则相对稀少和单薄。换言之,学术界提供的关于纳税服务的知识基础是相对薄弱的,需要进一步深化研究。

(二)研究视角多以税收、法律和管理等为主,从心理学角度来进行的研究有待加强

在中国知网中,以"纳税服务"为篇名进行检索,文献来源选择"核心期刊"和"CSSCI",共获得 310 篇论文,检索时间为 2018 年 9 月 5 日。使用文献计量分析工具 CiteSpace[①] 对导出的 310 篇文献进行分析,共提取出 80 个频次不同的关键词,选取出现频次大于等于 3 的 30 个关键词进行分析,并结合相关文献进行判读。可以发现,这些文献的主要内容大致包括以下几类:一是从税收角度对纳税服务进行研究,相关的关键词有"税务机关""税务部门""纳税人""办税服务厅""纳税服务体系""服务热线"等,主要研究税务机关优化服务、创建服务设施、完善服务热线、服务好纳税人等种种措施和做法;二是从法律角度对纳税服务进行研究,相关的关键词有"纳税人权利""纳税人权益""税收执法""执法""监督""税法宣传""税法""依法治税""合法权益"等,主要探讨研究纳税服务法律体系的完善、有关纳税服务的法律规定、纳税人权益的法律保护,以及合理处理税收执法与纳税服务的关系等方面;三是从管理角度进行纳税服务研

---

① CiteSpace 是一款由美国德雷塞尔大学(Drexel University)陈超美教授基于 JAVA 程序语言编写的专门用于引文分析的信息可视化应用软件,它可以生成由若干节点和连线构成的共被引网络图谱,能够在科学文献中识别并显示科学发展新趋势和新动态,属于多元、分时、动态的第二代信息可视化技术工具。

究,相关的关键词主要有"税收管理""税收征管""征管效率""税收征管工作""行政"等,主要着眼于借鉴新的管理理论、手段和措施来提高管理和服务水平,如顾客理论、新公共管理理论、流程再造理论、新公共服务理论等,强化和提高纳税服务效能。这些研究从不同角度揭示了纳税服务的本质、性质和属性,深化了人们对纳税服务的理解。但是,遗憾的是,涉及纳税服务活动过程以及征纳双方人员心理过程等内容鲜有研究。所有关键词中涉及心理方面的只有"需求""合理需求""需求层次"等少数词汇,表明纳税服务研究者开始从纳税人的心理需求角度来探讨纳税服务,意味着在传统研究的范围之外开拓了新的研究方向,开启了从心理学角度研究纳税服务的新视角。如宋永信《试析以纳税人需求为导向的分类纳税服务》,邵凌云《基于纳税人需求,优化纳税服务机制》,刘明珠和陈金保《基于需求导向的纳税服务评价与改进对策》,薛钢《基于纳税人需求层次的纳税服务创新》等,这些文章多是从纳税人的心理需求或纳税人满意度的角度来研究纳税服务的优化。而且,此类研究数量比较稀少,多是对现实经验的思辨观察进行分析梳理,实证量化分析不足,视野上有待进一步开拓。马岩和冷秀华合作的《纳税服务人员公共服务动机对工作满意度的影响——情绪劳动的中介作用》一文通过问卷调查和量化分析的方法研究了纳税服务中服务的提供者——纳税服务人员的情绪劳动、公共服务动机和工作满意度的关系,把研究视角从纳税人转移到纳税服务人员,开拓了纳税服务研究的新疆界;李巧俐的《以纳税心理优化为导向的和谐征纳关系研究》分析了纳税心理的优化对建立和谐征纳关系的积极作用,是为数不多的从心理学角度探讨纳税服务的一篇硕士论文。整体来看,从心理学角度来研究纳税服务的文献比较零散,缺乏系统,深度有待提高,涉及的心理层面有待进一步开拓。

(三)研究方法多以定性研究为主,量化研究方法有待强化

一门学科或领域的方法论是否成熟与完善,决定了这门学科或领域的发展程度和理论深度。综观纳税服务研究可以发现,纳税服务研究资料获取的途径比较单一,资料分析的方法也比较单调,大多是采用文献定性分析方法,而采用实地调查定性分析方法、统计文献分析方法以及简单统计分析、中高级统计分析或二次分析方法的论文非常少。"工欲善其事,必先利其器",纳税服务研究需要科学、多样的研究方法,尤其是量化研究方法,以提高纳税服务研究质量,不断为纳税服务实践提供有益的理论支撑和理论引导。

四、新形势下深化纳税服务研究的必要性

(一)提高纳税服务研究水平是建设人民满意的服务型政府的组成部分

美国未来学家丹尼尔·贝尔(Daniel Bell)在 20 世纪六七十年代提出了"后工业社会"的理论构想。他在《后工业社会的来临》一书中指出,"后工业社会"的首要特征便是经济上从产品型经济向服务型经济的转变。服务将作为社会运行与发展的思维方式及工具手段,成为社会发展的重要动因。随着服务理念的深远传播,服务型社会的来临将不可避免。在公共行政领域,服务行政作为政府治理的主要形式将逐步确立起来,政治统治也会从管制走向服务。2004年 2 月 21 日,温家宝总理在中央党校省部级领导干部"树立和落实科学发展观"专题研究班结业式上正式提出"建设服务型政府"的口号。之后温家宝总理在不同场合提出要建设"服务型政府"。2006 年 10 月,中国共产党第十六届六中全会通过《关于构建社会主义和谐社会若干重大问题的决定》,进一步明确要求"建设服务型政府,强化社会管理和公共服务职能"。自此,服务型政府第一次被写入执政党的指导性文件当中。随后学术界和实务界开始不断推进服务型政府的研究和建设,建设服务型政府已经成为全社会的共识。党的十八大报告指出:"要按照建立中国特色社会主义行政体制目标,深入推进政企分开、政资分开、政事分开、政社分开,建设职能科学、结构优化、廉洁高效、人民满意的服务型政府。"党的十九大报告进一步强调"转变政府职能,深化简政放权,创新监管方式,增强政府公信力和执行力,建设人民满意的服务型政府"。对税务机关来说,要"以群众和企业需求为主导,在取消和下放权力的基础上,通过科学合理的宏观调控及切实有效的政府治理,不断强化服务职能、改进服务方式、优化服务流程,完善公共服务体系,提升公共服务能力,建设人民满意的服务型政府"。(马桔红,2018)

（二）提高纳税服务研究水平是优化营商环境的必然要求

在国家治理体系和治理能力现代化的总体战略部署下，推进税收便利度改革、营造公平透明的营商环境，是税务部门优化纳税服务、实现税收现代化的重大举措（孙玉山，刘新利，2018）。为评估和衡量世界各国营商环境情况，从2003年起，世界银行每年都会发布一份营商环境报告，通过十个指标来衡量和评估各国私营部门发展环境，"纳税"即是其中一个非常重要的指标。2006年，世界银行首次发布了《纳税营商环境报告》。2018年，中国的纳税营商环境在世界190个经济体中排名130位，2016年和2017年的排名分别为132位、131位，处于下游水平。可见，为提高营商环境，我国的纳税服务水平有待进一步完善、提升和优化，纳税流程有待进一步精简，纳税服务仍有改善空间（张景华，刘畅，2018）。优化税务营商环境，应准确把握纳税服务现代化的总体目标，转变服务理念，运用信息化、互联网的新思维，推动纳税人需求管理、纳税服务平台多元化，税收服务和质量管理的现代化（孙玉山，刘新利，2018）。笔者认为，除实务界不断探索、努力提出新的解决方案之外，学术界和理论界应当深化对纳税服务的研究，扩展研究方法，开辟新的研究视角，推进多学科协同合力，推动纳税服务研究上新台阶，不断对纳税服务实践和纳税营商环境建设提供智力支撑和政策建议。

（三）提高纳税服务研究水平是提高纳税遵从的重要手段

国家税务总局2009年印发了《全国税务系统2010—2012年纳税服务工作规划》，确立了"始于纳税人需求，基于纳税人满意，终于纳税人遵从"的纳税服务理念。换言之，纳税服务的终极目标就是提高纳税人的遵从度。实际上，意识到提高纳税服务可以提高纳税遵从度的做法是一个渐进的过程。在纳税遵从研究的演变进程中，早期的纳税遵从研究主要是基于期望效用理论框架和性恶论的人性假设，把纳税人看作是无道德的、风险厌恶、追求效益最大化的理性人（马岩，姚轩鸽，2017）。提高遵从度的措施主要是以威慑模式为主要手段的惩罚、审计、高稽查率等来提高纳税人不遵从的经济成本，从而强制纳税人遵从。后来发现，这种管理模式的人性动机假设以及实际起到的效果都存在着有待检验的空间和余地。在现实生活中,有些纳税人即使在面对零稽查率和零处罚率的情况下,仍然选择如实纳税。这种自愿缴纳税款的行为被研究者称为"税收道德",即公民纳税的内在化义务或自愿纳税的内在动机,简言之,就是纳税人为什么倾向于自愿缴税。研究者发现有许多原因导致纳税人主动纳税(马岩,姚轩鸽,2018),其中一个原因是,税务机关提供良好的服务可以促进纳税人的自愿遵从。例如,奥地利维也纳大学甘格尔教授和另外 7 位合作者(Gangl等,2013)调查了荷兰 807 名纳税人和 1 377 名企业家,发现税务机关提供优质服务,并以纳税人为导向可以大大增强纳税人的自愿遵从行为。美国杜兰大学的詹姆斯·阿尔姆教授和澳大利亚昆士兰科技大学本诺·托格勒(Alm 和Torgler,2011)的一项研究发现,提高税收道德的策略有三种范式:即强制范式(enforcement paradigm)、服务范式(service paradigm)和信任范式(trust paradigm)。所谓服务范式,即是政府机关和税务部门通过提高纳税服务的水平来提高纳税人的自愿遵从度。因此,深入研究纳税服务,提高纳税服务的质量是提高纳税人遵从,尤其是主动遵从的重要手段之一。

第二节 纳税服务心理学研究背景及意义

一、研究背景

国家税务总局于 2005 年印发的《纳税服务工作规范(试行)》中指出,纳税服务是指税务机关依据税收法律、行政法规的规定,在税收征收、管理、检查和实施税收法律救济过程中,向纳税人提供的服务事项和措施。具体来说,纳税服务是指税务机关根据国家税收法律、法规和政策的规定,以贯彻落实国家税法、更好地为广大纳税人服务为目的,通过多种方式,帮助纳税人掌握税法、正确及时地履行纳税义务,满足纳税人的合理期望,维护纳税人合法权益的一项综合性税收工作,它是税务机关的法定义务和职责,是贯穿整个税收工作的重要内容(储德银,2007)。纳税服务是全国税收工作的两项核心业务之一,也是展示税务人员与税务机关组织形象的前沿阵地。国家税务主管部门对纳税服务工作高度重视,不断加强管理,建章立制,创新服务,并于2008年专门成立纳税服务司,标志着中国税收管理从管制到服务的转型。在各级税务机关的长期努力下,纳税服务工作取得了巨大的成就。这些成就可以从全国范围内的纳税人满意度调查体现出来。国家税务总局从2008年开始,每隔两年委托第三方机构组织全国纳税人满意度调查。截止到2016年,已经进行了四次全国纳税人满意度调查。调查结果表明,纳税人满意度持续提高,可以说近几年来税务部门纳税服务工作得到了纳税人和社会各界的广泛认可。

但是,纳税服务中,也存在着一些不可忽视的问题,如,纳税人纳税成本较高、部分地区纳税人办税等待时间过长、对纳税人心理层面关注不够、纳税服务人员工作负荷过大、情绪劳动过强、激励机制不健全、优质服务与严格执法失衡、服务效率欠佳、服务体系不健全等。在对纳税服务的研究中,学术界和实务界从不同角度进行了探讨,但从心理学角度对纳税服务进行研究的文献还比较稀缺。本书试图借鉴新公共管理的相关理论,借用工商管理中服务管理的相关理论,从心理学角度探讨纳税服务心理层面的相关议题,以期对纳税服务研究提供有益的补充。

二、研究意义

本研究的意义主要体现在两个方面。

从实践上看,一方面,可以为纳税服务管理中满足纳税人心理需求提供有益的借鉴,对纳税服务人员激励提供建议,提高工作满意度和组织忠诚度,有利于和谐税务机关的建设;另一方面,可以优化纳税服务,降低纳税人办税成本,提高纳税人的满意度、促进纳税遵从度。

从理论上看,纳税服务心理学是一个新的研究领域,对此领域的探索研究还处于起步阶段,可以丰富纳税服务研究的知识基础,拓展税收研究学科界限,揭示纳税服务心理机制的运作和规律,可以加深对纳税服务的理解,是对纳税服务研究的拓展和延伸。

第三节　研究思路与方法

一、研究思路

美国服务管理学家丝泽曼尔(Valarie A. Zeithaml，1990)指出：从某种程度上说，任何组织竞争的基点都是服务，要想找出一个认为服务无足轻重的行业是极其困难的。世界知名企业无不深刻意识到服务的重要性，并致力于持续提高服务质量。在政府管理领域，受西方新公共管理运动的影响，世界各国政府都努力建设更好的、服务的、亲民的公共服务部门。在我国的政府机关中，可以说，没有哪一个行政部门像税务机关那样重视服务工作并专门成立司局级纳税服务部门，并把纳税服务提高到相当高的地位。与此相对应，纳税服务研究也进入学者的视野。遗憾的是，借鉴企业界服务管理的理论、技术和手段，并从心理学角度研究纳税服务的文献极为稀少。本书试图引进企业管理和工商管理中服务管理研究的相关成果，结合心理学科的相关概念和知识，运用到纳税服务研究领域中，力图从另一侧面展示纳税服务的心理机制和心理规律，以期对纳税服务管理提供有益的借鉴。

随着社会经济的发展和信息技术的变革，服务业的发展极为迅速，不仅在国民经济和人们的日常生活中的作用日益增强，逐渐成为各国经济结构中的主力和经济活动的中心，而且关系到一国在全球竞争中的地位、成败和兴衰。美国管理学家彼得·德鲁克(Peter F. Drucker，1993)指出，当今世界，各国已经从商品贸易过渡到服务贸易。相应地，国家之间的相互竞争也在由产品竞争向服务竞争过渡。服务经济已经成为新经济的驱动力。在服务经济时代，企业经营和工商管理活动必须根植于服务能力，以吸引顾客，扩展市场，并由此催生了服务科学。2004年，IBM公司率先提出了"服务科学"(service science)的概念。所谓服务科学，是一个新的跨学科研究领域，是运用科学的方法和原则，管理服务的组织过程与资源配置，以达到服务的成效与效率的科学。换言之，服务科学就是将服务转化成为科学的范畴,主张将科学、工程、心理、法律与管理等融合,优化服务质量,提高顾客满意度和顾客价值。其中,心理学科的有关理论和知识可以为服务科学提供更好的知识基础,有助于提高服务科学的研究水平。2008年,查斯和达舒(Chase和Dasu,2008)在《体验的心理学:服务科学失去的环节》(*Psychology of the Experience:The Missing Link in Service Science*)一文中呼吁:要把心理因素对服务水平的影响纳入研究之中。笔者认为,服务的核心是服务者和客户之间的接触,不管是面对面的接触还是电话交流,心理的影响无疑是最高的。如果管理者和服务者懂得服务中顾客心理的变化,则顾客的满意度会得到提高。既然心理学的相关理论可以用在商业服务中,同样也可以用在公共服务中。例如,近几年兴起的"行为公共管理学"研究重点之一,就是政府公共服务行为中的公民体验,或者说公民对政府行为的整体性感知、评价和判断。

20世纪70年代末以来,西方国家掀起了一场声势浩大的政府改革运动,即新公共管理运动。其理论基础之一就是将企业管理和工商管理学的理论、方法和技术应用于公共部门的管理和实践之中。如流程再造理论、平衡记分卡、全面质量管理等管理技术已经在世界范围的政府管理中得到广泛的运用,并取得良好的成效。企业管理的技术和手段在税务机关的运用同样引起了学者的关注。学者萨伊德和萨哈(Saeed和Shah,2011)在一篇探讨利用市场策略提高税收遵从的文章中提到,为了使税务机关更加面向客户和提高服务的有效性,可以尝试采用全面质量管理(TQ)和新公共管理(NPM)的概念,甚至可以采用酒店业的有益做法,来提高纳税服务水平。

笔者认为,服务科学的相关研究成果、新公共管理的理论主张以及心理学的相关理论可以借鉴到纳税服务中,以提高纳税服务的质量和服务绩效。遗憾的是,在公共部门提供服务的过程中,对服务互动中心理层面的探索还没有引起充分的重视和关注。本书试图做出一个初步的尝试,以期对纳税服务理论和实践提供新的洞见和启发。

二、研究方法

（1）定性研究与定量研究相结合。本书在撰写过程中,对一些概念性的东西进行介绍和界定,然后根据这些研究的结论,利用定量的方法,如问卷调查和统计分析,对其验证,得出客观性的结论,并基于此提出改进的建议和意见。

（2）文献分析法。通过对国内外顾客服务中涉及心理现象和心理过程的文献进行梳理、阅读、分析和研判,并结合现实中我国纳税服务的实际情况,把有价值的理论、观点和技术借鉴到纳税服务中,进一步扩宽纳税服务研究的知识边界。

（3）比较研究法。比较研究法有利于通过对比分析,论证某一特定研究对象的特点和本质。本书将比较研究法主要置于研究内容的两个维度:一是将工商企业服务心理与政府部门公共服务心理进行比较;二是将西方发达国家服务心理的研究与我国服务心理的研究做对比,从而进一步揭示纳税服务心理的一般性规律。

第四节　研究架构与章节安排

一、几个概念的说明

（一）纳税服务

按照提供纳税服务的主体不同,纳税服务有三个层次。第一个层次是最广义上的,指各类组织提供的税收服务以及保护纳税人权益的一切机制和措施,它包括了税制优化、税政完善、征管的健全、纳税成本的降低、税务签证报告的提供、税收立法、税收司法等方面的内容。第二个层次是比较广义上的纳税服务,指税务机关为了使纳税人依法纳税,指导和帮助纳税人正确履行纳税义务,维护其合法权益而提供的服务。国家税务总局于 2005 年印发的《纳税服务工作规范（试行）》对于纳税服务的定义即是这一层次的。第三个层次,是指在税务机关中纳税服务部门所从事的工作。本书所指的纳税服务主要侧重第二个层次和第三个层次,在个别场合亦指第一个层次上的纳税服务。

(二)纳税服务人员

纳税服务人员有广义和狭义之分,广义的是指税务机关中的所有人员;狭义的是指税务机关中从事纳税服务工作、直接面对纳税人、在办税服务大厅和12366热线岗位从事纳税服务工作的一线人员。本书所指的纳税服务人员主要以狭义的纳税服务人员为主,同时对广义范畴也有所涉及。

(三)纳税人

纳税人是一个笼统而具有包容性的概念,在现代社会,纳税人几乎等同于公民,例如人们常说"为纳税人提供更好的公共服务"。我国对纳税人的法律界定,仅见于《中华人民共和国税收征收管理法》(以下简称《税收征管法》)第四条:"法律、行政法规规定的负有纳税义务的单位和个人为纳税人。"本书所称的纳税人是指与税务机关直接打交道的企业的会计、财务中介机构人员、个体业主、公司普通员工等,有时也指公民以及《税收征管法》规定的纳税人。

二、本书内容结构与章节安排

本书的宏观架构大致以纳税人心理、纳税服务人员心理和纳税服务管理中的心理为基本内容而展开。第一章为绪论,主要介绍本书研究的背景和目的,研究的意义,研究的思路与方法,几个重要概念的解释,研究架构与章节安排。第二章为纳税人行为的心理基础,主要介绍影响纳税人纳税行为的心理基础,如感知觉、情绪、态度、动机等。第三章为纳税服务人员心理,侧重介绍纳税服务人员应该具备的心理特质、纳税服务工作中展现的情绪劳动、工作压力,以及如何激励纳税服务人员。第四章为环境心理学与纳税服务场景,主要介绍纳税服务环境对纳税人和纳税服务人员心理的影响,以及基于心理学的办税服务场景设计。第五章为纳税服务等候的心理机制,主要介绍等待的心理感知,纳税人纳税等待时的心理,及其优化措施,缓解纳税人的等待焦虑,提高服务满意度。第六章为纳税人抱怨管理与服务补救,主要介绍如何对待和化解纳税人的抱怨以及进行适当的服务补救。第七章为纳税人拖延心理,主要介绍如何处理和解决纳税人办税拖延问题。第八章为服务质量感知与纳税人满意度,提出服务质量感知的维度、衡量,提升服务质量和纳税人满意度,以及对纳税人满意度等的反思。第九章为服务接触与纳税服务体验,主要借鉴服务管理领域服务接触和服务体验的理论和方法来提升纳税人的纳税服务体验。

参考文献

[1]我国纳税服务发展历程[N].经济日报,2009-8-18(13).

[2]姚巧燕.信息化视角下纳税服务研究[D].东北财经大学,2011.

[3]孙玉山,刘新利.推进纳税服务现代化 营造良好营商环境——基于优化营商环境的纳税服务现代化思考[J].税务研究,2018(1):5-12.

[4]宋永信.试析以纳税人需求为导向的分类纳税服务[J].税务研究,2015(12):51-54.

[5]邵凌云.基于纳税人需求 优化纳税服务机制[J].税务研究,2013(5):76-79.

[6]刘明珠,陈金保.基于需求导向的纳税服务评价与改进对策[J].国际税收,2013(1):56-60.

[7]薛钢.基于纳税人需求层次的纳税服务创新[J].税务研究,2010(12):68-70.

[8]马岩,冷秀华.纳税服务人员公共服务动机对工作满意度的影响——情绪劳动的中介作用[J].税务研究,2018(1):106-113.

[9]李巧俐.以纳税心理优化为导向的和谐征纳关系研究[D].湖南大学,2013.

[10]马桔红.学习贯彻十九大精神 推进机构和行政体制改革向纵深发展[J].改革与开放,2018(7).

[11]储德银等.论新公共管理视角下的纳税服务体系优化[J].商业时代,2007(20):80-82.

[12]丹尼尔·贝尔.后工业社会和来临——对社会预测的一项探索[M].高锋,译.北京:商务印书馆,1984.

[13]张景华,刘畅.全球化视角下中国企业纳税营商环境的优化[J].经济学家,2018(2):54-61.

[14]李林木,宛江,潘颖.我国税务营商环境的国际比较与优化对策[J].税务研究,2018(4).

[15]马岩,姚轩鸽.国外纳税遵从研究的知识图谱与热点主题——基于国际SSCI的文献计量分析(1972—2015)[J].国际税收,2017(5):62-66.

[16]马岩,姚轩鸽.税收道德研究现状、趋势与借鉴[J].财会月刊,2018(24):117-123.

[17]GANGL K, MUEHLBACHER S, DE GROOT M, et al. "How can I help you?" Perceived

service orientation of tax authorities and tax compliance[J]. FinanzArchiv: Public Finance Analysis，2013,69(4):487-510.

[18] AIM J，TORGLER B. Do ethics matter? Tax compliance and morality[J]. Journal of Business Ethics,2011,101(4):635-651.

[19] AIM J，CHERRY T，JONES M，et al. Taxpayer information assistance services and tax compliance behavior[J]. Journal of Economic Psychology,2010,31(4):577-586.

[20] ALM J，KIRCHLER E，MUEHLBACHER S. Combining Psychology and Economics in the Analysis of Compliance：From Enforcement to Cooperation[J]. Economic Analysis and Policy，2012,42(2):133-151.

[21] GANGL K，HOFMANN E，KIRCHLER E. Tax authorities' interaction with taxpayers：A conception of compliance in social dilemmas by power and trust[J]. New ideas in psychology,2015,37:13-23.

[22] ALM J，KIRCHLER E，MUELBACHER S，et al. Rethinking the research paradigms for analyzing tax compliance behavior[R]. Tulane University,Department of Economics，2012.

[23] BROCKMANN H，GENSCHEL P，SEELKOPF L. Happy taxation：increasing tax compliance through positive rewards？[J]. Journal of Public Policy,2016,36(3):381-406.

[24] GANGL K，HOFMANN E，KIRCHLER E. Tax Authorities' Interaction with Taxpayers：Compliance by Power and Trust[J]. 2012.

[25] SAEED A，ShAH A. Enhancing Tax Morale with Marketing Tactics：A Review of Literature[J]. Social Science Electronic Publishing,2011,5(35):13559-13565.

[26] SAEED S Y A，JAN F A. Marketing strategies to extrinsically motivate tax payers in pakistan [J]. Pakistan Business Review,2017,18(4):978-992.

[27] CHASE R B，DASU S. Psychology of the experience：The missing link in service science [J]. Hefley，Bill，and Wendy Murphy，eds. Service science，management and engineering：education for the 21st century[M]. Springer Science & Business Media，2008.

第二章

纳税人行为的心理基础

第一节　感觉与知觉

一、感知系统

在办税过程中,纳税人的感觉是指纳税人的感受器官,如眼、耳、鼻、舌、身对所处环境的光线、色彩、色调、声音、气味、温度等基本刺激的直接反应;纳税人的知觉是纳税人选择、组织和理解外界刺激,形成对客观世界有意义的相互联系的图像的过程。就感觉和知觉的关系来说,感觉是一切高级心理现象的基础,可以将其描述成我们如何看待我们周围的世界;知觉是对感觉到的刺激进行信息处理和加工的过程。人们在感觉的基础上形成了知觉,知觉具有主观性,即使两个人处于同样的环境刺激下,对这些刺激的加工、识别和解读也是一个高度个体化的过程。例如,在夏天开着空调的办税服务厅,有的纳税人感觉温度适宜,有的人嫌太热,特别怕冷的人会感觉温度太低,直呼受不了。另外,个体的需要、价值观和期望的不同,其对刺激的理解也不尽相同。

感觉与知觉既有联系又有区别。首先,知觉以感觉为基础。感觉反映的是事物的个别属性,知觉反映的是事物的整体,即事物的各种不同属性、各个部分及其相互关系。任何客观事物都是由若干个别属性组成的整体,事物的整体与其个别属性是不可分割的,缺乏对事物个别属性的感觉,知觉就会不完整。其次,知觉是对感觉材料的加工和解释,但不是对感觉材料的简单汇总,它所反映的是事物个别属性之间的相互联系,是建立在个别属性内在联系基础上的事物的完整映像。感觉是将环境刺激的信息传入脑的手段,知觉则是从刺激汇集的世界中抽绎出有关信息的过程。最后,感觉是天生的,而知觉要借助于过去的经验,因此知觉对事物的反映比感觉要深入、完整。

(一)视觉

古希腊时期,亚里士多德(Aristotle)认为视觉感知是所有知觉活动之最"高贵"者。亚里士多德是早期古希腊哲学家中第一个倡导观察和描述自然的,他认为人们关于外部世界的知识都是通过观察获得的。柏拉图(Plato)也把视觉看成是人最伟大的天赋。毋庸置疑,视觉是人类最为依赖的感官,有90%以上的感觉经验来自视觉。在这个读图和短视频风靡的时代,对"颜值"的重视表明了视觉的重要作用。商业活动中,常利用视觉要素来吸引顾客眼球进行促销。例如,在高档商品销售处,接待人员的容貌和气质往往能够提升商家的整体形象。有学者研究了中国台湾地区的餐厅服务,结果发现,顾客感觉雇佣有着较好长相的服务员的餐厅服务质量更好(Luoh和Tsaur,2009)。视觉上的刺激包含颜色、大小、外形以及布局等。其中颜色被认为最能在短时间内影响人们的感官和知觉。研究发现,颜色对情绪有重要的影响(如表2-1所示)。心理学家研究发现,蓝色和绿色往往会给人安静、沉静、安定和信任的感觉,而红色能激励人心,但也容易激发人的欲望、攻击、不满、性急等行为。在《蓝色思维》一书中,作者华莱士·J·尼科尔斯博士指出,蓝色不仅让我们感到平和、宁静、和谐,幸福感和满足感油然而生,还可以帮我们控制"红色思维"(一种明显的亢奋状态,主要表现为压力、焦虑、恐惧,甚至可能还有一点愤怒和绝望)的破坏力,将之转换为健康的专注力和创意。尼科尔斯博士认为,蓝色对人们产生的这种效果与海洋和水有关。水是世界的本源,生命起源于海洋,而且人类大脑的含水量接近80%。人们之所以喜欢水,喜欢平和的感觉,是因为水的频率更加接近人类身体的频率,水是一种接近平静的能量体。人们度假时喜欢去海边,也是同样的道理。视觉同样是纳税人最核心的感觉器官,因此纳税服务场所在室内布局,设施摆放,标识张贴,灯光亮度,色彩搭配,服务人员制服、容貌、姿态及精气神等方面给予纳税人适度的刺激,可以有效传达组织的服务讯息、服务品格和组织氛围。

表 2-1 颜色与人的反应与联想

颜色	温暖程度	自然符号	产生的反应与联想
红色	暖	地球	高能量和激情,可以使人兴奋,激发情感和热情
橙色	最暖	日落	情感、表达和温暖
黄色	暖	太阳	乐观、纯净和理解力,调动情绪
绿色	冷	小草、大树	成长、培育、治疗和无条件的爱
蓝色	最冷	天空、海洋	放松、宁静和忠诚
靛色	冷	日落	冥想和灵性
紫色	冷	紫罗兰	灵性,减少压力,可以创造一种内在的平静感觉

资料来源:修改自克里斯托弗·洛夫洛克,亨·沃茨,《服务营销》(原书第 7 版·全球版),械工业出版社 2013 年版。

(二) 听觉

听觉是仅次于视觉的重要感觉。但是,这只是针对人类而言,有些动物比人类有更好的听觉,据说狗的听觉是人类的 16 倍,蝙蝠的听觉更为敏锐,它是世界上听觉最灵敏的动物,可以听到的声音频率可达 300 千赫/秒,而人类的可听范围一般在 14 千赫/秒以下。声音也容易引起人们的情绪反应。在有些办税大厅,服务高峰期聚集的人数可达到上百人,甚至更多。纳税人的交谈声、质询声和工作人员的回答,加上各种办税设备的噪音和单调重复的叫号声,办税高峰期的噪音可达到70~80分贝,超过了国家规定的噪音标准,不仅大大降低了纳税人办税的舒适度,还容易引起烦躁、不安等负面情绪,对纳税人和纳税服务人员的身心健康产生极大不良影响。相较而言,对纳税服务人员的伤害更大,纳税人办完业务可以离开,而纳税服务人员则是长期工作在这种环境下。优化服务场所的声音有多种方法,如在装修中采用吸音板,或者优化呼叫系统声音,使之更宜人更具变化性,当然,也不要走极端,如果采用林志玲般的嗲音估计也会使人起鸡皮疙瘩。商业行为中使用声音营销不乏成功的案例,例如麦当劳播放节奏稍快的曲调,会使用餐者不自觉地加快用餐速度;星巴克以抒情、柔和、缓慢的旋律让消费者无形中放松心情,慢慢品味。在办税服务大厅适宜采用轻音乐来抚慰纳税人因久等而焦躁的心情，也可帮助纳税服务人员减轻压力，这是一个值得仔细研究的课题。

（三）嗅觉

嗅觉是某些物质的气体分子作用于鼻腔黏膜时产生的感觉。引起嗅觉的适宜刺激是有气味的挥发性物质。接受嗅觉刺激的感受器是鼻腔黏膜的嗅细胞。有气味的气体物质作用于嗅细胞，细胞产生兴奋，经嗅束传至嗅觉的皮层部位，因而产生嗅觉。古人早在 5000 年之前就注意到不同气味的刺激作用。诸如古代举行重要仪式时，就有以香气刺激人们的嗅觉，营造出特定的效果。例如，庙宇中焚烧檀香供奉神祇（嗅觉刺激），再辅以诵经（听觉刺激），能够在充斥着各种造型生动、色彩绚丽的神像（视觉刺激）的环境中，营造出庄严肃穆的气氛。相对于视觉和听觉，嗅觉的作用次之，哲学家黑格尔（Hegel）就说过："艺术的感性事物只涉及视、听两个认识性的感觉，至于嗅觉、味觉和触觉则完全与艺术欣赏无关。这三种感觉的快感并不引起艺术的美。"这种观点是值得商榷的。虽然人的嗅觉系统不及其他动物那样敏锐，但仍然为我们的生存提供了重要的信息。有毒物质除了苦味以外常有不愉快的臭气。腐败的食物，由于有害菌孳生，常常产生极难闻的腐烂臭气，通过嗅觉向食用者发出警告信号。研究表明，嗅觉刺激还可以唤起人们的记忆和情绪。背单词时闻着巧克力香味的学生，第二天回忆单词时，如果再次闻到巧克力香味，可以记起更多的单词。芳香的气味可以使人心情好，增强自信，提高工作效率。在商业服务领域，对宾馆的大堂、客房或会议室而言，时常需去除异味，为室内提供清新、淡雅、宜人的香气，可以提高顾客对场所的美誉度，甚至可以重塑人们对空间的感知。亨肖（Henshaw）认为，气味具有塑造空间的能力，它可以创造环境的气氛、环境的叙述性，甚至是环境的形式（陈意微，袁晓梅，2017）。嗅觉对人的心理也有重要影响，芳香疗法就是一种利用植物的气味来治疗身心问题的辅助性自然疗法。表 2-2 显示了各种芳香气味对人的普遍影响。事实上，对于不同的气味人们的好恶程度是有一定差别的。纳税服务场所首先要保证没有异味，空气清新；其次要避免使用刺激性强的气味，以免引起纳税人的不适感。

表2-2 气味对人们的影响

香味	香味的种类	芳香疗法类别	传统应用	潜在的心理影响
桉树	樟脑类	调理、刺激	除臭、杀菌、舒缓剂	刺激和活力
薰衣草	草本类	平静、平衡、舒缓	肌肉松弛剂 舒缓剂、收敛剂	放松和平静
柠檬	柑橘类	激励、振奋	杀菌、舒缓剂	感到轻松
黑胡椒	辛辣类	平衡、舒缓	肌肉松弛剂 食欲促进剂	平衡人们的情绪

资料来源:修改自克里斯托弗·洛夫洛克,亨·沃茨,《服务营销》(原书第7版·全球版),械工业出版社2013年版。

(四)躯体觉

躯体觉包括皮肤觉、运动觉和平衡觉。对纳税人影响比较大的主要是皮肤觉。皮肤觉是刺激作用于皮肤引起的感觉,包括触觉、压觉、痛觉、冷觉和热觉。触觉和压觉可统称为触压觉,是指由非均匀的压力在皮肤上引起的感觉。冷觉和热觉可统称为温度觉,是指皮肤对冷、热刺激的感觉。温度觉以生理零度为界限。温度刺激高于生理零度,引起热觉;温度刺激低于生理零度,引起冷觉。引起皮肤觉的适宜刺激是物体机械的刺激和温度。躯体觉的相关知识告诉我们,要为纳税人提供舒适的座椅,冬天不宜使用冰凉的金属制作的座椅。季节变换时要及时调整服务大厅的温度和湿度,特别是在夏天,应提前10分钟开门,打开空调降温消暑,在冬天及时调高温度,营造适合人体的舒适服务空间。

(五)味觉

味觉是可溶性物质作用于味蕾所产生的感觉。在成人的舌头和软腭上大约有9 000个味蕾,用来感受"五味",即酸、甜、苦、辣、咸,实际上,味道的种类远不止这些。在纳税服务中,涉及味道的情况并不多,但是商业活动中,对味觉的运用也许会带给我们一些启发。比如,在一些酒店、银行的柜台,或一些航班行程结束的时候,会提供环形的宝露牌薄荷糖。究其原因,可能是让顾客打发业务办理前无聊的等待时间,或者给顾客清爽甜蜜的愉悦感,也有可能是照顾某些顾客对收获赠品的喜好，还有可能是让顾客在两餐之间补充糖分。总之，是为了给顾客创造美好的消费体验和服务体验。巴特舒克(Linda Bartoshuk，1993)研究发现，人类因味觉引起的情绪反应是固定的。把甜的或苦的食物放在新生儿的舌头上时，新生儿舌头和面部的反应与成人一致。味觉感受器在嘴的后部和顶部，如果舌头的一边失去味觉，我们不会注意到，因为舌头的另一边对味觉会非常敏感。大脑难以对味觉定位，虽然舌头中间的味蕾较少，但我们体验到的味觉来自整个舌头。

二、知觉过程

个体知觉的形成通常是要通过三个阶段，即展露、注意和理解。这三个阶段相互联系，周而复始，使人们的认知不断地加深。在信息处理过程中，如果一则信息不能依次在这几个阶段生存下来，就很难储存到人们的记忆中，从而也无法有效地对人们的行为产生影响。总体来说，纳税人的知觉过程可以用图2-1表述。纳税人在感觉器官接收了外来的物理刺激后，知觉系统会进一步地组织与诠释这些刺激，使其变成有意义的资讯。

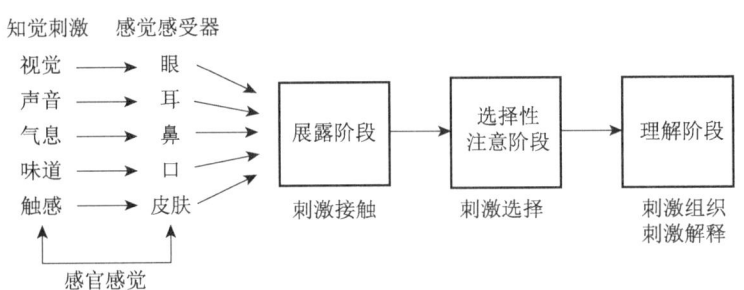

图2-1 纳税人知觉过程

资料来源：根据相关文献整理绘制。

在知觉系统的讯息处理过程中，大致可以分为三个阶段：①展露阶段，即知觉系统暴露在刺激环境中；②选择性注意阶段，即知觉系统必须注意到刺激的存在；③理解阶段，即知觉系统须就所接收的刺激加以诠释。以下针对这三个阶段一一作介绍。

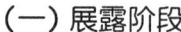

（一）展露阶段

展露是指刺激物进入个体感觉范围内以及个体的感知器官被激活的过程。但是个体对展露的刺激物并不是照单全收，也不是对其赋予同等的重视程度。个体有主动选择接受刺激物的权利。例如，当人们阅读充斥着大量广告的报纸时，会主动忽略掉对自己毫无价值的广告而选择浏览那些自己感兴趣的内容。当纳税人走进办税服务大厅，空间内的各种刺激就会作用于纳税人的五种感官（视觉、味觉、听觉、触觉和嗅觉）。由于纳税人的知觉系统能处理外来讯息的数量有限，无法完全处理所有的外来讯息，只会选择那些跟自己的需求、期望、动机和偏好相匹配的刺激物。

（二）选择性注意阶段

选择性注意是指个体对所暴露的刺激具有选择性的注意。人类注意力的焦点与广度都有限，但即使是无意识的条件下，注意力仍具有其自动过滤与选择的能力。关于注意力的选择性，一个有名的现象叫作鸡尾酒会效应（cocktail party effect）。在一个嘈杂的鸡尾酒会中，由于外来刺激太多，个体会自动过滤无关的讯息，这些讯息听来像嘈杂的噪音。但若有与我们自身相关的讯息进入，则注意力会自动对焦到这些与自己有关的刺激。例如，若是在酒会中有人呼唤自己的名字，即使在嘈杂的环境中，我们也会听到，这就是由于选择性注意而产生的。在办税过程中，纳税人会比较留意与自己业务相关的信息，对其他信息则会加以过滤。

一般而言，有两类因素会影响选择性注意。

1. 知觉刺激本身的因素

包含知觉刺激的特性，如尺寸、颜色、位置以及新奇性。尺寸大、颜色鲜艳、位置突出以及新奇性高的刺激，都会引起人们的注意。

2. 个人因素

个人因素包括知觉警觉性与知觉防卫性。知觉警觉性高的个体，容易注意到周遭环境的变化；相反的，知觉防卫性强的个体，则容易过滤掉自己不想看的东西，只看到自己想看或有兴趣的环境刺激。

（三）理解阶段

知觉系统对所接收的刺激具有解释的能力，且刺激须经过知觉系统的解释才能产生意义。知觉系统对刺激的解释有一定的组织原则。早期研究知觉特性的德国格式塔心理学（gestalt psychology）整理出几个主要的知觉组织原则，包括接近性、相似性、封闭性、连续性以及对称性。这些原则是指具备以上特性的刺激，会被归类为同一群的物体。知觉系统在诠释这些刺激时，会对归类为同一群组的物体赋予相同的特性，用以解释外界刺激的意义。

由以上说明可知，知觉系统会遵循这些原则去诠释刺激，而非完全依照刺激本身来诠释其意义。因此在这些原则的主导下，刺激产生了意义，再进一步交由更高层次的认知系统做进一步的讯息处理，知觉系统便在此阶段完成其主要的任务。

三、知觉的特性

知觉可定义为大脑对直接作用于感觉器官的客观事物的各个部分和属性的整体的反映。而在纳税活动中，知觉具体指的是纳税人选择、组织和理解外界刺激，形成对客观世界有意义的和相互联系的反映。知觉具有主观性和个人性，即使将两个人置于相同的环境和相同的刺激下，对于这些刺激的理解也不尽相同，因为个体对这些刺激的理解是基于自身的价值观、需求和期望而来。因此有时不同的纳税人对相同服务的态度大相径庭。

（一）知觉的选择性

纳税人在理解他们的环境时会根据他们的需求有选择地理解，他们会潜意识地注意一些事情，忽略一些事情或者回避一些事情。事实上，人们只能接受外界传递的刺激中很小的一部分。如上文所述，纳税人比较注意跟自己办理业务相关的信息，其他的大部分信息被忽略，这就是知觉的选择性。

（二）知觉的整体性

整体性是世界万物都有的特性。从自然界到人类社会，都不是孤立的，所以不能单独地看待人们从外界选择接受的感觉刺激，要把这些刺激组织加工为一个整体,才能更好地感知周围环境。

个体记忆是通过画面完成的,并非文字,因此人们的知觉是一幅完整的画面。即使人们所受到的环境刺激是不完整的,人们也会根据自身经验补上缺失的部分。不过研究表明,不完整的信息要比完整的信息记忆更深,因为个体接收一个不完整的信息之后会本能地补全,如果无法补全便会产生紧张和焦虑,这意味着加深了对不完整信息的记忆。心理学上的"未完成情结"(unfinished business)即与此相关。"未完成情结"指人们对于尚未处理完的事情,比已处理完成的事情印象更加深刻。这个现象是由德国心理学家蔡加尼克(Zeigarnik)发现的,又称为蔡加尼克效应(zeigarnik effect)。这也是很多政府机关推行"最多跑一次"行政改革的心理学依据。在办税服务中,如果因为缺少一个证件而让纳税人再跑一次,纳税人对此次经历则记得特别牢固。因此比较合理的做法是,可以先办理业务,然后让纳税人补齐或补寄相关材料,往往会给纳税人意外的惊喜和感动。

(三)知觉的理解性

人们在吸收了外界刺激之后对刺激的理解是形成知觉的重要之处。外界刺激往往是各式各样的,人们在记忆的过程中会根据自身经历和兴趣爱好将刺激归类,通常归结为喜好的、厌恶的和无聊的,对于这些归类会形成各种印象,如第一印象、刻板印象、晕轮效应。

1. 第一印象

第一印象也称首因效应(primacy effects),据说是由美国心理学家洛钦斯(Abraham S. Luchins)首先提出的。这可能并不准确,实际上,从众现象研究者所罗门·阿西(Solomon Eliot Asch)进行的印象研究比洛钦斯更早。首因效应说的是,最初接触到的信息所形成的印象对我们以后的行为活动和评价的影响。实验心理学研究表明,外界信息输入大脑时的顺序,在决定认知效果的作用上是不容忽视的。最先输入的信息作用最大,最后输入的信息也起较大作用。大脑处理信息的这种特点是形成首因效应的内在原因。首因效应本质上是一种优先效应,当不同的信息结合在一起的时候,人们总是倾向于重视前面的信息。例如,初次到税务局办理业务的纳税人会对税务机关整洁、有序的工作环境和着装规范、热情专业的税务人员有较好的第一印象;反之,则会形成不好的第一印象。

2. 刻板印象

刻板印象(stereotype)是人们在头脑中已经储存了各种刺激含义的图片,当刺激发生时,人们会将这些偏见附加到感觉之中,导致印象的扭曲。例如,人们会因为媒体上曝光的政府工作人员上班打游戏的报道,形成政府公务员上班懒散、不敬业的刻板印象。

3. 晕轮效应

晕轮效应(halo effect)又称"光环效应",最早是由美国著名心理学家爱德华·桑戴克(Edward Lee Thorndike)于 20 世纪 20 年代提出的。他认为,人们对人的认知和判断往往只从局部出发,扩散而得出整体印象,也即常常以偏概全。一个人如果被标明是好的,他就会被一种积极肯定的光环笼罩,并被赋予一切都好的品质;如果一个人被标明是坏的,他就被一种消极否定的光环所笼罩,并被认为具有各种坏品质。

第二节 情　绪

一、情绪的概念及特征

(一)情绪的概念

人们在日常生活中无时无刻不伴随着情绪的存在。纳税人在与税务机关打交道的过程中,最明显的心理活动莫过于情绪了。既有对缴税的厌恶心理,又有畏惧处罚的恐惧心理,还有纳税等待时的焦虑心理,总之,办税过程充满着复杂的心理负担。心理学家尝试对情绪进行分类,但至今没有一个标准的答案。心理学家丹尼斯·库恩(Dennis Coon,2004)认为,情绪是以心理唤醒水平、面部表情、姿势和主观感觉的变化为特征的某种状态。迈尔斯(David

Myers，2013)把情绪界定为个体对身体的适应性反应。菲利普·津巴多(Philip George Zimbardo，2008)从情绪的构成元素上来定义情绪,认为情绪是由生理唤醒、认知解释、主观感觉和行为表达四部分组成的。在日常用语中,情绪这个词的含义同样比较复杂,既包含了短时体验的情绪,也包含了长时间内稳定的情感体验。心理学上把人们在长时间内保持的一种比较微弱的情绪状态叫心境,因为心境可以维持较长的时间,所以人的心境对行为的影响时间也相对要长。人们在一定场合爆发出来的强烈的情绪叫激情,激情出现的时候可以对人的行为造成巨大的影响,甚至可以改变人的理智状态,使理智变得十分模糊或难以控制。例如,当纳税人意识到自己受到强烈刺激而发怒的时候,就有可能出现这种情况,强烈的冲动与巨大的失望等情绪交织在一起,引起纳税人的行为反常,税务机关必须注意这种情况的出现。

情绪是内心的主观体验,需要通过一定的方式表达出来,表达的方式即表情。人的表情主要有言语表情和动作表情两大类。言语表情主要是通过言语方式表达,如纳税人在等待过久时可能会出现抱怨、牢骚、叹息等。动作表情是通过眼睛、手、面部、肢体等部位表达情绪的方式,其中眼睛是最重要的表情渠道,所谓眼睛是心灵的窗户,是指眼睛能够表达人的情绪和内心状态。因此,纳税服务人员要注意观察纳税人的语言动作,及时觉察其背后的情绪倾向和心理诉求。

(二) 情绪的特征

1. 情绪通常是被特定人、事、物激发出来的

情绪通常不是凭空产生的,而是被环境中的某些人、事或物触发的,如服务提供者不恰当的语言,或者服务活动中机器的故障导致服务时间延长,也可能是环境中的某些刺激,如座椅刮擦了裙子,造成了情绪反应。不过有时光凭想象也能触发情绪,比如回想起在单位被上司训斥或遭到同事的诬陷等也会引发愤怒与难过等情绪。

2. 情绪与生理体验相伴

心理学家津巴多把生理唤醒作为情绪的四种成分之一。情绪会带动生理

上不由自主的改变,最常见的是冒汗、心跳加速、血压升高、瞳孔放大、呼吸急促、血糖上升等。情绪反应强烈,生理反应越明显。这种生理体验具有一定的意义,如紧急情况下出现的恐惧和愤怒等消极情绪会激发大脑的警觉水平;而开心、愉悦等积极情绪则预示着事情进展得比较顺利。情绪还会伴随着相应的行为和行动,每一种情绪会带动特定的行为,例如,恐惧时掩耳、愤怒时大声咆哮、骄傲时竖起大拇指,等等。

3. 情绪具有主观性

美国心理学家拉扎罗斯(R. S. Lazarus,1984)认为,认知评估是影响情绪最重要的因素,当面对刺激时,人们对之加以评估,判断其刺激对自己具有何种意义、与自己的重要性和关联性之后,才会做出对应的行为。因此,情绪是主观的感觉,对于同样的人、事、物,每个人的情绪可能不同,即使是同一种情绪,每个人的表达方式也可能不同,比如看电影《阿凡达》,有人会泪流满面,有的人感觉无聊透顶。

二、情绪的功能

过度的负面的情绪会带来生理心理上的伤害,因此人们常说要控制情绪,要做情绪管理。但是正面情绪过度了也会对身心造成负面影响。如过度兴奋和狂喜会导致身体不适。《黄帝内经》有"喜伤心""怒伤肝""思伤脾""忧伤肺""恐伤肾"之说。可见,即使是喜悦的情绪,过度了也是不好的。《中庸》首章说:"喜怒哀乐之未发,谓之中;发而皆中节,谓之和。"这句话的意思是情绪保持适度比较好。

(一) 宣泄作用

适度的情绪表达是一种宣泄,可以协助当事者排除有害身心的想法、感觉,然后重新调整到合适的心理与生活状态。美国芝加哥市郊外的霍桑工厂是一个生产电话交换机的工厂,薪资待遇等各方面条件都相当不错,但工人们仍然愤愤不平,生产状况也不理想。为探求原因,美国国家研究委员会组织了一个由心理学家等多方面专家参与的研究小组,对工厂生产效率与工作物质条件之

间的关系进行了研究。在这一系列试验研究中,有一个是谈话试验。在大约两年的时间里,心理专家们找工人个别谈话两万余次。在谈话中,专家耐心地听取工人对管理层的意见和抱怨,不做任何反驳和训斥,让工人们把不满情绪尽情地宣泄出来。出乎意料的是,这一谈话试验收到了非常好的效果:工厂的工作效率大大提高。关于这个试验,心理学家分析,工人长期以来对工厂各种管理制度有诸多不满而无处发泄,而专家们通过谈话恰好能让他们将这些不满发泄出来,对情绪起到疏导的作用,从而心情舒畅、干劲倍增,工作效率自然也会大大提高。

(二) 沟通作用

情绪是一种沟通工具。通过情绪,人们相互传递想法、感受、价值观等,让社会互动更为顺利。顾客带有情绪的赞赏或埋怨对企业来说是个重要的信号。对服务人员来说,顾客情绪更是重要的资源。日本知名财经杂志 *President* 曾经进行一份"穷业务、富业务 EQ"大调查,结果发现业务人员成功的条件之一在于懂得察言观色,能很快判断顾客的情绪状态(厌恶、恐惧、生气、惊讶、幸福等)。许多业务经验丰富的老手甚至认为,光是判断顾客的情绪还是不够的,好的业务人员还要懂得分享顾客的喜怒哀乐,进而建立信任。沟通是双向的,服务人员除了要了解顾客的情绪之外,也应懂得适时表达自身的情绪:服务人员除了听,还要在保持专业的前提下,在表情、肢体、语言上表现出内心的情绪,才能够跟顾客进行密切的高质量的互动。

(三) 规范作用

罪恶感、羞耻、恐惧等情绪常被用来规范人们的言行,以建立一个更有秩序或更符合多数人期待的团体或社会。当人们因做错事而感到羞耻时,出于自我形象修复或良心谴责,会主动规范约束自己的行为使之符合社会公认的规则和秩序,如儒家文化中有"知耻而后勇"之说,即表达了羞耻感对人的行为重塑的作用。在税收活动中,当纳税人因偷逃税被发现而出现羞耻和恐惧感时,会面临较高的内部制裁(如不安、内疚和自责等),从而弱化和杜绝下次偷逃税的动机,降低税务机关的执法成本,有利于良好税收秩序的建立。

三、纳税人情绪的形成与反应

(一)纳税人情绪的形成

当服务环境中某个刺激(人、事、物)出现时,纳税人会检视这些环境刺激的特性和他们的价值观、信念、需求等是否符合。符合的程度会引发纳税人不同的情绪反应,而情绪反应又会牵动生理反应、认知反应和表情行为及行动等。环境刺激之所以引起情绪,是因为这些刺激配合或挑战纳税人的价值观、信念、需求。纳税人如果觉得某项环境刺激不痛不痒,与本身的价值观、信念、需求无关,那么这个环境刺激就不会引发情绪。

服务环境的温度、照明、色彩、空间大小,以及人员的拥挤状况等,这些物理因素对于情绪的影响是不可忽视的。合适的温度令人感到舒服,过冷的温度令人情绪低落,过热的温度令人烦躁,会导致纳税人产生不舒服、不愉快的情绪。

服务环境的空间大小与人员的拥挤状况,会影响纳税人的情绪。人与人之间松散有序、距离适度,则纳税人心境相对从容,情绪比较稳定。从发达国家对顾客满意度的研究看,社会与经济的发展促使人们增加了心理空间的要求,反映在服务环境方面。纳税人也有对心理空间的要求,倾向于较大的物理空间以保护个人隐私。如果环境过于拥挤,一部分纳税人的消极、烦躁情绪容易被刺激起来,引起纳税人抱怨与不满。

服务人员的态度对纳税人的影响最为重要。在服务行业,微笑服务已经成为基本的服务原则,要求服务人员接待顾客的时候热情待人、礼貌服务,以饱满的情绪和微笑的面容接待每一位顾客。微笑可以较好地化解顾客与服务人员之间的矛盾,当顾客向服务人员有意挑剔甚至刁难时,服务人员的微笑服务可以消除顾客的不满,避免双方矛盾的激化。在服务中,微笑算是浅表层的服务行为规范,更为重要的是内心真诚待人,让对方感受到被尊重。服务分为两个层面:一是功能性的实现,比如在银行办理好存款,在商店买到一双鞋子或者在办税服务厅把税款缴纳完毕,对顾客来说,这意味着一项活动的完成;二是在功能性实现过程中有愉悦的体验,也就是对整个过程是满意的,没有不愉快的情景出现。从服务体验角度来说,第二个层面更为重要,因为即使顾客本次功能性的目的没有达到,但由于服务人员热情接待或设身处地为顾客着想,顾客仍有可能满意而归,甚至会再次光顾。反之,如果顾客仅仅达到了功能性的满足,但在整个服务过程中没有感到被尊重,甚至被粗暴对待,顾客对此服务经历是负面的评价,那么,对服务提供方来说,仍是一次失败的服务。真正高明的服务提供者往往能在没有实现顾客功能性满足的条件下,让顾客有愉快的服务体验。

(二)与情绪相关的反应

1. 生理与认知反应

情绪反应造成呼吸与循环系统、内脏、肌肉等器官的活动变化,因而出现心跳加快,呼吸急促胸闷等生理反应。不过,除非情绪反应达到一定的门槛,人们不一定会察觉到这些生理反应,但是生理反应太激烈或持续太久,容易对健康造成伤害。此外,情绪也会影响和阻碍认知反应,如紧张得说不出话来或者造成思维短路。

2. 表情行为与行动

人们的情绪会表现在面部(如瞪大眼、嘟嘴、微笑)、肢体动作(如昂首挺胸、垂头丧气、跺脚、来回走动)、身体姿势(如僵直呆坐、身体蜷曲)、声音语调(如急促、微弱、嚷嚷、大声)。这些非语言的用来表达情绪的行为称为表情行为。不同于生理与认知反应的内在特质,表情行为很外显,因此是一种可以用来推断他人情绪的线索。美国表情研究专家保罗·艾克曼(Paul Ekman,2008)经过长期的研究发现,有七种情绪引发的面部肌肉变化是人类共通的。因此,无论一个人置于什么样的文化语言背景,如果他们出现以下脸部表情,我们可以推断他们的情绪。

(1)愤怒:眉毛下垂,前额紧皱,眼睑和嘴唇紧张。

(2)厌恶:皱鼻,上嘴唇上抬,眉毛下垂,眯眼。

(3)轻蔑:嘴角一侧抬起,讥笑或得意状。

(4)恐惧:嘴巴和眼睛张狂,眉毛上扬,鼻孔张大。

(5)惊讶:下颚下垂,嘴巴放松,眼睛睁大,眼睑和眉毛微抬。

(6)快乐:嘴角翘起,面颊上抬起皱,眼睑收缩,呈现鱼尾纹。

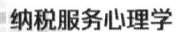

(7) 悲伤:眯眼,眉毛收紧,嘴角下拉,下巴抬起或收紧。

不过,仍然有一些表情行为因个体差异、文化差异、后天教育差异而有不同,例如美国女性表达情绪的程度比东方女性要强烈。对情绪的判断方式同样也因人而异,例如东方人偏爱观察他人的眼睛及眼神变化,来判断其感情,嘴巴常被忽略,而西方人则会同时注意嘴巴及眼睛。

需要注意的是,同一个人同一种表情可能代表不同情绪,例如声音颤抖可能是因为紧张,也可能是因为兴奋;双手握拳可能是因为生气,也可能是因为骄傲。因此,仅仅从一两种表情行为推断情绪不见得准确。另外,同一种表情行为在不同情境下代表不同情绪,例如,课堂上老师问要不要考试,学生倒拇指表示反对,而在政见发表会场,则是表示不屑。

第三节　态　度

一、态度概述

(一)态度的含义与构成

1. 态度的含义

态度是人们对他人、事物、事件、观点等客观社会现象所持的一种相对稳定的基本评价,是一种倾向性心理反应。当人们对一事物持某种态度时,不管该事物是有形的,还是无形的,都被称为态度标的物。态度反应的倾向性可以是正面的,如同意、拥护、赞成等,也可以是负面的,如抗拒、厌恶、反对等。态度总是针对客观环境中某一具体对象产生的,表现为对某种事物的态度。即使在世界范围内,人们对税收持积极态度的也并不多见,税收往往意味着责任、义务以及难懂的法律政策。在传统的税收学教材中,税收被赋予强制性、无偿性和固定性,给人一种紧张感、压迫感和无奈感。在中国古代的政治经济活动中,税收常被称为苛捐杂税,带有明显的负面色彩。在国外,人们对税收的态度也比较负面,在一项针对德国纳税人对税收态度的研究中,研究者设计了这样一个问题:"当你听到'税收'一词时,你的脑子里会想到什么?"多数人具有负面的联想(如表2-3所示)。

表 2-3 对"税收"一词产生的自由联想的情况

对"税收"的联想	总和	蓝领雇员	白领雇员	公务员	自雇人员	农民	退休人员
技术概念(例如税务局、税种、税法)	39	43	39	42	27	33	31
负面印象	29	30	31	23	41	35	26
——不愉快的感觉	13	13	15	10	18	14	10
——太多、太高的税收	8	9	9	6	10	8	7
——"坏"税务局	3	3	2	2	5	9	4
——恶意表示	2	2	2	2	5	1	2
——不认同税款的使用	2	2	2	2	2	2	1
——令人生气	1	1	1	1	1	1	2
必要性,必须的祸害	23	18	23	28	26	22	28
无答复	9	9	7	7	6	10	15

资料来源:转引自埃里希·科齐勒,国家税务总局税收科学研究所译,《税收行为的经济心理学》,中国财政经济出版社 2012 年版。

税收工作中,纳税人的纳税行为在很大程度上受纳税态度的影响。有着积极纳税态度的纳税人,在行为上就表现出积极主动缴纳税款,协助收税人员宣传、执行税收制度;有着消极甚至对抗的纳税态度的纳税人,在纳税过程中就表现出各种偷、漏税,甚至暴力抗税行为(周仁来,1990)。纳税人的态度具有以下特征。

(1)纳税人的态度不是天生的,而是后天形成的。

(2)态度是一种偏好,而不是行为。纳税人的态度是对某一特定事件、服务或行为的偏好。

(3)态度是一种指向性关系,态度的对象通常表现为服务、现象、行为、事物等。

(4)态度具有一定的稳定性,一般不随态度对象的物理状态和环境而发生变化。

(5)态度是个体内在的心理体验。它可以通过行为表现出来,也可以不表现出来。态度与行为是否一致,主要取决于情景因素。情景适宜,则态度与行为一致;情景不适宜,则可能不一致。税收工作实际中,常常看到,有些纳税人对某些税收制度(如个人收入调节税、个人自由申报纳税制度等)表示不理解、误解,甚至反对,但在真正执行税收制度的过程中,他还是能遵守规定,照章纳税;而有些纳税人在表面上坚决支持国家的税收政策、制度、法规,但在实际缴纳过程中,却一拖再拖,甚至采取非法手段偷逃国税(周仁来,1990)。

态度作为一种心理倾向,通常以语言形式的意见或非语言形式的动作、行为等作为自身的表现形态。因此,通过对意见、行为的观察和了解,可以推断出纳税人对纳税行为或税务机关的态度。

2. 态度的构成

1) 认知成分

认知是态度的基石,是对态度对象的解释及由此形成的知识、信念和意义等。纳税态度的认知因素主要是指纳税人对国家税收政策、制度、法规及执行它们的税收工作人员的理解与认识,会表达出赞同、反对或者中性的认知评价。

2) 情感成分

情感是构成态度的动力。纳税态度的情感因素是指纳税人在对国家税收政策、制度、法规的认识和执行过程中对相关人员和组织所伴有的一种内心体验。在态度的基本倾向或方向已定的条件下,情感决定了纳税人态度的持久性和强度。

3) 行为倾向

行为倾向是构成态度的准备状态。它表现为纳税人对有关政策、制度、行为或税务人员态度所采取的反应倾向,其中包括用于表达态度的语言和非语言的行动表现。行为倾向是纳税人态度的外在显示,同时也是态度的最终体现。只有通过行为倾向,态度才能成为具有完整功能的有机系统。此外,行为倾向还是态度系统与外部环境进行交流和沟通的媒介。

(二) 态度的功能

一般认为,态度是满足某种心理需求存在的,但态度的功能并不仅限于此。

斯密斯(Smith,1956)指出,态度除了有满足心理需要的功能外,还有另外三种功能:①评价功能,即对环境中态度对象的积极性和消极性因素进行判断、分析和评价;②社会调节功能,即认同个体所喜欢的人或躲避个体所不喜欢的人;③外化功能,即保护自我,抵制内心冲突。美国组织心理学专家丹尼尔·凯茨(Daniel Katz)从需要满足的角度提出了态度功能理论。如果人们持有某种态度是为了满足其自身的内在需求,当外界的信息可以满足这种需求时,它就更容易改变人们的态度。态度功能理论阐释了人们的态度会因目的的不同而具有不同的心理功能:第一,个体皆有从外部环境中获得奖励且避免惩罚的需要,态度具有能够满足人们这种需要的功能即为调整功能;第二,态度可以明确地显示自我的价值,具有积极的表现功能即价值表达功能;第三,态度既可以拒绝引起焦虑的外部事件,又可调节内部冲动,态度的这一功能称为自我防御功能;第四,态度可以作为理解环境的一种手段,可视为判断的标准或理解的参考系,这种情况下,态度发挥的是知识功能(李茉,2013)。

二、态度形成

(一)态度形成的基础

态度的形成和改变是同一问题的两个不同侧面,态度的形成是从无到有的过程,而态度的改变则是在新信息的冲击和影响下,建立在原有认知水平基础上的变化过程。实际上原有态度的改变就是新态度形成的过程。由于态度不是先天生理因素的产物,而是在社会化过程中逐步学习产生的,因此态度的形成过程实际上就是一个学习过程。在社会化的学习中,各种因素都可能对态度的形成产生不同的影响。主要影响因素如下。

1. 个人经历

个人经历是态度形成的重要基础,特别是与青少年时期、生活中的重要事件及与此相关的情感体验等密切相关。纳税人第一次与税务机关打交道形成的体验对其纳税态度的形成有着至关重要的影响。例如,有一名纳税人第一次去税务机关办理纳税事宜,得到服务人员的热情对待,非常满意,在"百度贴吧"

发帖:"行政服务大厅国税局的服务态度真好,今天下午去办事,由于第一次办理不知道需要啥东西,缺这少那,办理人员细致入微地耐心讲解,认真校对,真心感谢。"这个帖子引起很多纳税人的跟帖和赞同。这种经历在塑造纳税人对税务机关正面态度和提高纳税遵从度方面具有极为重要的作用。

2. 观察与模仿

观察是指人们仅仅通过观察他人(榜样)的行为及其结果就能学会某种复杂行为。心理学家班杜拉(Albert Bandura,1977)认为,人的一切社会行为都是在社会环境的影响下,通过对他人示范行为及其结果的观察学习而得以形成的。在纳税行为中,商业同行、朋友、亲友等的态度影响着纳税人本人的纳税态度,"名人效应"就是典型的态度形成的催化剂。

3. 群体的压力

在实际生活中,每一位纳税人由于自身的社会背景、生活习惯、工作环境、个人兴趣及民族、地域等的不同,使其生活在各不相同的生活圈内或希望自己与某个生活圈保持一致。这样该群体的态度就会很自然地成为其成员个体的态度。如果纳税人知道同行或者自己身边的人都不愿纳税或者主动逃税,他对纳税的态度也会是消极的,相反的,如果纳税人知道同行或者身边的人都是遵纪守法、诚实纳税的,他就会形成对纳税行为的积极态度。这就是同侪效应(peer effects)。同侪这个词出自《左传·僖公二十三年》,指的是与自己在年龄、地位、兴趣等等方面相近的群体。有研究表明,同侪在一起会有两方面的效果,一方面同侪更易于形成相互竞争的氛围;另一方面,同侪之间更易于相互交流、支持和影响。卡斯特和斯卡塔西尼(Castro 和 Scartascini,2015)使用同侪效应研究了阿根廷一个直辖市的纳税人偷逃税情况,当纳税人知晓其他纳税人都合法纳税时,其纳税遵从度有所提高。

4. 文化背景

文化背景对态度形成的影响主要表现在态度形成的时间与速度上,文化程度较高的人对各种不同信息的接收与理解的速度较快,其态度的形成与转换也明显较快。

（二）态度形成的理论

1. 认知失调理论

认知失调理论是由美国社会心理学家费斯廷格（L. Festinger，1957）提出的。认知失调理论认为，当个体面对新情境，必须表示自身的态度时，个体在心理上将出现新认知（新的理解）与旧认知（旧的信念）相互冲突的状况。为了消除此种冲突导致的紧张和不适感，个体在心理上倾向于采用两种方式进行自我调适：其一是对新认知予以否认；其二是寻求更多关于新认知的讯息，提升新认知的可信度，藉以彻底取代旧认知，从而获得心理平衡。此理论被广泛用以解释个体态度改变之重要依据。费斯廷格认为，任何人都有许多认知因素，如有关自我、他人及其行为及环境方面的信念和看法。这些认知因素之间存在三种情况：①相互一致和协调；②相互冲突极为不协调；③相互无关。当两个认知因素处于第二种情况，即处于认知失调状态时，个体就会不由自主地通过调整认知来减少这种矛盾和冲突，力求恢复并保持认知因素之间的相对平衡和一致性。为了证明认知失调状态能引起态度变化，费斯廷格与助手曾做过一个试验。他们将被试者分成三个小组：控制组、高奖赏组和低奖赏组。试验中，所有被试者被要求做一个小时单调乏味的工作。除控制组外，其他被试者均被要求在完成试验后对门口的一位女性研究助理撒谎，说这项工作非常有趣、令人愉快。作为撒谎的回报，高奖赏组每人可以得到 20 美元，低奖赏组每人可以得到 1 美元。最后，所有被试者被要求在一个有 10 个等级的量表上表明他们到底在多大程度上真正喜爱这项工作。结果发现，高奖赏组和控制组的被试者大多认为这项工作枯燥无味，不大喜欢，这两组平均得分值都比较低，且无明显差异；而低奖赏组则认为此项工作是有趣的、愉快的，其平均得分值比较高。为什么会出现这样的结果呢？研究者认为，控制组没有被要求撒谎，内心无认知冲突，能表达其真实认知与态度。两个奖赏组的被试者都出现了认知失调。高奖赏组的被试者由于高奖赏这一外力的影响，就会在两个认知之间插入一个辩解性理由，如"得到一笔可观的奖赏，撒个小谎是值得的"，这样不仅维持了对工作十分单调的认知和不喜爱的态度，而且对自己的撒谎行为心安理得。而低奖赏组的被试者,由于找不到充足的外在理由为其撒谎行为进行辩解,只能从内部寻找理由对自己的行为予以支持,因而会朝着"说的不是谎言"并相信"工作是有趣的"方向变化,即改变了对工作的认知与态度。

2. 学习论

学习论又称条件作用理论,其代表人物是耶鲁大学的霍夫兰德(Hovland,1959),他认为,人的态度同人的其他习惯一样,是后天习得的。人的态度的形成主要是通过联想、强化和模仿三种学习方式而逐步获得和发展的。联想是两个或多个概念或知识之间的联结,态度的形成是一个中性概念与一个带有积极或消极社会含义的概念重复匹配的结果。当一个中性概念与一个积极概念进行联结时,就是一种积极的联想。例如,将"知识"与"力量"联系起来,就是一种积极的联想。强化一般被解释为对行为的定向控制,是通过外部刺激而产生的内在体验或认知。例如,顾客在商店购物时,如果能够得到热情、细致、耐心的服务,他就会对这个商店形成积极、肯定的态度,甚至发展出对这家商店的忠诚。模仿一般是对榜样的模仿。人们不仅模仿榜样所持态度的外部特征,如言谈、举止,而且也汲取着榜样所持态度的内涵,如思想、情感、价值观念等。如果榜样是强有力的、重要的或亲近的人物,模仿发挥的作用会更大。学习论认为态度的形成要经过顺从、同化和内化三个阶段。顺从是指在外在压力的影响下,在外显行为上与他人保持一致,这种态度具有表面性和不稳定性。同化是指喜欢他人而愿意与其保持一致或采取与其相同的表现,这种态度具有一定的情感成分,但比顺从阶段要深刻和主动。内化是指个体把情感认同的东西与自己已有的信念、价值观等联系起来,使之融为一体,此种态度比较持久和稳定。

3. 自我知觉理论

自我知觉理论是由心理学家达赖尔·贝姆(D. J. Bem,1972)提出来的。自我知觉理论认为,人会像观察别人一样观察自己的行为,通过对自己行为的感知来建立自己的态度。一个人对他人的知觉与对自己的知觉是有区别的:一是个人对自我的知觉带有更多的主观因素,知觉者同时又是被知觉者,使自我知觉更多地受主观成分的影响;二是自我知觉带有强烈的情感成分,一个人对自己是接纳还是排斥,喜欢还是厌恶,这种主观感受会强烈地影响自己对自己的知觉。在态度的自我知觉上,在没有外界环境压力时,通常认为我们的行为是表达真实态度的。当存在着明显的外部压力时,会认为我们的行为是有其外部原因的。在动机的自我知觉上,由于高奖赏而从事某种活动,导致把行为原因归之于外部,由于低奖赏而从事某种活动,导致把行为原因归之于内部。这就是说,对于从事某种活动给予过分的肯定,将破坏对这个活动的内在兴趣。

三、态度改变

(一)态度改变的说服模型

霍夫兰德(Hovland)和詹尼斯(Janis)在 1959 年提出了一个关于态度改变的说服模型(如图 2-2 所示)。这一模型描述了态度改变的过程及其主要影响因素。与大多数有关态度形成的理论一致,霍夫兰德认为,任何态度的改变都涉及一个人原有的态度和外部存在的与此不同的看法。因为两者存在差异,就会导致个体内心冲突和心理上的不协调。为了恢复心理上的平衡,个体要么接受外来影响,即改变自己原有的态度,要么采取各种办法抵制外来影响,以维持原有态度。

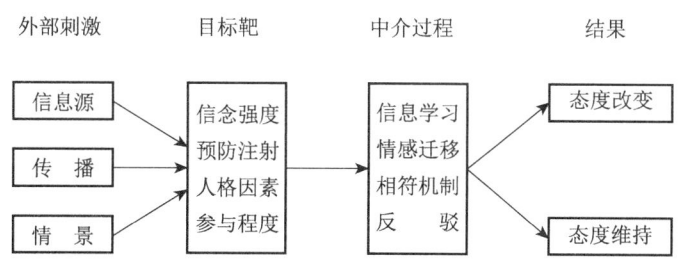

图 2-2　态度改变的说服模型

资料来源:Hovland C I, Janis I L. Personality and persuasibility,1959。

霍夫兰德和詹尼斯的模型由四个部分组成。第一个部分是外部刺激。它包括三个要素,即信息源、传播、情景。信息源是指持有某种见解并力图使别人接受这种见解的个人或组织，如发布劝说性广告的企业、推销人员及意见领袖等，都属于信息源的范畴。传播是指将一定的信息内容，以一定的表达方式，传递给信息的接收者或目标受众。信息内容、表达方式和传递渠道是否合理，对能否有效地将信息传达给目标受众并使之发生预期的态度改变具有十分重要的影响。情景是指对态度改变或说服过程具有影响力的外部环境，如信息接收者对该信息是否预先有所了解，信息传递时是否有其他干扰因素等。第二个部分是目标靶，也就是目标受众，即信息接收者或试图说服的对象。说服对象对信息的接收和处理会受到个体内在因素的影响，包括相关信念的强度、现有的态度、对与现有态度相反观点的防御机制的强弱、人格因素、参与程度及性别等。第三个部分是中介过程。它是指说服对象在外部劝说和内部因素交互作用下使态度发生变化的心理机制，具体包括信息学习、情感迁移、相符机制、反驳等方面。第四个部分是说服的结果。说服的结果不外乎两种：一是改变原有态度，接受信息传递者的劝说；二是对劝说予以抵制，维持其原有态度。说服过程不一定能够达到预期的效果，原因在于信息接收者可能对于不符合其现有态度的信息或意见进行多方抵制，以维持现有的态度，如贬损信息源、歪曲信息、断章取义，为现有态度进行辩护或粉饰，或者对新信息无理拒绝等。

(二) 态度改变的途径

态度是在诸多影响因素的共同作用下形成的。当影响因素发生变化时，个体态度也将随之改变。为此，凡是促成影响因素变化的措施都可以成为改变态度的途径。但对个体态度的改变不能采取强制、压迫的方式，而只能通过说服诱导，促成对方自动放弃原有态度，接受新的意见或观念，否则态度的改变就有可能停留于表面现象，而不能内化为稳定的心理倾向，稍遇挫折便会发生反复。由此可见，态度的改变过程同时也是说服与被说服的过程。按照说服方式的不同，可以分为直接说服与间接说服两类。

1. 直接说服

直接说服就是以语言、文字、画面等作为载体，利用各种宣传媒介直接向个体传递有关信息,以达到改变其固有态度的目的。直接说服的效果优劣受信息传递过程中各种相关因素的影响,如信息源的信誉和效能。一般来说,信息发出者的信誉越高,其说服的效果就越好,改变态度的可能性也就越大。信息本身的质量优良,内容真实可信,表达形式完美,也易于给受众留下深刻、美好的印象,增加其心理开放程度,减少抵触情绪,从而增强说服效果。信息传递的媒介和方式也会影响说服的效果,不同的传递媒介对个体的说服效果不尽相同,为此,在说服他人时,应根据信息的内容、被说服者的个性特征及情景条件选择适宜的媒介方式。还有,个体的信息接收能力同样会影响说服的效果,在采用直接说服方式时,必须考虑个体信息接收能力的差异,针对接收对象的能力特点制定相适宜的信息内容和传递方式。

2. 间接说服

间接说服又称为间接影响,它与直接说服的主要区别在于它可以使用各种非语言方式向接收对象施加影响,通过潜移默化的方式,诱导个体自动改变态度。间接影响可以采用相关群体影响和亲身体验两种方式进行。个体总是生活在一定群体之中,群体之中的权威他人(如商业领袖、明星人物等)对个体的影响是非常巨大的,当权威他人的态度发生改变时,群体中的个体也会随之发生巨大的变化。另外,个体的亲身体验往往具有极强的说服力和影响力,对于迅速改变其态度有着其他方式难以达到的效果。

第四节　动　　机

一、心理学对动机的研究

(一) 动机的定义及特征

动机是心理学研究的老话题,也是最有吸引力和最复杂的主题之一。人们都想知道某一行为背后的动力机制到底是怎样的,这就涉及到动机的概念。心理学家对动机的定义可谓五花八门、众口不一。有人认为,动机是为实现一个特定的目的而行动的原因;有人认为,动机是推动人们行动的内在力量;有人把动机定义为能引起、维持一个人的活动,并将该活动导向某一目标,以满足个体某种需要的念头、愿望和理想等;还有人把动机界定为一种由需要所推动的,达到一定目标的行为动力,它起着激起、调节、维持和停止行动的作用。心理学家皮特里和格温(Petri 和 Govern,2005)指出,"当我们描述某种力——它作用于有机体或有机体内部,发动并指引行为——时,我们便使用动机(motivation)这个概念。我们也用动机概念来解释行为强度(intensity)的差异。我们将较强的行为看作是较高动机水平的结果。另外,我们还经常使用动机概念来说明行为的坚持性(persistence)为高水平的动机行为,即使行为的强度较低,通常也会持续下去"。虽然对动机的描述各不相同,但这些定义都有共同的基本观点:动机是激起个体行为的内部过程,能为个体提供方向和能量;动机是一种既观察不到也测量不到的内部过程,对其性质、强度,以及存在与否等状况的了解,只能从外部观察到的行为反应上作出间接的推断;对动机的定义无论是陈述性的还是描述性的,实质上都是假说(孙煜明,1993)。早期的研究认为,驱动有机体行为的动力机制是性、饥饿等本能性的生物基础。美国著名人本主义心理学家马斯洛在《动机与人格》中指出,驱动人们行为的动力机制是由低到高的层次性排列,由生理需要向自我实现需要递升。动机具有以下几个特征。

1. 激活性

当一个有机体开始做出某种行为时,其行为当中就带有一定的动机,人们通常将外显行为的产生看作是动机存在的证据,但没有外显行为并不能充分地说明动机不存在。皮特里认为,如果其外显行为没有被人们观测到,则意味着有机体的动机水平还没有强大到激起其行为的水平。他以野兔为例来说明这一观点。他指出,当一只野兔发现捕猎者而僵住的时候,虽然没有出现外显行为,但是其机体内部发生了巨大的变化,如心跳、血压、肾上腺素分泌水平都会超出一般的标准。

2. 指向性

动机不仅能起动行为,还指导行为朝向特定的目标。如饥饿时指向食物而不是游戏机;追求成功和成就的人总是积极地参加活动,主动地向困难挑战,而不是知难而退。虽然两个人都喜欢甜食,但其中一人由于减肥的原因而控制或拒绝甜食,致使两个人的行为有明显的差异(孙煜明,1993)。

3. 坚持性

饥饿的动物坚持不懈,努力地获得食物。与此相似,人类也常锲而不舍地以某种方式行事。有时即使成功的概率非常低,他们也会长期坚持。个体参与某项行为或活动的持久性与其动机强度有密切的关系。如马克思为了揭示资本主义社会发展的规律,用40年时间终于写出了《资本论》。

(二)动机的有关理论

关于动机的理论比较多,有弗洛伊德(Sigmund Freud)的精神分析理论、赫尔(Clark Hull)的驱力理论、勒温(Kurt Lewin)的动力场理论、班杜拉(Albert Bandura)的社会学习理论、马斯洛(Abraham Harold Maslow)的需要层次理论等。

弗洛伊德的精神分析理论深受达尔文进化论的影响,把世界看作是有机体争夺有限资源的战场,个体一切活动的根源都是基于生物性本能的,都是为了性本能的满足。这种观点的不足之处在于把人类降格为普通的动物,忽略了人的社会属性和人类对美、善良、正义等高层次需要的追求。

赫尔提出了动机的驱力理论,他认为,当有机体的需要得不到满足时,便会在有机体的内部产生所谓的内驱力刺激,这种内驱力刺激引起反应,而反应的最终结果则使需要得到满足。赫尔解释说,由于一种需要,不论是现时的还是潜在的,通常在有机体的行动之前出现或伴随着有机体的行动出现,因此,人们常说它激起或发动了与其相联的活动。需要的这种诱发性,使得人们认为它是产生有机体最基本的驱力。驱力理论认为,驱力是行为的非特殊加力器,各种驱力汇合到一起,激励有机体行动。赫尔坚信驱力是各种基本动机的共同特征,不论这些动机是由缺乏食物、性刺激或是由其他原因所引起的。在某种程度上,驱力的性质与力比多概念相似。不过,没有任何一种驱力能够居于支配其他驱力的特殊地位。

勒温的动力场理论提出了一种行为动机的体内平衡的认知模型。该理论认为,激发行为的动力是不断发展变化的,对有机体产生影响的动机因素是多方面的,并不是单一的。个体所能被观测到的行为是由多种动机因素驱动的。勒温使用动力场来描述动机行为,即有机体的反应是由场内作用于这个有机体身上的所有动力引起的。他将行为描述成生活空间的函数,而生活空间又是由人和心理环境构成的。虽然勒温的动力场理论非常重要和具有影响力,但缺点是对一些术语没有明确的界定和缺乏实质性的证据。

班杜拉等人提出的社会学习理论考察并力图解释影响行为习得与调节的内部和外部因素。重要的内部因素包括期望和我们对于目标的主观价值;而外部因素包括我们所经历的特定社会情境。内部因素和外部因素都影响我们行为的方式。社会学习理论还提出,与环境的相互作用可以直接激发行为,并且通过观察他人的行为和这些行为所导致的结果以及通过自我强化可以间接地激发行为。

马斯洛提出的动机理论强调个体潜能的实现是人类的基本动机,但除了自我实现,人类的动机还包括其他动机。马斯洛通过观察发现,可以通过需要层次(hierarchy of needs)来理解人类的需要。层次中较低级的需要更具有优势,并且必须在较高级的需要启动之前得到满足。他在《动机与人格》中写道:"人是一种不断需求的动物,除短暂的时间以外,极少达到完全满足的状况,一个欲望满足后往往又会迅速地被另一个欲望所占领。人几乎总是在希望什么,这是贯穿人整个一生的特点。"(马斯洛,2012)马斯洛需要层次论的基础是他的人本主义心理学,人的内在力量不同于动物的本能,人要求内在价值和内在潜能的实现乃是人的本性。马斯洛提出人的需要有一个从低级向高级发展的过程,这在某种程度上是符合人类需要发展的一般规律的。

二、纳税人动机研究

纳税人动机是一个有待深入研究的领域,目前尚未有充足而扎实的文献。针对纳税人动机的研究多与纳税遵从关联在一起,常被称为纳税动机,即纳税人在选择偷逃税还是主动纳税时内在的驱动机制。姚涛(2008)结合普通心理学中动机概念,把纳税人动机看作是纳税行为动机并给出了自己的理解。他认为,纳税行为动机可以被描述为在纳税人个体内部存在的迫使其采取行动的一种驱动力。这种驱动力表现为一种紧张状态,它因为某种需要没能得到满足而存在。纳税人会有意识或无意识地通过采取某种行动来降低这种紧张状态。纳税人采取的这种行动会使他们的需要得到满足,从而使得他们感受到的紧张状态得到缓解。纳税人所选择的目标与他们为实现目标而采取行动的方式,都是纳税人思考与学习的结果。纳税人纳税行为动机过程模型如图 2-3所示。

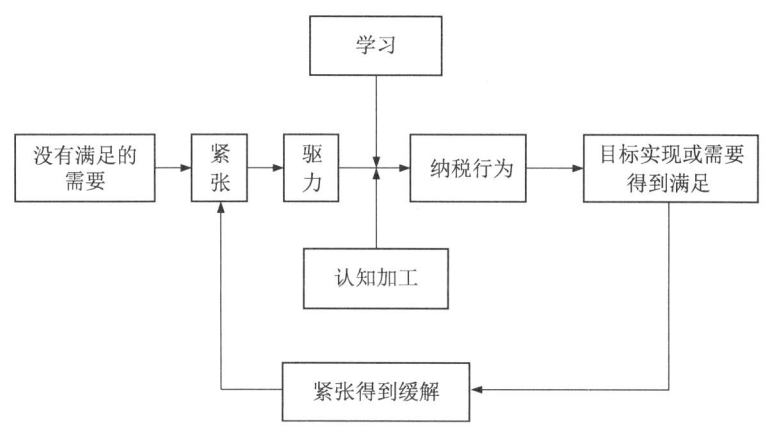

图 2-3　纳税行为动机过程模型

资料来源:姚涛,行为税收引论——纳税行为的经济学分析,西南财经大学,2008 年。

动机是与生活经验相互作用而不断变化的高度动态的结构。往往需要随着纳税人的身体条件、环境、与他人的交往以及个人的经验而不停地成长与变化。当需要得到满足,纳税人会出现新的或更高水平的需要而导致紧张状态并诱发纳税人的活动。实现目标的纳税人会为自己设置新的和更高的目标。当纳税人不能达到他所期望的能满足自己需要的某个特定目标或某类目标时,经常会产生挫折感。

奥地利维也纳大学的教授埃里希·科齐勒(Erich Kirchler, 2012)认为,动机状态是一个综合概念,是纳税人对于税务机关的信念、评价和期望,以及信念、评价和期望带来的行动。从上述定义可以看出,科齐勒对纳税动机的定义是相当宽泛的,包含了纳税人对税务机关的主观认知、态度、评价和期待等各种心理因素的总和。科齐勒指出,动机状态决定纳税人如何定位同税务机关的关系,可能是决定合作、不遵从或合法化过程。纳税人在缴税时的动机是不同的,他们采取遵从或者偷逃税的行为取决于纳税人与税务机关互动质量以及在此基础上形成的征纳关系。澳大利亚国立大学的瓦莱丽·布雷斯威特(Valerie Braithwaite,2013)教授在计划行为理论基础上提出了纳税人在纳税行为中有五种动机状态:承诺(commitment)、屈从(capitulation)、抵制(resistance)、摆脱(disengagement)和博弈(game playing)。五种动机状态的定义和描述如表2-4所示。

表 2-4　动机状态及描述

动机状态	描述	典型语句
承诺	承诺是对税务机关的积极取向和遵从。税收制度被感知是所希望的,税收法律和税收征收感知是公平的。已承诺纳税人感觉有道德义务去缴纳自己的份额,并以集体利益为出发点行动	纳税是正确的事情 我感觉有道德义务去纳税 总体而言,我有纳税信誉
屈从	屈从也反映了积极取向,可接受具有合法权力追求共同目标的税务机关。只要公民依法行事,税务机关便被感知是在以帮助的方式运作	如果你跟税务机关合作,他们也愿意与你合作 税收制度可能不完善,但是它对大多数人来说运转良好 不管税务机关合作与否,最佳策略是一直跟他们合作
抵制	抵制反映了消极取向和反抗。税务机关的权力被怀疑,他们的行动被感知为控制和支配,而不是帮助	如果你不跟税收机关合作,他们将强硬地对待你 重要的是不让税务机关摆布你 不可能完全满足税务机关
摆脱	摆脱也反映了消极取向,与抵制态度有关。个人和群体均与社会保持距离、阻断交流意见,以挑战税务机关的任何观点	如果我发现我没有做税务机关想要做的事,我也不会为此失眠 我不介意是否做税务机关认为正确的事 如果税务机关强硬地对待我,我将不与他们合作

（续表）

动机状态	描述	典型语句
博弈	博弈表达了一种观点，认为法律可以被制定为满足个人目的，而不是令人尊重的指导个人行动的规则集合。在税收行为领域，博弈是指"警察与小偷"游戏，纳税人从个人利益出发发现税收漏洞，感知税务机关就像从事抓狡猾纳税人的"警察"	我喜欢花时间研究税收制度怎么变化会影响到我 我喜欢告诉朋友们税收漏洞有哪些 我喜欢玩发现税法灰色地带的游戏

资料来源：转引并修改自埃里希·科齐勒，国家税务总局税收科学研究所译，《税收行为的经济心理学》，中国财政经济出版社 2012 年版。

布雷斯威特的研究表明，持有承诺和屈从两种动机状态的纳税人，其偷逃税意愿比较低，而持有抵制、摆脱和博弈动机状态的纳税人，其偷逃税相对较高。明确了纳税人的动机状态，对税务机关的纳税服务工作具有一定的实践指导意义，可以针对纳税人的不同动机状态而采用不同的应对措施。澳大利亚国税局根据布雷斯威特的研究成果开发了一种模型，把纳税人的纳税动机与税务机关的管理策略结合在一起（如图 2-4 所示）。

图 2-4 表明，根据纳税人的动机状态，税务机关的执法策略应该从自我管理到强制自我管理，从酌处命令管理到诉讼进行变动。当纳税人承认错误，改正错误，开始满足法律的预期，那么税务官员的任务就是教育、做记录、递送服务和建议。当纳税人行为表现为对抗，表示抵制和摆脱时，税务机关应该回应以更严厉的措施、命令管理，直至起诉。

甘格尔等学者（2015）把纳税人的动机分为三种：强制性动机（enforced motivation）、自愿性动机（voluntary motivation）和承诺性动机（committed motivation）。强制性动机是指纳税人面对审计和罚金不得不缴税的动机。自愿性动机是建立在积极互惠基础上的，税法受到尊重，税务机关被看作是协助纳税人依法办事的服务提供者；反过来，纳税人也会得到回报，并自愿主动地缴税，无需强制执行。然而自愿动机并不代表纳税人内心真诚地服从，纳税人并不看重税收制度本身，他们宁愿接受它的必要性，选择屈服和投降的内外在姿态。自愿动机表明，纳税人选择纳税是因为相对于逃税来说，自愿缴税是一种

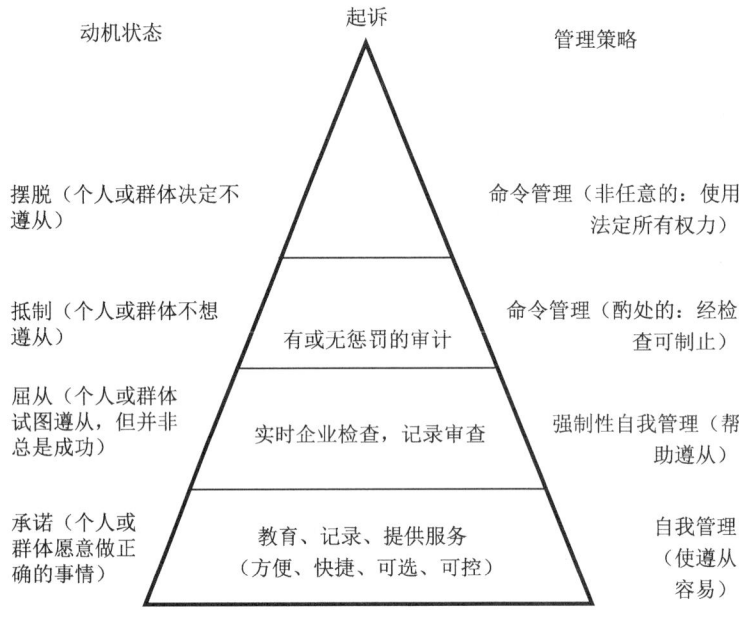

图 2-4 动机状态与管理策略

资料来源:转引并修改自埃里希·科齐勒,国家税务总局税收科学研究所译,《税收行为的经济心理学》,中国财政经济出版社 2012 年版。

比较容易和不费力的行为。承诺性动机是一种税收遵从的内在动机,遵从已经被纳税人内化为一种道德义务。人们认为,税务机关与公民具有相同的价值观,税收的征收和使用方式也受到赞赏。纳税人觉得自己对税收制度有责任,觉得自己对社会的福祉作出了积极的贡献。对于具有承诺性动机的纳税人来说,诚实纳税是他们的一种自然和自发的行为。基于上述纳税人动机的分类,甘格尔调查了 500 名澳大利亚自雇纳税人和荷兰 1 377 名企业家。结果发现,强制性动机与纳税遵从负向关,而承诺性动机与纳税遵从正相关,出人意料的是,自愿性动机与纳税遵从不具相关性。根据研究的结论,研究者提出建议,税务机关应该表现出合法和仁慈的形象,以减少强制性动机,培养承诺性动机。

根据以上所述,从宏观上看,税务机关首要的任务是要了解纳税人的动机类型和各种动机状态的强度,才能有针对性地采取相应的管理和服务措施。就

微观上看,纳税人在具体的办税过程中也存在不同的动机状态,例如,有的人比较急切,完成办税任务的动机比较强烈,会导致需求与目标之间出现较强的紧张状态或挫折感。一些纳税人会寻找克服的办法来应对挫折,如果是不能克服的,他们会去寻找替代目标。另外一些缺乏适应性的纳税人可能会把无法达到目标看作是个人的失败。这些纳税人可能会采取防御机制来保护自己的自尊心免受伤害。防御机制包括攻击、合理化、退缩、压抑等行为:①攻击。体验挫折的纳税人可能会借助攻击行为来试图保护自尊。纳税人偷税被发现时有时会采取暴力抗税行为就是一种攻击行为。②合理化。合理化是纳税人经常采用的一种防御机制。有时,纳税人会捏造貌似真实的理由来解释没能达到目标的原因从而重新定义挫折情境。或者,纳税人也有可能会得出目标不值得去追求的结论。纳税人有时会把自己的偷漏税行为归咎于税务机关的失职或税收制度的不完善。③退缩。纳税人经常从挫折情景中退缩出来以得到解脱。比如说,进行避税但没有达到预定目标的纳税人可能决定不再花费大量的成本去避税。④压抑。纳税人避免因遭受挫折而产生紧张的另一种办法就是压抑那些没有得到满足的需要(姚涛,2008)。因此,在税收事务的各个环节中,研究和把握纳税人的动机状态以采取适宜的应对措施都是非常必要的。

综上各节所述,纳税人在办税的各个环节以及与税务机关打交道的过程中,必然会受到感知觉、动机、情绪和态度等心理活动的影响。如对办税服务厅环境与氛围的感受,对纳税服务人员态度的感觉知觉,由于对税收法律和政策的不理解导致的忐忑心理,办税等待过程中出现的焦躁情绪,长期形成的对税收的抵触态度,以及在与其他纳税人互动中形成的模仿和学习,都会形塑纳税人的对税务机关服务水平的态度和心智模式。当纳税人的心理承受能力超过一定的界限,就会引起经典压力理论所提出的"逃跑或战斗"模式,激发与服务提供者之间的摩擦、冲突及争执,损伤纳税人的办税体验,降低纳税人的满意度,甚至会造成网络舆情事件。因此,了解纳税人心理活动和心理过程显得尤为必要。

参考文献

［1］ LUOH H F，TSAUR S H. Physical attractiveness stereotypes and service quality in customer-server encounters［J］. The Service Industries Journal，2009，29(8)：1093-1104.

［2］ MARBERRY S O，ZAGON L. The power of color：Creating healthy interior spaces［M］. John Wiley & Sons，1995.

［3］ SARAH LYNCH. Bold Colors for Modern Rooms：Bright Ideas for People Who Love Color. Gloucester，MA：Rockport Publishers，2001：22-29.

［4］ BUTCHER D. Aromatherapy-Its Past and Future［J］. DCI. ，1998，162：12-24.

［5］ MATTILA A S，WIRTZ J. Congruency of scent and music as a driver of in-store evaluations and behavior［J］. Journal of Retailing，2001，77(2)：273-289.

［6］ 克里斯托弗·洛夫洛克，约亨·沃茨.服务营销(原书第7版·全球版)［M］.韦福祥，译.北京：机械工业出版社，2013.

［7］ 华莱士J.尼科尔斯.蓝色思维：与幸福感相关的大脑模式与思维偏好［M］.北京：九州出版社，2018.

［8］ 陈意微，袁晓梅.气味景观研究进展［J］.中国园林，2017，33(2)：107-112.

［9］ BARTOSHUK L M. The biological basis of food perception and acceptance［J］. Food Quality and Preference，1993，4(1-2)：21-32.

［10］ DENNIS COON. 心理学导论——思想与行为的认识之路［M］.9版.北京：中国轻工业出版社，2004.

［11］ 菲利普·津巴多，罗伯特·约翰逊，安·韦伯.津巴多普通心理学［M］.北京：中国人民大学出版社，2008.

［12］ 保罗·艾克曼.情绪的解析［M］.海口：南海出版公司，2008.

［13］ 周仁来.纳税行为与纳税态度的相关分析［J］.税收纵横，1990(4)：28-30.

［14］ 李荣.我国中产阶级奢侈品牌购买动机及其品牌忠诚的形成机理研究［D］.吉林大学，2013.

［15］ CASTRO L，SCARTASCINI C. Tax compliance and enforcement in the pampas evidence from a field experiment［J］. Journal of Economic Behavior & Organization，2015，116：65-82.

［16］ BEM D J. Self-perception theory1［M］//Advances in experimental social psychology.

Academic Press,1972,6:1-62.

[17] SMITH M B. Attitudes and adjustment in cross-cultural contact:Recent studies of foreign students[M]. Published quarterly by the Association Press for the Society for the Psychological Study of Social Issues,1956.

[18] HOVLAND C I, JANIS I L. Personality and persuasibility[J]. 1959.

[19] HERBERT L PETRI, JOHN M GOVERN,郭本禹.动机心理学[M].西安:陕西师范大学出版社,2005.

[20] 孙煜明主编.动机心理学[M].南京:南京大学出版社,1993.10.

[21] 马斯洛.动机与人格[M].北京:中国人民大学出版社,2012.

[22] 姚涛.行为税收引论——纳税行为的经济学分析[D].西南财经大学,2008.

[23] 埃里希·科齐勒.税收行为的经济心理学[M].国家税务总局税收科学研究所,译.北京:中国财政经济出版社,2012.

[24] KIRCHLER E. The economic psychology of tax behaviour. [M]. Cambridge University Press,2007.

[25] BRAITHWAITE V. Dancing with tax authorities:Motivational postures and non-compliant actions[J]. In V. Braithwaite(Ed.)Taxing democracy. Understanding tax avoidance and tax evasion. Aldershot,UK:Ashgate,2003:15-39.

[26] GANGL K,HOFMANN E,DE GROOT M,et al. Taxpayers' Motivations Relating to Tax Compliance:Evidence from Two Representative Samples of Austrian and Dutch Self-Employed Taxpayers[J]. Journal of Tax Administration,2015,1(2):1-11.

第三章

纳税服务人员心理

第一节　任何人都适合服务工作吗——纳服人员的心理特质

一、服务及其心理意涵

(一)服务的内涵与特点

服务,英文与之对应的单词为"service",最早来自于拉丁语中的"servitimn",有"奴隶、奉公、侍候"等意义。《辞典》记载有关服务的含义有:①帮忙、协助、尽心效劳、照顾、奉献;②有益的事、有用、援助。可见服务是一种协助他人完成其目标的有益之事。美国质量管理大师约瑟夫·朱兰(Joseph M. Juran,1974)将服务定义为为他人而完成的工作。这一定义虽然简单,但非常明晰,它强调了服务的指向性和利他性。但约瑟夫·朱兰对服务的定义中忽视了服务的柔性层面和人文情怀。营销学家科特勒(Kotler,1998)认为,服务是一方提供给另一方的无形且不会产生任何所有权的行为或利益。这个定义强调了服务的无形性特征。中国台湾地区服务研究学者林灯灿(2009)对服务的理解则相对全面,他认为,服务是消除顾客不安的行为,是解决顾客难题的行为,是产生顾客愉快的行为,是提供顾客方便的行为,是满足顾客希望的行为。一般来说,服务有两个层面:一是功能性服务,即为顾客提供方便,为顾客解决各种各样的实际问题;二是心理服务,即让顾客经历愉快的人际交往,让顾客得到心理上的满足。综上所述,可以归纳出,服务不仅是具体行动的问题,还包括心理上的愉悦和满足,是以轻松愉快的态度表现出适当的行为促使对方在服务过程中实现其某项活动目标并达到其内心满意的过程。服务的收获是得到对

方的信赖或尊敬。服务具有无形性、异质性和易逝性等特点。

1. 无形性

由于服务是一种行动、过程或表现,所以我们不能像感觉有形商品那样看到、感觉到或触摸到服务,这与商品的有形性截然相反。譬如,医疗保健服务是由提供者针对患者及其家属进行的行为,具体有手术诊断检查和治疗等,尽管患者可以看到或接触到服务的部分有形内容,如设备、病房等,但实际上顾客很难把握这些服务,即使一项诊断或手术已经完成,患者也可能没有完全理解已经提供的服务。而购买商品时,就可以在购买前对商品进行充分的观察、接触和测试。服务的无形性给企业和顾客都带来了挑战:一方面,服务的创新不能申请专利,因此新的服务创新可以轻而易举地被竞争对手模仿;另一方面,服务不容易向顾客展示和轻易地沟通交流,因此顾客难以评估其质量,必须依赖服务企业的声誉或其他方式。

2. 异质性

简而言之,服务的异质性就是指没有两种服务会完全相同,主要是由人们之间的相互作用(提供者和顾客),以及伴随这一过程的所有变化因素所导致的。服务的异质性主要体现在两个方面:一是每个服务接受者对服务的诉求和评价都是不同的;二是服务提供者在不同时刻、不同身心状态下提供的服务也是不尽相同的。

3. 易逝性

由于服务只是一次行动和一个过程,而不是顾客可以一直拥有的有形的物品,所以它是不能储存的。易逝性是服务不能被储存、转售或退回的情况。虽然服务的过程需要一定的场地、设备和劳动力,但这些仅仅是生产过程要素的一部分,如果在一定时期内没有需求,没有使用了,生产能力就被浪费掉了。如飞机上的空座位,医院或宾馆的空房间,或者是律师的一个小时时间,是不能重新回收并在以后使用或重新出售的。

(二)服务的心理意蕴

1. 服务是一种对待他人的态度

《辞海》中对态度的解释有两种,一种是指人的行为、表情,英文对应为

"manner"，如我不喜欢他的态度；另一种解释是人们对某事的观点和看法，英文为"attitude"。此处所说的态度是指第二种。态度是影响人们对待外界的人物或事件的行为方式的内在状态。服务态度是指服务提供者对待服务对象所持的一种心理倾向，包括对顾客认知、情感和意向三个方面。作为一种内隐的心理倾向，服务态度同态度一样是不容易被直接测量出来的，只能通过服务提供者的语言、语调、神态、表情、姿态和活动等来间接推测。

服务态度是服务质量的重要组成部分。一般来说，服务质量由服务系统与服务态度组成，前者大多偏向于设施、设备与系统，属于"硬件系统"；后者则属服务人员的行为面或心理面，属于"软件系统"。近年来，由于自动化与信息化的大量引进，基于硬件建设的服务系统已大幅改善。相对的，作为软件的服务态度却一再引起争议与讨论，甚至在个别企业和公共部门经常引起顾客的诟病。这种现象表明，提升服务质量的硬件系统比较容易，而服务态度的改观相对滞后。当今正处于倡导服务导向、人们更侧重于精神追求的时代背景中，顾客对于服务态度相当看重，一旦感觉气氛不对，或受人冷落，则连抱怨都省略了，直接用脚投票，转向其他业者。美国有公司曾对顾客流失做过调查，发现有近七成的顾客是由于对服务态度的不满而离开。盖洛普公司1985年的调查中发现，决定服务质量的要素中，有关态度与行为占67%。日本有关调查中也显示出有关礼貌的应对、友善、乐于助人等态度层面高居影响服务质量的榜首。

美国的服务管理研究学者帕拉休拉曼（A. Parasuraman）、丝泽曼尔（V. Zeithaml）和拜利（L. Berry）提出了服务质量感知度量的五个维度，即有形性（环境设施及服务人员外表等）、可靠性（可靠准确履行承诺的能力）、响应性（帮助顾客迅速提高服务的愿望）、保证性（服务人员的知识、礼节以及表达出自信和可信能力）和移情性（关心并为顾客提高个性化服务）。这三位学者还开发了顾客感知服务质量量表对感知到的服务质量进行测量。他们提出的顾客感知服务质量度量更倾向于测量服务质量的非技术维度，对服务提供者的服务行为多有涉及，比如礼貌、可信、个体化需求、关心、助人等。这些都是服务中的柔性维度，即服务态度的评价内容。服务态度是衡量服务质量的有效指针，服务业之间的竞争除了硬件设施等外显服务之外，就属服务态度最受顾客重视，但抱怨也最多。由于它属内隐服务，虽然提升与衡量都很难，但却能形成无形优势且不具争议性。在任何旨在追求卓越的服务组织中，良好的服务态度都被置于极其崇高的地位。

"服务营销理论之父"克里斯提·格罗鲁斯（Christian Gronroos，1990）提出要重视服务态度管理（attitude management）。由于服务态度是感性的与人性的，其内涵涉及心理、社会及行为等层面，具有内隐性且相当复杂。它是经由组织文化及其价值观的熏陶与孕育，通过审慎的员工甄选、服务理念的共享、行为典范的模仿与管理者的引导、激励与授权，由服务者临场对应、呈现与表演而显现出来的。

优质的服务态度就其效用上来看是互惠的过程。在良好服务质量的前提下，服务态度表现优异，为组织在顾客心目中树立良好的组织形象及良好口碑的传播有着不可替代的作用，顾客会得到心理上的满足，有利于顾客忠诚度和信任度的建立。

2. 服务是一种情绪劳动

人们一般都了解普遍意义上的劳动分为脑力劳动（mental labor）和体力劳动（manual labor）。但很少有人知晓这两者之外，还有一种新的劳动形式叫情绪劳动（emotional labor）。情绪劳动是指要求员工在工作时展现某种特定情绪以达到其所在职位工作目标的劳动形式。有情绪劳动需求的职业多存在于与人互动比较密集的岗位中，比如护士、医生、服务员、窗口服务人员、客服接线员以及空乘人员等。这些职业对员工的面部表情、语音语调以及姿态行为等有特殊的要求，比如：空姐要付出"热情的情绪劳动"，护士要付出"关心的情绪劳动"，医生要付出"冷静的情绪劳动"，殡葬从业人员要付出"悲伤的情绪劳动"，电话接线员要付出"礼貌亲和的情绪劳动"。具体来说，情绪劳动者一般是需要与公众有面对面接触或者通过声音接触的员工。

情绪劳动最先是由美国加利福尼亚大学伯克利分校社会学家艾丽·罗素·豪科斯卡德（Arlie Russell Hochschild，1983）提出的，她通过对航空公司空服人员与乘客交往的调查发现,在服务过程中,为了有效完成工作,除了需要提供脑力和体力方面的付出外,员工还需要调控她们的感受及表达,让乘客感到舒服与愉悦。她把情绪劳动定义为,员工管理自己的情感以创造一种公众可见的面部和肢体的表现。情绪劳动保证了工作正常有效地开展,是自身职业发展的基础。

对于商业组织而言,员工在工作中进行符合组织要求的情绪劳动,如对顾客微笑,表示友好、礼貌与关心,会使顾客心情愉悦、乐于购物或提高购物量,甚至增加下次来购物的意愿,进而提高组织整体绩效。对于员工个人而言,情绪劳动也体现出了不可小视的价值。在公共服务领域,工作人员从事的多是与人接触和打交道的工作,需要与他人建立情感联结或是保持某种情绪,情绪劳动显得尤为重要,没有一个公民到政府机关办事希望看到冷冰冰的、毫无表情的面孔。

由于服务型政府理念深入人心,一线窗口部门的服务质量成为服务型政府的重要衡量标准,也是政府形象展现的重要平台,一线服务人员不仅需要向公众提供及时、高效的公共服务,还需要与公众进行必要的情感与情绪交流,提升政府服务的效果和公民的满意度以建立政府与公众之间的良好关系。

3. 服务是一种高质量的人际关系

服务管理研究专家詹姆斯·A·菲茨西蒙斯(James A. Fitzsimmons, 2000)教授认为:服务在任何社会中都处于经济活动的中心。社会发展离不开服务业,在服务经济时代,任何组织都处在服务他人或被他人服务的位置。在服务和被服务过程中,人们形成了各种关系。人际关系反映了个人或团体寻求满足其社会需要的心理状态,因此,人际关系的变化与发展决定于双方社会需要的满足程度。人际关系存在于各个方面,如家庭中的亲属关系、工作单位中的同事关系、市场上的买方与卖方的关系等。这些人际关系中都或多或少地涉及服务关系。就服务的字面意义来看,其本身具有指向性,是一种对待他人的关系。服务是以人类行为为主题的产品,服务业的生产过程和消费过程是同步的,只有当顾客开始消费,服务产品才能提供出来。服务作为一种"行为"或"体验"，决定了服务生产的实质是一种"人与人的游戏"，服务的提供主要是靠人而不是机器来完成的。因此，服务质量会因服务提供者和消费者双方的个人因素发生变化而波动（董肖曼，2008）。

美国社会学家霍曼斯（George Casper Homans，1958）在社会交换理论中明确指出，社会互动行为是一种商品交换，交换的不仅是物质商品，还包括赞许、荣誉或声望等非物质的商品。这种心理层面的非物质利益可以说是一种精神利润，人们在人际交往中得到的是报酬，付出的是代价，精神利润就是报酬减去代价，如果双方是互惠的，社会互动就会良性运行，促进社会资本的积累，利于良好社会的建立。在现代社会，任何重视服务的商业组织都极其关注客户关系的维护和建立。宋书楠（2013）等学者在基于高接触行业，如金融理财机构、家政中心等部门调查的基础上，发现服务业顾客与服务人员的人际关系包括三个维度：亲近、喜爱和总体认可。亲近维度包括"他了解我""我和他之间存在友谊""我们相处得像朋友一样"三个方面；喜爱维度包括"作为服务人员，他是我喜欢的类型""我喜欢他为我服务"和"我喜欢他的服务风格（服务手法、对客交流方式等）"三个方面；总体认可维度包括"总体而言，我认可他这个人""我认为他的生活态度是正确的"和"我认为他是有志向的（指敬业，工作积极向上）"三个方面。从上可以看出，即使在商业服务活动当中，服务者与被服务者之间不仅仅是一种物质交换，彼此双方都在致力追求一种和谐、优质的人际关系，这种关系会给双方带来精神上的满足。美国未来学家丹尼尔·贝尔指出，农业社会是人与自然之间的竞争，因而它以人与自然界的关系为中心；工业社会是人与加工过的自然界之间的竞争，因而它以人与机器之间的关系为中心；后工业社会则是人与人之间的竞争，它以如何有效处理人与人之间的关系为核心（1984）。在丹尼尔·贝尔看来，后工业社会中人与人之间的关系就是一种服务关系，这种服务关系是在一种超越了物质需求之上的更高层次的精神需要活动中形成的关系，人们不是在谋生和物质享受中实现人与人的互动，而是在教育、文化、保健、娱乐、休闲等活动中达到精神上的满足和愉悦，因此，高质量的服务关系就成为一种必然。

4. 服务是一种高尚的精神境界

早期的服务概念常常被人们所误解,认为服务是一种在不平等的关系中充当奴隶或奴役别人,还有人认为服务是一个人的工作或履行职责,例如维修服务、市政服务。实际上,在现代社会,服务具有更高层级的意义,一般意指尊重、关心和奉献,就像施爱者对被爱者那样。在知识、爱和意志的意义上,在真诚、团结和服务的意义上,服务的后一种概念才最贴切。

就其深层意义来看,服务是以人的意愿去从事团结与真诚的行动。这需要高度的无私,对人类团结的重要性的深刻理解,以及对自己坚守的价值信条的认真贯彻和彻底奉献。更有意义的是,服务反映了我们对自己真正本质的认识和接纳。我们在多大程度上希望培养和发展自己的本性,就在多大程度上投入服务的行为(丹尼什,1998)。爱因斯坦指出,学校教育应该培养具有独立行为和思考的个人,而这些个人又把为社会服务视为他们最高的生活任务。爱因斯坦认为,人的价值应该体现于他能给予什么,而不在于他能获得什么。从心理学角度看,服务是一种亲社会行为,是基于有助于他人、社会和更广大群体的利益而从内心深处发出的善念以及付诸行动的动态过程。许多研究表明,这种利他行为会促进个体的满足感和意义感,会使一个人的生命价值变得更加厚重,身心更加健康。美国著名人本主义心理学家亚伯拉罕·马斯洛有一次生病住院,看着忙忙碌碌、辛勤劳作的护士,想了解这些薪水微薄、劳动强度极大的女孩子为什么会坚守岗位而不去跳槽寻找其他工作。这些护士回答最多的是,当病人康复出院时发自内心说出的"谢谢",是她们工作中最大的鼓舞和动力,让她们感觉到自己的工作是多么的伟大和有价值。她们认为自己的工作对这个社会有着正向的积极的贡献,这种内心的满足和意义感使她们超越物质待遇的低微而矢志不渝地奉献他人和社会。爱因斯坦坦陈,他自己的生活是为他人而活的,因为他深刻地体会到,如果没有他人的服务,我们每个人都无法在人世间存活下去或者活得更好。他在《我的世界观》中深情地写道:"如果不深究而仅从日常生活来看,我们其实是为别人而活着——首先是为这样一些人,我们的幸福取决于他们的欢乐和健康;其次是为那些并不认识的人,因为同情,我们的命运被拴在了一起。我每天都上百次地提醒自己,我的精神生活和物质生活都凝聚着他人(包括生者和死者)的劳动,自己必须尽力工作以求等同地报偿我所领受过的以及仍在领受着的东西。我崇尚简朴的生活,时常为自己也许占用了他人过多的劳动成果而自责。"从人类进化的角度来看,服务是一种人类互助的行为,其价值是对丛林中残酷竞争的一种扬弃,是人类文明进步的重要表征。孙中山在《建国方略》中写道:"人类初出之时,亦与禽兽无异;再经几许万年之进化,而始长成人性。而人类之进化,于是乎起源。此期之进化原则,则与物种之进化原则不同;物种以竞争为原则,人类则以互助为原则。社会国家者,互助之体也,道德仁义者,互助之用也。"孙中山强调了人类社会中"互助"的重要性,换句话说,互助就是人人都是服务者和被服务者,即人人为我,我为人人,当帮助他人时,"我"是服务者,当被别人帮助时,"我"是被服务者。孙中山主张人们要树立服务的人生观,社会才有希望:"人人应该以服务为目的,不当以夺取为目的。聪明才力愈大的人,当尽其能力而服千万人之务,造千万人之福。聪明才力略小的人,当尽其能力服十百人之务,造十百人之福。……至于全无聪明才力的人,也应该尽一己之能力,以服一人之务,造一人之福。"孙中山在《世界道德之新潮流》的演讲中说道:"现在文明进化的人类,觉悟起来,发生一种道德。这种新道德就是有聪明能力的人,应该要替众人来服务。这种替众人来服务的新道德,就是世界上道德的新潮流。"

在现代社会里,服务或奉献常被政府、政党或非营利部门确定为组织的首要价值导向。即使是营利性组织,也在朝服务型企业转型,但凡卓越的、基业长青的企业,都有一个共同的核心的精神:服务。如通用电气把公司的使命愿景设定为"使世界更光明",IBM 公司的使命是"带动人类的进步",沃尔玛的核心价值观是"以最低的价格换取最优良的产品和服务"。谈及公共部门的服务,多数人会记得毛泽东在纪念张思德时做的演讲《为人民服务》,他说:"我们的共产党队伍是彻底地为人民的利益工作的。"在《纪念白求恩》一文中,毛泽东高度赞扬了白求恩医生的毫不利己、专门利人的精神,号召共产党人做一个高尚的人,一个纯粹的人,一个有道德的人,一个脱离了低级趣味的人,一个有益于人民的人。对公务员来说,以优质的服务帮助纳税人,让自己对社会的奉献大于社会给予自己的报酬,就是一种高尚的精神境界。

5. 服务是一种行政伦理价值观

在公共行政的历史演进中,人们常把行政学的发端定位于美国总统托马斯·伍德罗·威尔逊(Thomas Woodrow Wilson)1887 年发表的著名的《行政之研究》(*The Study of Administration*)一文,其目标就是借助科学管理和官僚制的信条来提高政府的效率,行政官员只是中立而忠诚地执行上级制定的政策或命令,这就是常被学界所称的"政治-行政"二分法,其价值观是稳定、理性、技术、效率、控制等。20 世纪 70 年代以来,一场声势浩大的行政改革浪潮在世界范围内兴起。这场席卷发达国家和发展中国家的公共部门管理运动有多种称呼,如"管理主义""新公共管理""以市场为基础的公共行政""后官僚制典范"或"企业型政府"。到 90 年代后期,人们越来越倾向于使用"新公共管理"的概念。新公共管理的兴起挑战了古典公共行政效率至上的价值观。新公共管理主张采用私人企业的管理手段和弹性来解决长期以来政府与官僚系统的僵化保守、效率低落的刻板印象。美国行政学家戴维·H·罗森布鲁姆(David H. Rosenbloom,2002)归纳出新公共管理运动的主要观点:公共行政的焦点应聚焦于结果而非过程,为了达成上述结果,应该使用市场机制,利用多元化的提供主体,为人民提供足够好的物品和服务;配合市场机制的运作,公共行政应强调顾客导向;政府应扮演"掌舵者"的角色,明确自身定位,保证公共物品顺利提供,不必事必躬亲;政府应该保证工作中的弹性,给每一个公务员赋能,发挥他们的创新意识,并投入工作;公共组织的文化应当朝向创新的、问题解决的、企业家精神等方向发展等。公元 2000 年,美国行政学家珍妮特·登哈特(Janet V. Denhardt)和罗伯特·登哈特(Robert B. Denhardt)夫妇在《新公共服务:服务而不是掌舵》(*The New Public Service:Serving,Not Steering*)提出了新公共服务理论,代表了新治理时代中行政伦理价值观的主流。新公共服务的行政伦理纲领的原则有如下七条。

(1) 服务公民,而非顾客:公共组织所服务的对象不是着重私人利益的顾客,而是相互信任、对话与合作的公民。

（2）追求公共利益:新公共服务论重视公共利益,是藉由相互对话与沟通后,所认知的长远性与群体性的公共利益。

（3）重视公民意识甚于企业家精神:公共组织重视的精神不是新公共管理提及的企业家精神,而是公民意识与公民资格,希望鼓励公民参与决策,形塑真切的公共利益。

（4）策略性思考,民主性的行动:当公共组织进行服务过程时,必须策略性地思考,将更多的公民纳入合作与对话的范围中,形成策略性伙伴关系。

（5）承认责任并不简单:公共组织担负的责任非常多,包括了宪法、法令、社区的价值、政治规范、职业标准与公民利益。

（6）服务甚于领航:公共组织的服务工作是运用相互对话形成共同的价值观,并以分享领导权的方式,来帮助公民表达利益与满足共同的需求。

（7）重视人而非生产力:公共组织进行服务时,心中所重视的价值是人,而不是生产力,必须高度尊重人民。

新公共服务超越了老公共行政和新公共管理对人的基本假设(如表3-1所示),更加注重政府服务人员和被服务者的心理需求,主张在一种服务性的人际关系中彼此双方都得到心理的成长和精神的提升。登哈特夫妇指出:"新公共服务中处于核心地位的人类行为要素——例如人的尊严、信任、归属感、关心他人、服务,以及基于共同理想和公共利益的公民意识——在老公共行政和新公共管理中都被降低了重要性。在新公共服务中,诸如公正、公平、回应性、尊重、授权和承诺这样的理想不是否定而常常是超过了那种把效率作为政府工作唯一标准的价值观。"新公共服务的行政伦理价值观并不仅仅是利他的,也就是说并不是舍己为人的,而是一种双赢,公务人员在服务公民的同时,也实现了自己人生意义和价值的找寻。正如登哈特夫妇所说:"如果我们使公共服务成为我们一生的工作,那么我们会在生活中找到更有意义的更高目标。在我们努力使世界和我们的社区更加美好,为他人服务以及追求除了我们自身之外的更重要东西的时候,我们可以获得许多机会和得到巨大的满足。作为个人,作为一个公务员,以及作为一个国民,我们必须正直不阿、坚定不移以及全力以赴地诚实做人并且不断地努力遵守我们共同的价值观。"(登哈特,登哈特,2004)

表 3-1 传统公共行政、新公共管理与新公共服务的比较

	传统公共行政	新公共管理	新公共服务
理论基础	官僚制理论和政治与行政两分法	经济学的交易成本理论、委托人代理人理论和公共选择理论	民主公民权理论、社区和公民社会理论、组织人本主义和后现代主义对话理论
人性假设	价值中立:服从命令的行政人	经济人的自利:个人利益高于公共利益	公民美德:私人利益服从公共利益
治理之道	政府配置:一元为主	市场配置:强调市场化	多元配置:注重政府责任的回归
公共利益	通过政治途径界定,并由法律表述	个人利益的聚合	以共同价值观为基础,以对话方式实现
公共参与	具有从属性与被动性的公共参与	以消费者身份有选择性地参与	积极地自主参与
公共责任	依照代议制和法律规定对选民负责或对上级负责	市场驱动为实现广大顾客所希望的结果负责	多元的,关注公共职业伦理等多元的公共责任
政府角色	执行者	掌舵者	服务者
公民角色	被统治的对象	顾客、消费者	公民
价值取向	效率	经济、效益和效能	公平、责任与公共利益
组织结构	集权制的组织结构	分权的组织结构	合作性的组织结构
管理理念	中立原则和科层制下追求效率的愿望	市场化或民营化缩小政府规模的愿望	公共服务,为社会作贡献的愿望
适应背景	工业化时代的代议制宪政体制	财政、效率和信任三大危机出现的时代	全球化和后现代公共利益与责任凸显的时代

资料来源:周晓丽,传统公共行政、新公共管理、新公共服务比较研究,天府新论,2006 年第 3 期,第 76-80 页。

二、服务人员心理素质胜任力探索

(一)服务人员一般胜任力模型

在服务型组织中,一线服务人员的素质和能力是其完成服务任务、实现组

织目标的基础。服务人员需要的素质和能力得到许多研究者的关注。林江珠(2009)以福建省酒店服务人员为对象,在文献分析、访谈和问卷调查的基础上提出了酒店服务人员的胜任力模型。该模型包括个人诚信、情感密集度、负责精神、营销导向和影响力五个因子。赵美华(2009)通过调查分析发现,星级酒店服务人员的胜任力要素包括团队合作、客户服务意识、诚实正直、主动性、自我控制、关系建立、人际理解能力、专业知识与技能、自信、收集信息。王洁(2014)对某餐饮有限公司服务人员的胜任力进行了研究,提出了一个三维度模型:认知与技能、态度特征和个性品质。李彬彬和李琳娜(2012)通过实地观察归纳出酒店餐饮服务人员胜任力特征:身心健康、自我管理、团队意识、沟通和交流、形象气质、服务意识和执行力等。聂婷等(2011)对餐饮服务员、前台接待、礼宾员、保洁人员、博彩服务人员等的研究表明,酒店服务人员的胜任力模型包括认知能力、分析能力和个人特质三个维度。王东等人(2012)的研究表明,酒店员工的胜任力分为四个模块:知识技能、价值认知、个性特质和行为模式。吴刚(2007)指出,导游的胜任力要素包括优秀的思想品德、独立工作能力和创新精神、导游技能、身心健康、主动性、自信、人际理解力、团队合作、客户服务等方面。李好(2012)采用问卷调查法构建了导游的胜任力模型:个人特质、专业技能、专业知识与个人修养、职业道德。魏均和张德(2005)构建了一个商业银行客户服务经理的胜任力模型:把握信息、拓展演示、参谋顾问、协调沟通、关系管理与自我激励。刘俊丽(2006)构建的护士胜任力模型包括:能力、性格和动力。代郑重(2014)则认为护士的胜任力模型分为知识、专业技能、社会能力、个人特质和动机等五个维度,共包含护理专业知识、专业技能、自我控制能力、职业价值观、利他动机等28个二级胜任力要素。吴伟莎对社区社工胜任力进行了研究,构建了一个品德、业务能力、工作方法、管理能力及沟通能力五个维度的胜任力模型,具体包括有爱心、有耐心、坚韧的态度、知识结构、学习能力、工作技巧、分析总结、调研能力、组织能力、协调能力、人际交往能力及表达能力12个要素。

(二)服务人员情绪劳动胜任力模型

服务的本质是通过人际互动实现有益于他人的目标,在互动的过程中不可避免的要有情绪的付出,出色的情绪劳动技能是优秀服务人员的共同特征。邓子鹃(2017)等研究者使用行为事件访谈法对18名金融服务、酒店、旅游公司等行业一线服务人员进行了访谈,通过对优秀服务人员与绩效一般的服务人员的情绪劳动绩效比较研究,构建了服务人员情绪劳动胜任力模型。研究发现:情绪智力、乐观、热情等共14项胜任力构成了服务人员情绪劳动胜任力模型(如表3-2所示)。

表3-2　服务人员情绪胜任力模型

胜任力名称	胜任力定义	相对重要性
情绪智力	理解自己与他人的情绪,控制与调节自身情绪	***
主动性	主动、坚持、乐于改变环境	***
乐观	把积极的事件归因于内部的、持久的、普遍的原因	**
外向	好交际,爱娱乐,感情丰富	*
热情	为人处事热烈、积极、主动、友好	****
移情	对他人的处境感同身受,关心体贴	****
自信	相信自己具备完成任务的能力	**
自控	在困境中保持冷静,抑制负面情绪的能力	****
尽责	有序,谨慎细心,自律	**
开放	富于想象,寻求变化,自主,创新	**
宜人	热心,信赖,乐于助人,合作	***
理性	权衡多种方案,选择效果最佳的一种	*
韧性	面对困难和挫折时迅速恢复,直到成功	***
表达能力	用适当的方式(语言、表情、动作等)表达情感与思想	***

注:****表示相对于一般组的胜任力出现频率最高;*表示相对于一般组的胜任力出现频率最低。
资料来源:邓子鹃,张小兵,王勇等,服务人员情绪劳动胜任力模型研究,当代经济,2017年第4期。

从表3-2可以看出,在邓子鹃建构的服务人员情绪劳动模型14项胜任力要素中,其中比较重要的胜任力特质有:热情、移情(同理心)、自控、情绪智力、主动性、宜人、韧性、表达能力等。在这些特质中,情绪智力、移情、开放和宜人等与斯宾塞(Spencers)胜任力词典中的人际EQ一致,主动性、乐观、热情、自信、自控、尽责、韧性和表达能力与胜任力词典中的影响力以及关系建立等一致。也就是说,擅长人际EQ、影响力和关系建立的服务人员在情绪劳动方面的绩效更优秀。这一模型对纳税服务人力资源管理具有一定的启发。服务人员胜任力模型中的一些特质是很难由后天加以培养的,如主动性、尽责、开放、宜人等,所以在选拔纳税服务人员时可以进行相应的人格测验,筛选出符合情绪劳动胜任力模型的候选人。而自控、乐观、热情、自信、移情、情绪智力和表达能力等心理技能可以通过专门的职业培训予以提升,因此在人力资源开发和培训中,应加大此方面的开发和培训力度。

三、纳税服务人员的心理素质

(一)中国台湾地区优秀纳税服务人员的心理特征

中国台湾地区××市税务局每年都会进行优秀纳税服务人员的评选,笔者搜集了相关网站上 2014—2016 年间对优秀纳税服务人员的评价,具体描述如表 3-3 所示。

表 3-3　2014—2016 年中国台湾地区××市税务局优秀纳税服务人员评价表

2016 年	
序号	服务评价
1	廖××小姐担任本处中正分处地价税房屋税稽征业务,态度亲切,温和有礼,乐观开朗,对前来洽公民众主动招呼,并详细解说民众所提问题,且平时乐于主动帮助同仁,人缘极佳,深获民众及同仁的赞赏和肯定
2	洪××小姐担任本处大同分处电作人员兼全功能柜台轮值,面对民众总是能仔细聆听洽公民众的需求,正确地引导民众,给予税务上的帮助及解答疑惑;另对于一些个性比较急的民众也能发挥同理心和耐心,了解民众真正需求后给予协助。因此,能够获得民众的青睐,当选最优质的服务人员
3	黄××小姐担任本处中北分处全功能柜台业务,服装仪容整齐,总是神采奕奕地对洽公民众主动招呼、态度温文有礼,说话条理分明,尽心尽力地完成民众申办事项,服务态度获得民众肯定
4	江××小姐担任本处中南分处税务管理人员并轮流全功能服务柜台业务。现场临柜申办业务的洽公民众年龄层、职业各异,她总是以同理心来服务大众,特别是对年长者更是体贴备至。面对民众询问事项或是同仁请求协助时,更是不厌其烦耐心解说且提供专业咨询服务。因此,堪称中南分处全体同仁的优良楷模

（续表）

序号	服务评价
5	麦××先生担任本处万华分处财产税稽征业务，主动招呼、耐心解答，优质贴心服务落实在工作中，展现在服务里，让洽公民众感到满意100，赢得洽公民众及同仁的一致赞赏及肯定，本次获选年度优质服务人员，实至名归
6	刘××先生担任本处信义分处电作业务，轮值全功能柜台时，视洽公民众如亲，耐心倾听民众的需求，并以亲切态度及专业素养为民众解答税务问题，使民众充分感受到税捐处为民服务之热忱
7	杨××小姐担任本处士林分处契税收件、发单、完税服务台业务，主动积极和善的服务态度及亲切详尽的解说，获得民众及同仁一致的赞赏及肯定，平时乐于帮助同仁，人缘极佳，是一名热爱工作且称职的优质服务人员
8	黄××小姐担任本处松山分处全功能服务台业务，因其诚挚亲切、专业有礼的服务态度，荣获本项殊荣。态度亲切，热忱负责，对前来洽公民众均能主动招呼，面对民众疑问，亦能耐心地为民众解说，且平时乐于帮助同仁，人缘极佳，深受民众及同仁的肯定，此次当选优质服务人员，实至名归
9	陈××小姐担任本处南港分处公文管考、全功能柜台业务，工作态度认真、负责，对前来洽公民众主动招呼，耐心解说民众所提问题，深得洽公民众赞许，平时坚守岗位与同仁互动良好，热心助人，获得同仁赞赏，获选为优质服务人员，实至名归
10	邹××小姐担任本处文山分处房屋税、地价税、土地增值税相关业务，用心倾听民众的疑问，热心协助与解说详尽，有效解决民众问题，赢得民众与同仁的信赖与肯定
11	张××小姐担任本处大安分处电作及轮值全功能服务台业务，十分热心与亲切，回答民众问题非常有耐心，并总是保持服务的热诚与良好工作态度，与同仁之间相处融洽、对人亲切有礼，平日工作表现亦十分优秀，备受洽公民众与同仁好评
12	陈××小姐担任本处北投分处全功能柜台轮值人员，轮值全功能服务柜台服务民众时，总以专业的态度、明朗的微笑，提供民众最优质及有效率的服务，获选为优质服务人员，实至名归
13	赖××小姐担任本处内湖分处税务管理以及轮值全功能柜台人员，平日对前来洽公之民众皆主动招呼，语气亲切有礼并乐于帮助同仁，与同仁长官之间互动良好，人缘极佳，获得此次优质服务人员选拔之最高票，实至名归

2015 年

序号	服务评价
1	叶××小姐担任本处中正分处收文人员以来，态度亲切，温柔有礼，对于前来洽公民众总能主动招呼，并详细解说民众所提问题；平时亦能主动帮助同仁，人缘极佳，深获民众及同仁的赞赏和肯定

（续表）

序号	服务评价
2	杨××小姐负责本处大同分处收文服务柜台业务,面对民众总能微笑以对,主动引导服务,以民为主,态度亲切良好。处理公务有条理,面对纳税人非常有耐心,极受洽公民众好评,获选为大同分处2015年优质服务人员,实至名归
3	蔡××小姐担任本处中北分处一般收文职务,面对前来洽公民众总能主动招呼、态度温文有礼,尽管公务再繁忙,仍保持笑容及平和的语气;平时亦乐于帮助同仁,人缘极佳,其服务的热忱及耐心倾听更深受同仁之肯定,当选本分处优质服务人员实是众望所归
4	江××小姐是本处中南分处全功能服务柜台承办人员,面对急性子或情绪化的纳税人总能以同理心观点安抚其情绪,亲切且极具耐心地为民众排忧解难;遇到年长者更是体贴备至,不厌其烦地为他们解答心中疑惑。不仅获得民众好评,更赢得同事们的敬意,足为同仁的优良楷模
5	笑容甜美、青春洋溢的陈××小姐是本处万华分处财产税稽征业务承办人员,对前来洽公民众总是主动招呼,其优质服务态度,赢得“税务甜心”封号,也深获洽公民众及同仁的一致赞赏及肯定,本次获选年度优质服务人员,可谓实至名归
6	刘××先生负责本处信义分处电作业务,轮值全功能柜台时,视洽公民众如亲,耐心倾听民众的需求,并以亲切态度及专业素养为民众解答税务问题,使民众充分感受到税捐处为民服务之热忱
7	吴××小姐担任本处士林分处全功能柜台职务,总能以主动积极和善的服务态度面对民众,对于纳税人提出的问题亦能亲切详尽地解说,获得民众及同仁一致的肯定,是一名热爱工作且称职的优质服务人员
8	黄××小姐担任本处松山分处全功能服务柜台工作,总能以诚挚亲切、专业有礼的服务态度,处理公务。对前来洽公民众亦能主动招呼,并能耐心解说民众所提疑问。平时乐于帮助同仁,人缘极佳,深受民众及同仁的肯定
9	陈××小姐负责本处南港分处公文管考及全功能服务柜台业务。工作态度认真负责,对前来洽公民众总主动招呼,耐心解说民众所提问题,深得洽公民众赞许;平时坚守岗位与同仁互动良好,热心助人,获得同仁赞赏,获选为优质服务人员,实至名归
10	谢××先生担任本处文山分处娱乐税及使用牌照税业务并协助处理各项税务后段业务。能用心倾听民众的疑问,主动协助、详细说明,有效地解决民众问题,赢得民众与同仁的信赖与肯定
11	陈××小姐担任本处大安分处全功能服务台主办并兼办保全及退税税管业务,面对纳税人十分有耐心,极受洽公民众好评。由于她能秉持着热忱服务的精神对待洽公民众,主动提醒纳税人应注意事项,同时能主动协助同仁热心工务,因此深获民众与同仁的信赖与肯定

（续表）

序号	服务评价
12	高××小姐承办本处北投分处全功能服务柜台业务,总以明朗的微笑服务民众,并与同仁互相合作,提供民众最优质有效率的服务。她获选为北投分处优质服务人员后,深深地感谢分处主管及同仁平日的帮忙与协助,并自我期许尔后将更加努力公务,以不负长官及同仁厚爱
13	李××小姐担任本处内湖分处土地增值税收件人员,平日对前来洽公之民众皆主动招呼,语气亲切有礼并乐于帮助同仁,人缘极佳,赢得此次优质服务人员选拔之最高票,实至名归

2014 年

序号	服务评价
1	许××小姐,担任本处中正分处研考职务,态度亲切,热忱负责,对前来洽公民众均能主动招呼,并详细解说民众所提问题,且平时乐于帮助同仁,人缘极佳,深获民众及同仁的赞赏和肯定
2	"早安",陈××先生一早走进本处大同分处办公室,就亲切地问候同仁,令人感觉今天真是美好的一天。服务民众时,态度亲切良好,热心助人,对于洽公民众能主动引导服务。不论工作繁忙与否,皆对民众微笑以对,以民众为主,迅速完成民众洽办事项
3	朱××小姐担任本处中北分处一般收文的职务,平日对前来洽公之民众总能主动招呼、态度温文有礼,尽管公务再繁忙,仍保持笑容及平和的语气;她平时乐于帮助同仁,人缘极佳,其服务的热忱及耐心倾听更深受同仁之肯定,连续 4 年当选本分处优质服务人员实是众望所归
4	总是带着笑容以爽朗的声音主动招呼洽公民众的就是江××小姐,本处中南分处NO1。江××现在担任税务管理人员并轮流办理全功能服务柜台业务,只要民众提出任何疑问,总是以同理心的基点出发,亲切、用心、清楚地为民众解答。遇到老人家时,也不厌其烦地说明,建立其正确的租税观念,还帮忙挽扶阿公阿嬷到电梯口,千万叮咛要小心慢走,一切的一切不但民众看在眼里,同仁们也深表佩服并以江××为中南的楷模
5	罗××小姐,担任本处万华分处使用牌照税稽征业务一职,亲切有礼、主动招呼、耐心解答,优质贴心服务落实在工作中、展现在服务里,赢得洽公民众及同仁一致肯定,本次获选年度优质服务人员,实至名归
6	当您到本处信义分处时,常常可以听到黄××小姐爽朗的笑声,原来是她以热忱的服务态度来帮助同仁们解决各种计算机问题。轮值全功能柜台时,视洽公民众如亲,耐心倾听民众的需求,并以亲切态度及专业素养为民众解答税务问题,使民众充分感受到税捐处为民服务之热忱

（续表）

序号	服务评价
7	本次本处松山分处票选优质服务人员荣获第1名钟××小姐,1996年3月初任公务人员分发至本分处担任一般收文工作,因其诚挚亲切、专业有礼的服务态度,连续4年荣获本项殊荣。钟××小姐主动招呼,面对民众疑问不仅能找出解决方法,亦能耐心地为民众解说,深受民众的肯定,此次当选优质服务人员,实至名归
8	本处南港分处冯××小姐,负责该分处地价税、房屋税、土地增值税业务,工作态度认真、负责,对前来洽公民众主动招呼,耐心解说民众所提问题,深得洽公民众赞许;平时坚守岗位与同仁互动良好,热心助人,获得同仁赞赏,获选为优质服务人员,实至名归
9	林××小姐担任本处分山分处一般收文柜台业务,能用心倾听民众的疑问,主动协助、详细说明,有效地解决民众问题,赢得民众的信赖与肯定
10	朱××小姐负责本处大安分处收、发文业务,十分热心、亲切,回答民众询问问题非常有耐心,并时刻保持服务的热诚与良好工作态度,与同仁之间相处融洽,对人亲切有礼,平日工作表现亦十分优秀,极受洽公民众与同仁好评
11	担任本处士林分处全功能柜台服务的刘××先生,主动积极和善的服务态度及亲切详尽的解说,获得民众及同仁一致的肯定,是一名非常热爱工作且称职的优质服务人员
12	李××小姐担任本处北投分处契税收件、发单及完税业务,临柜服务态度优良,针对民众所提问题解说详尽,敬业乐群,使洽公民众都能获得满意答案,而且平时与同仁互动良好,热心协助同仁,获得民众及同仁的赞赏和肯定
13	本处内湖分处李××小姐,目前担任土地增值税收件人员,平日对前来洽公之民众皆主动招呼,语气亲切有礼并乐于帮助同仁,人缘极佳,赢得此次优质服务人员选拔之最高票,实至名归

资料来源:根据相关网站材料自行整理。

使用词频分析软件对上述优秀纳税服务人员的服务评价进行分析,结果显示:描述优秀纳税服务人员心理特征的相关高频词有:亲切(26次)、助人(26次)、耐心(17次)、乐于(10次)、热忱(9次)、热心(9次)、同理心(4次)、信赖(4次)、微笑(4次)、笑容(4次)、温文(3次)、和善(3次)等。

（二）纳税服务人员的心理素质要求

综合上述分析,作为一名纳税服务人员,除了具备工作所必需的业务知识、专业技能之外,还应当具备以下心理素质。

1. 同理心

同理心是"empathy"一词的中译,有多种译法,如"移情、同情、投情、神入、同感心、共情、通情达理、设身处地"等。一般认为,同理心是从他人的角度,而不是从自我的参照体系出发,去设身处地地体会、感受、理解对方,并把这种理解传达给对方的能力。英语里有一句俗语非常形象地表达出了同理心的本质,叫"put one's feet in other's shoes",表面意思是把自己的脚放到别人的鞋子里面,如此才会体验到鞋子是合适还是不合适,这个习语表示"处于某人的境地或处境来设想"。同理心在中国的文化中早已有之。《列子·说符篇》讲了一个故事:"杨朱之弟曰布,衣素衣而出。天雨,解素衣,衣缁衣而返。其狗不知,迎而吠之。杨布怒,将扑之。杨朱曰:子无扑也! 子亦犹是也。向者使汝狗白而往,黑而来,岂能无怪哉?"大意是,杨朱的弟弟叫杨布,他穿着件白色的衣服出门去了。遇到了大雨,杨布便脱下白衣,换了黑色的衣服回家。他家的狗没认出来是杨布,就迎上前冲他叫。杨布十分生气,正准备打狗。在这时,杨朱说:"你不要打狗,如果换作是你,你也会是像它这样做的。假如刚才你的狗离开时是白色的而回来就变成了黑色的,你怎能不以此而感到奇怪呢?"

同理心的概念给服务人员的启发是,在服务他人时应该设身处地站在别人的角度思考,要学会换位思考,并理解别人。同理心是体会他人经历的能力,用类推的方法可以获得的。在社会交往中,人们彼此的情感是相互作用和影响的,情绪不但可以被识别,也是可以相通的。也就是说,服务工作者应该有能力去感觉顾客们的需要、心境、看法和想法。遗憾的是,一部分服务工作者总是把自己的感受作为提供服务的出发点,这是有问题的。正确的做法是,要与别人发生同理心作用,必须换位思考,并且必须对对方提供的各种讯息相当敏感。这些讯息包括脸部表情、动作姿势、说话方式等等。例如,当你观察到某人发抖或动作不平稳时,根据你的经验就可以得到这样的结论:这个人很拘束、不安。作为情绪智力的一个组成部分,同理心与智力无关,智力高的人,有时却不能与他人发生同理心作用,因为他们喜欢靠逻辑推理来解释事情,而忽视或不注意对方的情绪变化,也就产生不了同感。以自我为中心的人,同理心水平较低。

因为他们总是炫耀自己，从不顾及他人的反应，从不把自己置身于他人的位置。同理心对于纳税服务人员的重要之处在于：能深入了解纳税人，也进一步了解自己，也更容易建立起和谐的、高质量的服务关系。

2. 具有一定的情绪能力

情绪能力与情绪智力是不同的。情绪智力（emotional intelligence）最初由美国耶鲁大学的萨洛维（P. Salovey）和新罕布尔大学的梅耶（J. Mayer）于1990年提出来的。他们认为情绪智力是影响人应付环境需要和压力的一系列情绪的、人格的和人际能力的总和。它是决定一个人在生活中能否取得成功的重要因素，直接影响人的整个心理健康。1995年哈佛大学心理学博士丹尼尔·戈尔曼（Daniel Goleman）在《情绪智力》（*Emotional Intelligence*）一书中揭示了情绪智力的五个方面，形成了情绪智力五因素结构理论。这五个方面是：认识自身情绪，妥善管理情绪，自我激励，认识他人情绪和人际关系管理。这就是人们常说的情商，其英文简称常被称为EQ，其实并不准确，就其最初的起源来看，应该简称为EI。在对情绪智力重新思考的基础上，戈尔曼于1998年在《情商实务》（*Working With Emotional Intelligence*）一书中提出了情绪能力（emotional competence，EC）的概念，他认为，相对于情绪智力，情绪能力是一种习得的能力，而且情绪能力能够帮助人们在工作上取得优异的成绩。在戈尔曼看来，情绪智力与情绪能力之间的区别在于，情绪智力是人们完成某项任务或活动所具备的在情绪方面的一种倾向性或者潜能，而情绪能力则更加侧重于人们将自己的潜能转化成为实际的工作能力。情绪智力是情绪能力的基础，它是一种完成某项任务或应对某些挑战所具备的胜任力，情绪智力通过情绪能力的外显形式呈现出来。情绪能力的后继研究者巴克莱（Buckley，2003）认为情绪能力是个体在有情绪诱发的社会交往中所体现出的自我效能，具体包括八种技能，分别是知觉自我情绪的能力、识别他人情绪的能力、情绪表达的能力、移情能力、认识到情绪经验和展现策略二者之间关系的能力、情绪调节的能力、意识到情绪决定某些关系的能力以及情绪的自我效能。一般来说，情绪能力包括以下几个方面：理解情绪的能力，评价情绪的能力，预见情绪的能力，体验情绪的能力,表达情绪的能力,调控情绪的能力等。这些情绪能力,对纳税服务人员增强情绪控制、识别、化解纳税人情绪、建立和谐征纳关系具有非常重要的作用。这些能力通过后天的培训、学习是可以逐步掌握的。

3. 热情主动

工作热情是一种情绪,能影响个人对事物的解释、判断。热情主动的服务不仅可以帮助纳税人顺利及时高效地达成办税目的,还可以帮助服务人员提振工作信心和工作活力。这种正面积极的情绪,会驱动纳税服务工作者全力以赴去完成既定的目标。工作热情使人在做某件事时,充满着喜悦及干劲。可以说,热情是能让人们的生活变得有意义、有价值的方法,即便从事卑微的工作亦能做得有意义。工作热情可以提升团队士气,并影响他人,使自己达成目标及工作表现较为突出。而当员工认真投入工作时,除对工作能更快熟稔,并会更专注于工作任务,提高对组织的承诺感,进而展现组织公民行为。

主动服务是根据纳税人的心理需求,采取有针对性的、积极的、超前的、有预见性的服务。纳服人员应该具有强烈的换位意识,不时地站在纳税人的位置上,为纳税人着想,自觉淡化自我,时时处处为纳税人提供尽善尽美的服务。时时刻刻检省纳税服务中出现的各种问题,最大程度方便纳税人,这就需要整个税务机关把纳税服务水平抬升到纳税人要求之上。

热情主动归根结底还是服务态度问题。遗憾的是,少数政府机关长久以来形成了不易破除的组织文化,做事欠缺主动服务的精神与热情。笔者的一份研究报告发现,纳税人对税务机关的办税硬件满意度比较高,但是在涉及柔性的服务态度方面得分略低,这是税务机关需要加强的薄弱环节。需要注意的是,在现代社会,不管是企业还是公共部门,工作的热忱与使命感是一个组织成功运作的核心,如何能激发政府公务员的服务热情,以积极正面的态度面对各项公众事务,是一个重要而又亟待解决的问题。

4. 沟通能力

沟通是人与人进行社会交往最基本的方式,人们通过沟通交流彼此的思想,联络感情,传达信息。沟通能力即沟通的行为表现能力,人们在长期与他人

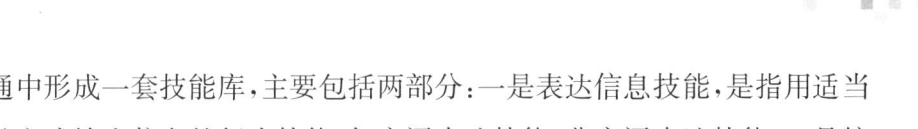

互动沟通中形成一套技能库,主要包括两部分:一是表达信息技能,是指用适当而有效的方式输出信息的行为技能,如言语表达技能、非言语表达技能;二是接收信息技能,是指用适当而有效的方式接收信息的行为技能,如非言语识别能力、倾听、建设性反馈等。

纳税服务人员与纳税人之间在服务的形式、服务的程度、服务的预期、服务的规范,以及如何提供这种服务、服务的质量如何等问题上的判断是有差异的。由于各种原因,服务水平没有达到纳税人的预期,纳税人就会产生不满心理。这时及时充分的沟通往往可以得到纳税人的理解。沟通当中应当本着尊重对方、化解误会、达到共识的目的,而不是为了驳回对方的要求,这会让对方感到自尊心受到伤害。纳税人形形色色,素质不一,各有其独特的个性、习惯、嗜好、价值观和行为模式,纳税服务人员要做的不是去纠正这些,而是承认这种社会多样性,做到宽容和接纳,即使纳税人错了,也不能随意挖苦、讽刺和嘲笑,这应当是对现代文明社会一个高素质公民的基本要求。某地税务局曾经发生过一个真实的事件:有一个纳税人在税务局等了一整天,最后被告知领取和办理发票要到第二天,当纳税人提出质疑时,工作人员一顿抢白。内心受到刺激的纳税人诉诸媒体曝光,舆情由此发生,给税务机关造成非常负面的影响。此类教训不可谓不深。

5. 成熟的个性

个性不仅指一个人的外在表现,而且指一个人真实的自我。现代心理学通常把个性理解为一个人的整个心理面貌,即具有一定倾向性的各种心理特征的总和。人的个性不仅受生物因素制约,而且还会受社会因素制约。个性的成熟和身体一样是随着年龄的增长而增强,一般要持续到青年期。美国心理学家奥尔波特(G. Allpont,1961)认为,成熟的人已摆脱了过去的压抑,他们是向前看的,是被长远的目标和计划推动着的。这些人有目的感,有完成工作的使命感,这是他们生活的基石,并且他们的个性具有连续性。具有成熟个性的个体需要有意义的重大目标,没有它就很可能会体验到个性的困惑。没有指向未来的志趣和方向,就不可能有健康的个性。成熟的人还具有明确、系统的价值观。不成熟的人的良知像儿童一样,是驯服和盲从的,充满了限制和制约。无论是儿童或成人,都可能有这种良知。纳税服务工作者,必须具备这项心理特质。持有这种特质的纳税服务人员,能更明确地知晓自己工作的价值,会把服务和奉献看作是实现自己人生价值和成就感的主要来源,更能以平和、充满爱心和尊重的态度对待所服务的每一个对象并持久不变。

第二节　强颜欢笑还是真情实意——纳服人员的情绪劳动

一、情绪劳动概述

(一) 情绪劳动的提出

情绪劳动(emotional labor)的概念最早是由美国社会学家豪科斯卡德(Hochschild,1979)提出的。她发现,航空公司的服务人员的工作行为包括提供旅客餐点及饮料并保持微笑的同时,尚须具备以亲切的态度询问旅客是否还有其他需要服务之处。这意味着服务人员除了身体的劳动外,还需要展现出热忱关怀旅客的情操,使旅客会再次购买此航空公司的商品或服务。情绪劳动的产生与服务业的崛起和服务型经济的出现是联系在一起的。随着社会发展从制造型经济向服务型经济转型,对从事服务的员工的情感表达和调控情绪的要求也越来越高,当员工调控自己的情绪以符合组织的要求时,情绪劳动就发生了。1983 年,豪科斯卡德在《情绪劳动管理的探索》一书中,正式提出情绪劳动一词,并将情绪劳动界定为:个人致力于情感的管理,以便在公众面前,创造一个大家可以看到的脸部表情或身体动作的劳动形式。豪科斯卡德指出,情绪劳动的产生具有三个条件:①必须是与公众进行面对面或者声对声的接触;②目的是使顾客或者客户产生某种情绪状态或者情绪反应;③雇主能够对员工的情绪活动实施控制。

(二) 情绪劳动维度

关于情绪劳动的维度的划分,仍然没有一个统一的标准。但可以确定的是,大多数研究者都认为,情绪劳动是由许多个不同的维度组成的。根据情绪调节的不同方式,情绪劳动可分为不同的维度。格兰德(Grandey,2000)将情绪劳动划分为表层行为(surface acting)和深层行为(deep acting)两个维度。表层行为,指个体仅调整情绪的外在形式而内心情绪没有改变。深层行为是指个体从内心深处调节情绪以达到组织对情绪的要求,个体通过联想、换位思考等方式对自身的情绪体验进行调节,以使真实的情绪体验与组织期望的情绪表达相一致。扎珀夫(Zapf,2002)把情绪劳动分为三个维度,即自然行为、表层行为和深层行为。自然行为指内在真实感受到的符合情绪表现规则的自然情绪。表层行为和深层行为的含义与格兰德提出的相接近。博罗热瑞杰(Brotheridge,2001)等人根据情绪对象关注焦点的不同,提出了情绪劳动的二维理论。他们把情绪劳动分为"工作中心"和"人员中心"两个维度。工作中心指的是个体在进行实际的工作当中,他们应该展现出来,或者是企业要求他们展现出来的情绪状态。人员中心主要是指员工个人展现出来的满足组织和工作情绪要求的心理行为过程,以及对于情绪的管理和控制,强调的是个体对于情绪的调节和控制的过程。也有学者提出,情绪劳动包括三个组成部分:真实情绪表现、假装情绪表现和情绪压抑,每部分都有积极情绪状态和消极情绪状态。

(三)情绪劳动的影响因素

格兰德(Grandey,2000)研究发现,有三种因素会对情绪劳动产生影响:即个体因素、情境因素和组织因素。个体因素是指个体的情感倾向、人格特质等,它们是情绪劳动的重要变量;情境因素是指与工作相关的场景状况;组织因素是指组织的制度安排和文化氛围等。

1. 个体因素

1)情感倾向性

个体的情感倾向性是主体对某一客体主观存在的好恶的一种内在评价,是情绪劳动的重要变量。有研究者指出,具有消极情感倾向的个体容易使用情绪劳动的表层行为,而积极情感倾向的个体很少使用表层行为策略,多数情况下采用深层行为策略。当然,也有少数研究发现,积极情感倾向与表层表现和深层表现都正相关,积极情感倾向员工的外在情绪表现和内在情绪体验都与组织的情绪表现规则一致。

2)人格特质

有研究者运用人格理论中的大五人格理论来探讨人格与情绪劳动策略的关系。研究发现,外向性的人表露出更多的积极情感倾向;神经质的人更易具有负面情感倾向,多采用表面行为策略;尽责性越强的人有较少的表层行为;高宜人性个体较易从内心深处自我调整以适应情绪表现规则,从而发展优质和谐的社会关系。多数研究发现,宜人性与表面行为负相关,与深层表现和自然表现行为正相关。

3)情绪智力

情绪智力是指个体监控自己及他人的情绪和情感,并识别、利用这些信息指导自己的思想和行为的能力。情绪智力提供了员工在情绪劳动中获知表现规则的基本能力。陶特德尔和霍尔曼(Totterdell 和 Holman,2003)发现情绪智力越高的个体,其自然情绪表现策略也越高。国内研究者王璐(2009)等针对服务行业员工的实证研究表明,情绪智力通过内部动机影响员工深层行为,通过外部动机影响表层表现,说明情绪智力有助于促动员工采取深层行为。

2. 情境因素

1)服务对象互动特征

豪科斯卡德指出,与顾客交往的特征可能影响服务提供者的情绪劳动。莫里斯和费尔德曼(Morris 和 Feldman,1996)等发现,与顾客互动频繁且情绪劳动高的组织,如餐饮业、酒店业等,其对员工情绪劳动的要求越高;但也有学者提出不同观点,一项针对服务业员工的调查研究发现,顾客交往特征与表层行为不具有相关关系,但会正向影响深层行为。

2)情绪事件

个体工作情境当中的情绪事件和情绪体验可能是决定情绪劳动策略的最直接因素(Grandey 和 Brauburger,2002)。情绪事件理论认为,个体生活工作中所经历的事件是引起其情绪波动的主要原因,从而影响一个人的工作态度和

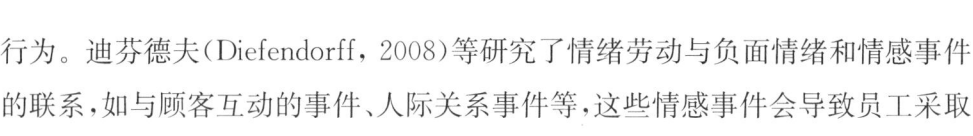

行为。迪芬德夫（Diefendorff，2008）等研究了情绪劳动与负面情绪和情感事件的联系，如与顾客互动的事件、人际关系事件等，这些情感事件会导致员工采取不同的情绪劳动策略。

3.　组织因素

1）工作自主性

工作自主性是指员工自我感觉能够独立地控制自己的工作的程度。员工在工作中受到的约束越多，其自主性越低，往往会导致情绪上的压抑。莫里斯和费尔德曼（Morris 和 Feldman，1996）认为，被组织的规章制度严格约束的员工，容易感到情绪耗竭和情绪失调，这样的员工可能会伪装情感；而在工作中被赋予更多自主性的员工不容易体验情绪失调，可能会自然表达行为。

2）组织支持感

组织支持感所强调的是员工对组织真诚对待自己的程度的感知和认定，其背后所蕴藏的心理机制主要是员工与组织彼此之间所存在的社会交换。随着积极组织行为学对组织中正面因素的关注，组织支持感不但得到研究者的广泛关注，也成为员工对良好工作氛围的期盼，组织支持感对情绪劳动的影响受到重视。组织支持感可以缓解员工的情绪劳动程度，有利于员工负面情绪的抒发和深层行为策略的建立。

（四）情绪劳动的影响

情绪劳动的影响主要有两个方面：一个是情绪劳动对个体的影响，另一个是情绪劳动对组织的影响。对个体的影响主要有自我疏离、去个性化、工作压力大、工作倦怠甚至药物滥用等。研究表明，当员工在服务过程中如果采用表层行为，就必须付出很大努力来修饰他们的情绪表达以达到组织所规定的要求，但这时候员工内心实际的情绪感受与表达出来的情绪行为是不一致的，这种内心情绪感受和外在情绪行为的矛盾会让员工流失很多的情绪资源，在工作中会感到紧张和压抑。这些情绪体验如果持久发生，则可能会引起员工的情绪枯竭。主要表现为：缺乏精力、情感麻木、丧失工作热情、挫折感、情感冷漠与疏远等。对组织来说，在工作中员工按照组织的要求表达出适当的情绪行为是员工的工作职责,可以有效执行服务工作,但是如果员工在工作中没有表达出适当的情绪行为,就会对工作产生负面影响。当组织忽视了员工的情感需求而压抑了过多的情绪,也会对组织带来不利的影响,从而影响组织的绩效和长远发展。

二、纳税服务人员情绪劳动、公共服务动机与工作满意度关系的实证研究

兴起于 20 世纪七八十年代的新公共管理运动理论对西方乃至世界各国公共管理理论与实践产生了深刻的影响,自然也波及税收管理理念和实践方面(中国税务学会纳税服务课题组,2010)。为践行服务型政府理念和打造服务型税务机关,国家税务总局对纳税服务工作高度重视,出台了一系列加强纳税服务的文件和措施。在纳税服务工作中,一线窗口的纳税服务人员处于非常重要的地位,因为他们直接面对纳税人,代表着税务机关和税务人员的形象。他们的工作满意度不仅会影响工作投入、工作绩效和职业承诺,还会导致情绪枯竭、职业倦怠和离职行为等负面后果。在影响公共部门员工工作满意度的诸多因素中,公共服务动机近些年引起了国内外学者的广泛探讨。公共服务动机关注公共组织成员的利他层面,认为其是公共部门理想的工作内驱力,西方国家现已将公共服务动机的激励作用应用于公职人员的选拔和日常管理中(朱春奎等,2011)。虽然,许多研究表明公共服务动机能正向影响公务员的工作满意度,但是公共服务动机对办税窗口一线服务人员工作满意度的影响还没有引起研究者的关注与重视。

与税务机关的其他工作人员相比,一线窗口纳税服务人员在与纳税人的互动中,除了付出智力劳动和一定的体力劳动之外,还要展现出符合组织要求的情绪表达,如微笑服务、表情亲和、礼貌服务等,这种情感和情绪的展示被称为情绪劳动。诸多研究发现,情绪劳动的表层策略会导致工作满意度降低和情绪枯竭,而深层行为会增进工作满意度和工作绩效。近期,由于税收改革的影响,纳税服务人员情绪劳动有增强的趋势。基于此背景,本研究探索一线窗口纳税

服务人员的公共服务动机、情绪劳动与工作满意度的关系，并探讨情绪劳动在纳税服务人员的公共服务动机与工作满意度的关系中是否起到中介作用。以期对于税务机关的领导者和人力资源管理部门优化纳税服务、建立和谐税务机关具有指导意义。

（一）理论基础与研究假设

1. 情绪劳动

美国社会学家豪科斯卡德在对航空公司空中服务人员的研究中提出了"情绪劳动"（emotional labor）的概念。所谓情绪劳动，是指员工通过管理自己的情感建立公众可见的表情或身体方面的展示，以此来获取报酬的一种劳动方式。有情绪劳动需求的职业一般需要与服务对象有面对面接触或者通过声音接触，同时要为服务对象营造某种情绪状态。通常认为，情绪劳动有两种策略：表层行为与深层行为。所谓表层行为，是指个体为符合组织规范的情绪要求对自身情绪的外在表现，如手势、声音、表情等进行调节，但此时个体的内在情绪感受并不发生改变；深层行为是指个体通过联想、换位思考等方式对自身的情绪体验进行调节，以使真实的情绪体验与组织期望的情绪表达一致。

国内外的许多研究表明，情绪劳动是把双刃剑：一方面能促进组织的良性发展，提升服务满意度；另一方面会给员工带来情绪困扰。对员工而言，情绪劳动为员工提供了表现自己情绪的舞台和机会，使员工有机会获得报酬和奖赏；同时，情绪劳动耗费了员工的心理资源。资源保存理论认为，当这些有价值的心理资源流失过多时，人们的心理上会感到不适，可能产生情绪枯竭、冷漠、缺乏耐心和自控等后果。还有研究表明：表层行为容易导致情绪麻木和情绪疲倦，而深层行为对组织绩效和员工工作产出具有积极影响。

2. 公共服务动机与情绪劳动

美国公共行政学者詹姆斯·佩里（James L. Perry，1990）把公共服务动机（public service motivation）定义为"个人对公共机构重要或特有目标做出敏感反应的心理倾向"。简言之，公共服务动机是一种超越个人利益和部门利益、关注更广大公众利益的一种职业价值观和态度。有研究显示，公共部门员工比私人部门员工表现出更高的公共服务动机(Rainey，1982)。佩里提出了公共服务动机的四个维度:政策制定吸引力(attraction to public policymaking)、公共利益承诺(commitment to public interest)、同情心(compassion)和自我奉献(self-sacrifice)，并开发出具有 24 个题项的量表，得到学界的广泛关注。已有的研究证明,公共服务动机会影响员工的工作态度、工作行为以及工作绩效。纳弗和克鲁姆(Naff 和 Crum,1999)的研究证实了公共服务动机越高的员工,他们有较低的离职意愿和较高的组织公民行为;吴绍宏等人(2010)通过研究发现,公共服务动机正向影响工作满意度;李小华等人(2012)研究发现,公务员的公共服务动机与个体绩效呈正相关。

资源保存理论(Hobfoll，1989)认为,个体为了遵从组织对情绪表达的规范,需要动用意志努力进行情绪调控,因此,不管是表层行为还是深层行为,个体都需要消耗心理资源。相对于深层行为,表层行为实质上是一种需要付出主观意志努力的伪装,外在表情动作与内心真实感受不相符合,长期情绪不协调,会导致情绪耗竭和倦怠(Morris J A 和 Feldman D C，1997)，使个体陷入资源亏损的心理疲劳状态。而深层行为会促使个体从理性认知的角度重新评估环境和自身角色,尽力使内心体验接近组织规范,有助于个性塑造和强化组织价值观认同。

有少数研究探讨了公共服务动机与情绪劳动的关系。如,美国学者赫西(Hsieh，2012)等研究了公共服务动机的三个维度(政策制定吸引力、公共利益承诺和同情心)对情绪劳动的两种策略的影响。结果表明:政策制定吸引力与表层行为正相关;同情心与表层行为负相关,与深层行为正相关;而公共利益承诺则与二者没有显示出相关性。李明军(2016)针对中小学教师的研究发现:公共服务动机与表层行为负相关,与深层行为正相关。本研究结合税务公务员工作实际和纳税服务人员的工作特性,探索公共服务动机的三个维度(即公共利益承诺、同情心和自我奉献)与情绪劳动两个维度(即表层行为和深层行为)之间的关系,并由此提出以下研究假设。

H1a:纳税服务人员公共利益承诺与表层行为不相关。

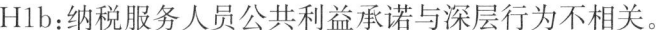

H1b:纳税服务人员公共利益承诺与深层行为不相关。

H2a:纳税服务人员同情心与表层行为负相关。

H2b:纳税服务人员同情心与深层行为正相关。

H3a:纳税服务人员自我奉献与表层行为负相关。

H3b:纳税服务人员自我奉献与深层行为正相关。

3. 情绪劳动与工作满意度

情感事件理论(Weiss,1996)认为,积极的情感累积能够提高工作满意度和工作绩效,而长期压抑的消极情绪会对个体产生负面的心理影响,降低员工满意度甚至导致员工离职。艾德曼(Adelmann,1989)研究发现,情绪劳动程度高的员工其情绪失调概率也较高,且工作满意度也较低。杨(Yang S B,2014)等人针对韩国地方公务员的研究发现,真实的情感表达有助于提升工作满意度。波罗瑞杰(Brotheridge,2002)等认为,情绪假装的过程会消耗更多的情绪能量,从而易发生倦怠,而表达积极情绪会降低倦怠。汤超颖等(2010)对电信企业员工的研究发现,表层行为与工作满意度显著负相关,深层行为与工作满意度显著正相关。针对上述论述,本文提出以下研究假设。

H4a:纳税服务人员表层行为与工作满意度负相关。

H4b:纳税服务人员深层行为与工作满意度正相关。

4. 公共服务动机与工作满意度

公共服务动机是一种倾向于服务他人的内在心理动机。这种内在动机会使个体在使他人受益的过程中实现个人价值,从而达到内在的满足感。瑞尼(Rainey,1982)的研究证实,公共服务动机越高的政府雇员,其工作满意度也越高。博瑞尔和赛尔顿(Brewer 和 Selden,1998)的研究发现公共服务动机正向影响工作满意度。有学者对韩国一千多名政府雇员的调查结果显示,公共服务动机与工作满意度呈正相关关系。刘(Liu,2008)等人的研究发现,政策制定吸引力和自我奉献两个维度对工作满意度均有正向影响。朱春奎(2011)等通过对中西部1 212名公务员的调查研究显示,政策制定吸引力、公共利益承诺均对工作满意度呈现显著的正向影响。基于上述分析,本文提出以下研究

假设:

H5a:纳税服务人员公共利益承诺与工作满意度正相关。

H5b:纳税服务人员同情心与工作满意度正相关。

H5c:纳税服务人员自我奉献与工作满意度正相关。

5. 情绪劳动的中介作用

对于公共部门员工来说,公共服务动机能帮助他们理解其工作价值和意义,促进他们正确地理解公共部门的使命和目标,使员工认同公共组织的管理措施和价值观。这些对工作的价值判断增加了员工内在工作动机和组织外部规范的一致性,会促使员工产生更多的深层行为和更少的表层行为。公共服务动机对员工工作认知的塑造和情绪劳动的影响会提升员工的组织公民行为和实现良好的心理状态,可以缓冲情绪劳动的负面影响,增强积极情绪,提高员工满意度。李明军(2016)的研究证实,表层行为和深层行为在公共服务动机与工作满意度之间均起到中介作用。针对以上论述,本文提出以下研究假设。

H6a:纳税服务人员表层行为在公共利益承诺与工作满意度的关系之间起中介作用。

H6b:纳税服务人员深层行为在公共利益承诺与工作满意度的关系之间起中介作用。

H7a:纳税服务人员表层行为在同情心与工作满意度的关系之间起中介作用。

H7b:纳税服务人员深层行为在同情心与工作满意度的关系之间起中介作用。

H8a:纳税服务人员表层行为在自我奉献与工作满意度的关系之间起中介作用。

H8b:纳税服务人员深层行为在自我奉献与工作满意度的关系之间起中介作用。

综合上述,本书提出以下研究模型(如图 3-1 所示)。

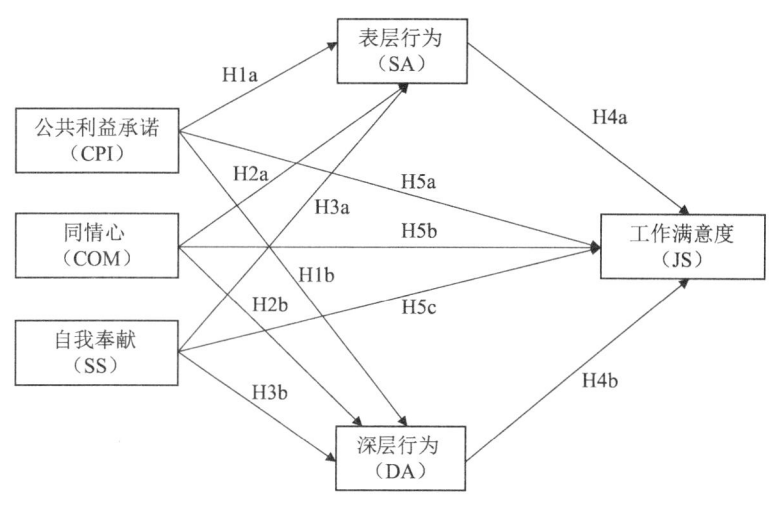

图 3-1　研究模型

（二）研究过程

1. 研究对象与研究方法

为保证样本具有代表性,本书在东、中、西部地区对纳税服务人员进行调查,采取便利抽样的方式,选取广东、江苏、山东、河南、安徽、江西、宁夏七个省份,对办税服务大厅的纳税服务人员发放纸质问卷和以问卷星为平台的网络问卷,共发放问卷 600 份,回收 512 份,剔除无效问卷,有效问卷共计 481 份,总有效率达 80.2%。样本基本情况如表 3-4 所示。

表 3-4　样本基本情况

项目	选项	人数	百分比
性别	男	123	25.6
	女	358	74.4
年龄	18～30 周岁	298	62.0
	31～40 周岁	102	21.2
	41～50 周岁	71	14.8
	51～60 周岁	10	2.1

（续表）

项目	选项	人数	百分比
教育程度	高中及以下	11	
	大专	184	
	本科	262	
	硕士及以上	24	
政治面貌	中共党员	193	
	共青团员	193	
	民主党派	4	
	群众	91	
职务层级	科员	456	
	副科	25	
纳服工作年限	5 年以下	290	
	5～9 年	103	
	10～15 年	41	
	16～20 年	25	
	20 年以上	22	

2. 研究工具

1）公共服务动机量表

被广泛使用的公共服务动机量表是由 Perry 开发的四维度量表，Coursey 等（2007）在此基础上修正简化成三维度的 10 题项量表，Liu 等人（2008）结合中国情境，基于 Perry 量表修正开发出四维度的 18 题项公共服务动机本土量表。吴琼使用 Liu 的量表在对公务员等六个行业的研究中发现，在中国情境下公共服务动机具有三个维度，即公共利益承诺、同情心和自我奉献。本书采用吴琼（2014）验证过的 15 题项的公共服务动机量表（如"我对那些对我的国家或社会有益的公共项目有兴趣"），采用 Likert 五等级计分的方式，"5"表示"强烈赞同"，"1"表示"强烈不赞同"。

2）情绪劳动量表

本书采用中国台湾的研究者邬佩君（2003）翻译 Grandey（2000）所编制的情绪

劳动量表,并结合税务工作实际做了适当修正,该量表包括表层行为(5个题项,如"我会假装心情好的样子,即使内心并不是如此")和深层行为(6个题项,如"即使明知纳税人无理,我仍能站在他的立场着想,诚心地为其解决问题")两个维度。情绪劳动量表的维度及题项如表3-5所示。量表采用 Likert 六等级计分,从"1"到"6"代表"从未如此"到"总是如此",分数越高,表示感受到这种经历的次数越多。

表3-5　情绪劳动信度分析和探索性因子分析

变量	维度	题　　项
情绪劳动	表层行为	1. 我会假装心情好的样子,即使内心并不是如此
		2. 工作时表现出合适的表情与态度,对我而言就如同是在演戏一样
		3. 对于在工作中需要表现出来的情绪(如亲切感、温和等),我只要假装一下就可以了
		4. 为表现出特定的表情与态度,我会像戴面具一样,掩饰内心真正的感受
		5. 我宁愿去假装那些工作时应有的情绪表现,也不愿意改变自己当前内心的感受
	深层行为	6. 当我面对纳税人时,不只外表上看来愉快,内心也会感受愉快
		7. 我在工作时会尽力克服自己不好的情绪,由衷地以亲切和善的态度为纳税人服务
		8. 即使明知纳税人无理,我仍能站在他的立场着想,诚心地为其解决问题
		9. 我会尝试去感受在工作中必须表现的情绪(如亲切、温和等),而不只是假装而已
		10. 如果必须在别人面前表现出某种情绪(如亲切、和善等),我会尽可能使自己"发自内心"而非假装
		11. 当心情不好时,为了工作的需要,我会暂时忘了不愉快,使自己能有面对纳税人的好心情

3) 工作满意度量表

Brayfield 和 Rothe(1951)开发了 18 道题测量整体工作满意度,后来在此量表的基础上又形成了 6 道题的量表,本书采用这 6 个题项来测量整体工作满意度(如"我对我现在的工作感到很满意")。采用 Likert 五等级计分,从"1"到"5"代表"非常不同意"到"非常同意"。

3. 问卷可靠性分析

本书使用结构方程模型中的偏最小二乘法(partial least squares,PLS)进行资料分析。相较于其他统计分析方法,PLS能同时处理更多的研究变量,无须评估原始数据是否具多元常态分布,且能在小样本时获得稳健的参数估计结果(Chin等,2003)。使用软件工具SmartPLS3.2.6进行资料分析后的结果见表3-6所示。该表显示,在删除因素负荷量较低的测量题项后,剩余的28个题项的因素负荷量都在0.730与0.903之间,公共利益承诺等六个变量的组合信度(composite reliability,CR)均高于0.872,Cronbach's Alpha系数高于0.803,AVE值均大于规定值0.5的标准,表明量表具有非常高的信度和聚合效度(Fornell和Larker,1981)。区别效度利用各要素AVE的平方根与相关系数进行比较检验,结果见表3-7所示。该表显示,AVE的平方根值均超过了与除其自身外各变量的系数值,因此具有良好的区别效度。

表 3-6   各题项因素负荷量、Cronbach's α 值、组合信度(CR)

变量	测量问项	因素负荷量	T 值	CR	Cronbach's α	AVE
公共利益承诺 (CPI)	CPI1	0.847	39.770	0.930	0.906	0.726
	CPI2	0.812	27.784			
	CPI3	0.871	58.423			
	CPI4	0.886	74.165			
	CPI5	0.841	47.383			
同情心 (COM)	COM1	0.755	24.500	0.872	0.803	0.630
	COM2	0.855	56.768			
	COM3	0.829	38.648			
	COM4	0.730	26.254			
自我奉献 (SS)	SS1	0.747	23.732	0.920	0.896	0.659
	SS2	0.809	38.176			
	SS3	0.819	40.023			
	SS4	0.865	61.111			
	SS5	0.833	48.366			
	SS6	0.792	33.511			

（续表）

变量	测量问项	因素负荷量	T 值	CR	Cronbach's α	AVE
表层行为（SA）	SA2	0.875	25.424	0.882	0.823	0.652
	SA3	0.757	10.530			
	SA4	0.833	17.616			
	SA5	0.760	16.725			
深层行为（DA）	DA3	0.822	35.430	0.924	0.890	0.753
	DA4	0.903	75.889			
	DA5	0.861	47.924			
	DA6	0.883	58.423			
工作满意度（JS）	JS2	0.798	31.107	0.909	0.875	0.667
	JS3	0.820	45.686			
	JS4	0.805	37.242			
	JS5	0.862	62.951			
	JS6	0.795	35.151			

表 3-7　区别效度检验结果

变量	CPI	COM	SS	SA	DA	JS
CPI	**0.852**					
COM	0.736	**0.794**				
SS	0.712	0.662	**0.812**			
SA	−0.045	−0.081	−0.006	**0.808**		
DA	0.453	0.392	0.488	−0.097	**0.868**	
JS	0.474	0.363	0.558	−0.200	0.464	**0.817**

注：对角线上粗体字数值为各变量平均萃取变异量（AVE）的平方根值，非对角线上的数值为变量间的相关系数值。

（三）研究结果

1. 纳税服务人员情绪劳动描述性统计分析结果

表 3-8 给出了表层行为和深层行为的均值、标准差。表层行为的均值为 2.84，低于中值 3.5，表明纳税服务人员工作中表层行为并不多，有时候会采取

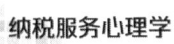
表层行为；深层行为的均值为4.64，远高于中值3.5，说明纳税服务人员在工作中采用深层行为的表达方式比较多。表层行为中得分最高的题项是第1题"我会假装心情好的样子，即使内心并不是如此"，分值为3.47，说明员工在纳税服务工作中常常伪装自己的情绪，这也是表层行为的主要特征，也表明员工深知组织对情绪表达的规定和要求并努力按照这些要求去调控情绪。深层行为中得分最高的是第11题，"当心情不好时，为了工作的需要，我会暂时忘了不愉快，使自己能有面对纳税人的好心情"，分值为4.82，表明员工能够深刻理解组织的价值取向，从内心深处调整自己的情绪与组织要求相一致。

表 3-8　纳税服务人员情绪劳动描述性统计

变量	平均值	标准差
表层行为	2.84	1.12
深层行为	4.64	0.10

2. 纳税服务人员情绪劳动的差异性分析

1）不同性别纳税服务人员情绪劳动的差异性分析

运用独立样本 T 检验的方法进行不同性别的纳税服务人员差异性分析，结果见表3-9。由该表可知，T 值显著性水平均低于0.05，不同性别的纳税服务人员在表层行为和深层行为上有显著差异。在表层行为维度上，男性（均值3.04）显著高于女性（均值2.78），即男性纳税服务人员比女性纳税服务人员有更多的表层行为；在深层行为维度上，女性（均值4.77）显著高于男性（均值4.26），即女性纳税服务人员比男性纳税服务人员有更多的深层行为。

表 3-9　情绪劳动在纳税服务人员性别上的独立样本 T 检验

	性别	人数	均值	标准差	T	显著性
表层行为	男	123	3.04	1.20	2.342	0.020
	女	358	2.78	1.09		
深层行为	男	123	4.26	1.15	−4.465	0.000
	女	358	4.77	0.902		

2）不同年龄、学历、政治面貌、职务层级的纳税服务人员的情绪劳动分析

对纳税服务人员的年龄做单因素方差分析,表 3-10 显示,F 值显著性水平均高于 0.05,不同年龄的纳税服务人员在表层行为和深层行为上没有显著差异。

统计分析发现,不同学历、政治面貌、职务层级的纳税服务人员在表层行为和深层行为上均无显著差异。

表 3-10　纳税服务人员情绪劳动在年龄上的差异

	年龄	人数	均值	标准差	F	显著性
表层行为	18～30 周岁	298	2.75	1.09	2.16	0.091
	31～40 周岁	102	2.88	1.15		
	41～50 周岁	71	3.07	1.21		
	51～60 周岁	10	3.28	1.12		
深层行为	18～30 周岁	298	4.57	0.96	2.45	0.063
	31～40 周岁	102	4.80	1.04		
	41～50 周岁	71	4.78	0.98		
	51～60 周岁	10	4.25	1.41		

3）不同纳税服务工作年限的人员情绪劳动差异性分析

由表 3-11 可知,从事纳税服务工作年限不同的人员在表层行为和深层行为上的 F 值,其显著性水平均低于 0.05,可以判断纳税服务人员的表层行为和深层行为在工作年限上存在着显著差异。从表 3-11 中可以看出,从事纳税服务工作 20 年以上的人员更容易采取表层行为,从事纳税服务工作 5～9 年的人员更容易采取深层行为。究其原因,可能是因为从事纳服工作的时间越长,积累的情绪负累越多,导致心情资源消耗较多,而从事纳税服务工作 5～9 年的员工经过一定的历练之后,能够深刻地认识到本职工作的特性,积极调整内心感受,期待未来有更好的发展机会,多采用深层行为。

表 3-11　不同纳服工作年限的人员情绪劳动差异性分析

	年限	人数	均值	标准差	F	显著性
表层行为	5 年以下	290	2.73	1.04	3.08	0.016
	5～9 年	103	2.91	1.20		
	10～15 年	41	2.97	1.23		
	16～20 年	25	2.99	1.16		
	20 年以上	22	3.52	1.36		
深层行为	5 年以下	290	4.57	0.99	2.99	0.019
	5～9 年	103	4.64	1.00		
	10～15 年	41	4.61	1.10		
	16～20 年	25	4.47	0.71		
	20 年以上	22	4.50	0.98		

(四) 路径系数分析及假设检验

研究结果如图 3-2 和表 3-12 所示,公共利益承诺与表层行为显著不相关,与深层行为显著正相关;同情心与表层行为、深层行为均不相关;自我奉献与表层行为不相关,与深层行为正相关;表层行为与工作满意度负相关;深层行为与工作满意度正相关;公共利益承诺、自我奉献与工作满意度正相关;同情心与工作满意度负相关。

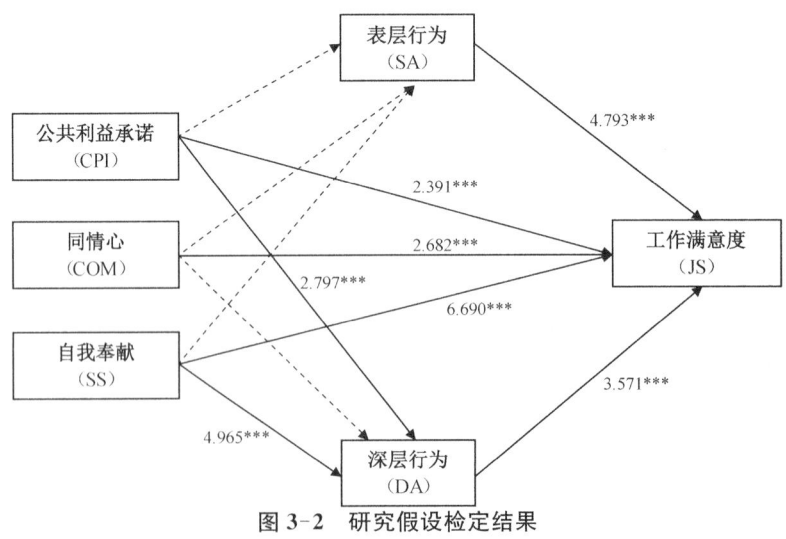

图 3-2　研究假设检定结果

注:①本书假设均为单尾检定,T 值超过 1.95 即达 P-value<0.05 显著标准。＊＊＊表示 $P<0.001$,＊＊表示 $P<0.01$,＊表示 $P<0.05$。②实线箭头表示相关性显著,虚线箭头表示相关性不显著。

表 3-12　本研究假设结果

研究假设	路径系数	T 值	结论
H1a：公共利益承诺与表层行为不相关	−0.013	0.157	成立
H1b：公共利益承诺与深层行为不相关	0.200	2.797**	不成立
H2a：同情心与表层行为负相关	−0.131	1.425	不成立
H2b：同情心与深层行为正相关	0.029	0.510	不成立
H3a：自我奉献与表层行为负相关	0.090	1.140	不成立
H3b：自我奉献与深层行为正相关	0.326	4.965***	成立
H4a：表层行为与工作满意度负相关	−0.180	4.793***	成立
H4b：深层行为与工作满意度正相关	0.218	3.571***	成立
H5a：公共利益承诺与工作满意度正相关	0.170	2.391**	成立
H5b：同情心与工作满意度正相关	−0.144	2.682**	不成立
H5c：自我奉献与工作满意度正相关	0.425	6.690***	成立

（五）中介效果检验

本书利用 Sobel Test、Aroian Test、Goodman Test 进行中介变量影响分析，当 z 值大于 1.96 的绝对值即为显著，表示中介效应存在（Aroian，1947；Goodman，1960；Sobel，1982；MacKinnon 等，1995）。除了公共利益承诺、同情心、自我奉献对表层行为以及同情心对深层行为的影响不显著，无需再检验中介效果外，其余均进行中介效果检定。中介效果检验如表 3-13 所示。统计结果表明，深层行为在公共利益承诺与工作满意度、自我奉献与工作满意度的关系中均起中介作用。

表 3-13　中介效果检验

变量关系	影响路径	路径系数 t-value	Sobel Test' z-value	Aroian Test' z-value	Goodman Test' z-value
CPI→DA→JS	CPI→DA	2.797	2.202*	2.150*	2.258*
	DA→JS	3.571			
SS→DA→JS	SS→DA	4.965	2.899**	2.861**	2.939**
	DA→JS	3.571			

注：CPI＝Commitment to Public Interest（公共利益承诺）；DA ＝Deep Acting（深层行为）；JS＝Job Satisfaction（工作满意度）；SS＝Self−Sacrifice（自我奉献）。

（六）研究结论分析

通过对 481 名一线纳税服务窗口的大厅工作人员的问卷调查,研究了纳税服务人员情绪劳动的现状。通过分析得出以下结论:①纳税服务人员在工作中较多地采用深层行为的情绪劳动策略,较少地采用表层行为的情绪劳动策略,表明多数纳税服务人员能够深刻领会组织对情绪表达的要求,把提高纳税人满意度放在比较重要的地位;②男性纳税服务人员比女性更容易使用表层行为,女性纳税服务人员比男性更容易使用深层行为;③从事纳税服务工作 20 年以上的人员有较多的表层行为,从事纳税服务工作 5～9 年的人员有较多的深层行为。另外,本书还分析研究了纳税服务人员公共服务动机、情绪劳动与工作满意度的关系,并探讨了情绪劳动在公共服务动机与工作满意度之间的中介作用。通过分析得出以下结论:①公共利益承诺与表层行为不相关,与深层行为正相关;同情心与表层行为负相关、与深层行为正相关,但均未达显著水平;自我奉献与表层行为不相关,与深层行为正相关。这一结论与 Hsieh(2012)的研究结果稍有不同。根据 Perry(1990)的观点,公共利益承诺属于规范性动机,表明个人愿为公众利益服务、为政府尽责效力的内在职业价值观倾向;同情心属于情感性动机,是一种对他人的关爱与保护的愿望。而自我奉献是上述两种动机的基础,是一种愿意为其他人服务而不是获得实际的个人报酬的意向,这一点在纳税服务人员实际工作中的表现尤为突出。由此可见,当纳税服务人员在内心深处树立起为纳税人服务的职业价值追求,关注大众的利益,把奉献他人、解决他人问题当作公共美德,并体验到价值感时,虽然不能够降低其表层行为,但会在一定程度上增强其深层行为。②表层行为与工作满意度负相关,深层行为与工作满意度正相关。这一结论和多数研究相一致,大量实证研究表明,员工采用过多的表层行为策略,会导致员工情感资源流失,引发情绪耗竭,给身心健康带来负面影响,从而降低工作满意度;而深层行为策略会促进员工对组织规范的深刻理解,强化职业价值观,使员工在工作期间产生身心的愉悦,有助于工作满意度的提升。③公共利益承诺与工作满意度正相关,同情心与工作满意度负相关,自我奉献与工作满意度正相关。从总体上看,多数研究表明,公共服务动机及各维度会正向影响工作满意度。但本书在同情心与工作满意度的关系上，得出与以往研究不同的结论，即同情心会负向影响工作满意度。一个可能的解释是，纳税服务人员在工作中出现了同情心疲劳（compassion fatigue）。纳税服务人员是一个高压力、高疲劳的群体，在对纳税人提供人性化的服务过程中，要具有爱心和同理心等情感支出，但是这种长期的日复一日的微笑服务和情感投入，也会对他们产生负面影响，出现同情心疲劳现象，表现出情感枯竭、精力衰竭、冷漠等症状，从而导致工作满意度下降。④深层行为在公共利益承诺与工作满意度之间、自我奉献与工作满意度之间起中介作用。有理由认为公共利益承诺和自我奉献程度高的纳税服务人员倾向于使用深层行为，从而促进了工作满意度的提高。

（七）管理启示与建议

纳税服务是税收工作的两个核心业务之一，具有非常重要的地位。纳税服务人员是税务组织中比较特殊的一类群体，因为他们直接面向纳税人提供服务，在服务接触中人际互动比较频繁，为了保证服务质量，必须按照组织的要求展现情绪和情感。他们的公共服务动机、情绪劳动和工作满意度的关系，还没有引起研究者的关注，本书做了首次尝试。鉴于上述研究结论，为最大限度提高纳税服务人员的工作满意度，进而提升纳税服务的质量和建构和谐服务型税务机关，本书提出以下建议。

（1）在大厅一线窗口应多使用女性纳税服务人员。女性在纳税服务工作中有较少的表层行为和较多的深层行为。女性似乎更适合从事服务工作，有学者指出，男性在管理活动中，往往以行动为导向、喜欢竞争、偏冒险，而女性往往以人际关系为导向、乐于与人交谈、愿意聆听。研究表明，男性比女性更容易觉察出他人的愤怒和攻击性情绪，易引起冲突，而女性更容易觉察出他人的悲伤性情绪，及时表达出同理心，在服务工作中往往更具亲和力和宜人性。此外，女性在释放情绪压力时往往比男性有更多的优势。

（2）纳税服务工作岗位应适时轮岗。服务工作具有高频度的人际互动、高情绪劳动的特征。资源保存理论指出，不管是表层行为还是深层行为，个体都需要消耗心理资源,而表层行为比深层行为消耗的资源更多,长期下去,会导致情绪耗竭和倦怠。基于爱护组织人力资源的角度出发,应及时对纳税服务人员进行轮岗,在岗工作最高上限不要超过10年。

(3)建立健全纳税服务人员激励措施。根据资源保存理论,个体在压力情景下的表现,依赖于流失的资源是否得到充分的补偿以足以应付这些压力事件。当个体拥有充分的资源时,压力感较低。资源保存理论认为可以用来补偿的有四种资源:物质性资源(如财富等)、条件性资源(如管理制度的优良性等)、个人特征资源(如人格特质等)和能量资源(包括内在资源和外在资源)。因此,可以通过改善纳税服务人员的薪酬与福利、建立弹性工作制、提供升迁机会、增强心理资本训练等方面,使纳税服务人员的身心资源消耗得到相应的补偿,以激发他们的工作动力,提高职业幸福感和满意度。

(4)提升纳税服务人员的公共服务动机。公共服务动机是一种超出个人和部门利益的职业价值观,它关注的是更为广泛的政治组织的利益,并且激发个人在适当的时候采取适当的行为,从而改变个人的精神面貌和行动模式。国内外许多研究表明,公共服务动机会影响员工的工作投入度、组织公民行为和工作绩效。因此,可以考虑选拔那些公共服务动机较高的税务人员从事纳税服务工作,定期开展培养和强化纳税服务人员公共服务动机的教育培训活动,如塑造典型的个人形象,宣扬感人的工作事迹,提供新颖多元的培训内容,强化一线窗口人员树立为纳税人服务的工作价值观,增强对纳税服务工作的认识,从情感深处接受组织对情感表达的规范,使深层行为策略成为情绪表达的内在信念。

(5)加强纳税服务人员情绪劳动管理。管理层要时刻关注纳税服务人员的情绪波动,建立谈心制度,及时疏导他们的消极情绪,减轻员工的情绪耗竭;开展情绪管理培训,提升员工情绪智力,从而使员工更倾向深层行为的情绪劳动策略;实施EAP(员工帮助计划);定期组织身心放松减压的团队活动,比如爬山、唱歌、瑜伽、冥想、正念等,使纳税服务人员的压力、紧张和消极情绪得到及时的释放。

第三节　如何调动服务人员的积极性——纳服人员的激励

一、激励的相关理论

从词义来看,激励是激发鼓励的意思,激发就是通过某些刺激使人兴奋起来。激励原本是心理学的概念,是指持续激发人的动机的心理过程,在这个心理过程中由于某种内部或外部刺激的作用,人就会处于兴奋状态。管理心理学中激励的含义主要是指激发人的动机,通过高水平的努力来实现组织目标的心理活动过程。换句话说,激励是调动人的积极性的过程。

激励理论的产生源于近代管理实践的需要。组织管理的职能之一是调动员工工作的积极性,而员工工作的积极性以需要为源泉,由动机推动,以行为的强度为特征。激励理论正是从此出发,探讨需要、动机和行为的内在规律,以期为组织激发员工的工作积极性提供理论指导。

(一)需要层次理论

美国人本主义心理学家马斯洛(Abraham Harold Maslow)通过对各种人物的观察和对一些人物传记的考察,把人类行为的动力从理论上和原则上作了系统的整理,并于 1943 年在《人类动机论》中最早提出了需要层次理论,后于 1954 年在其著作《动机与个性》中作了进一步阐述。

马斯洛把人类的基本需要归纳为五类,从低级到高级依次排列。

1. 生理需要

生理需要是所有其他需要的基础,是生存必须的条件,也是人类最原始、最基本的需要,主要为衣食住行各个方面。马斯洛认为,生理需要在人类各种需要中占有最强的优势。当一个人存在多种需要时,由饥饿感引起的进食需要会占据优势地位,其他的需要就会被放到次要的地位。例如,一个十分饥饿的人,会对食物很感兴趣,而对绘画艺术的需要就会退居其次。如果在什么也不具备的情况下,要在食物、艺术、被尊重和被爱之间做出选择的话,食物会是人们的首选。

2. 安全需要

安全需要指对安全、秩序、自由、稳定及受到保护的需要。人的生理需要获得基本满足后,注意力就会集中到更高一层次的需要上,产生新的需要,也就是安全的需要,目的是保护自己的安全,免受外界的伤害、威胁,降低生活的不确定性,希望自己生活在一个免遭危险的环境中,有稳定的工作和相对安稳的生活,减少诸多风险因素的存在。在马斯洛看来,生活各个方面的安全得到保障之后,安全需要就不再是人们努力的方向,需要有新的需要来激发他们的潜能。

3. 爱与归属的需要

作为社会中的一员,人们每天都在跟不同的人打交道,每个人都渴望得到同学、同事、家人及朋友们的认同,这是一种社会性的需要。爱的需要指被爱和给予爱,归属的需要就是通过参加组织或者团队,与人交往,希望被接纳和认同,得到关怀和爱护。爱与归属的需要与个人的性格、经历、受教育程度、信仰等因素有很大关系。马斯洛认为,爱的需要主要是指情感方面的需要,实质上也是一种归属。例如,人作为社会人都希望与别人进行交往,保持一定关系,工作单位不仅仅是工作场所,也是人们进行交往活动、建立友谊,从而获得归属感的场所。

4. 尊重的需要

尊重的需要主要包括两个方面:其一是自尊,即渴望成就、独立与自由等;其二是来自他人的尊重,即渴望名誉、地位、受人赏识等。前者希望自己有实力、有本领、有成就,能够胜任工作,并要求独立和自由,后者需要他人给予名誉、地位、权力、赞赏,希望得到他人的重视和赏识。这种需要若能得到满足则个人会看到自己的价值和能力,并产生自信,如果不能满足则会产生自卑感。

5. 自我实现需要

在前面所说的四种需要得到满足后人还会产生最高级的需要,即自我实现的需要。自我实现就是人们追求自我理想的实现,竭尽所能使自己趋于完善,最大限度地发挥自己的潜能和本领,做一些能够实现自身价值,获得自我发展的事情,是最高境界的人生追求。事实上,对于多数人来说,自我实现需要乃是一个奋斗目标,只有少数不畏艰险、勇于攀登的人才能达到真正的自我实现。

对于以上这五个层次的需要,马斯洛认为它们之间的关系是这样的。

(1) 这五种需要并不是并列的,而是按照层级次序由低到高逐级上升的。生理和安全的需要是最基本最低层次的需要,只有这两种需要得到了满足,爱与归属、尊重和自我实现的需要才可能依次出现。

(2) 人的行为可能同时受到几种需要的支配,然后在这多种需要中存在着一种占优势地位的需要,人的行为即受这一需要的主导。

(3) 虽然这五个层次的需要随着人的心理发展水平的逐步提高而出现,但是出现的次序并不是固定的,如果个体低层次的需要长期得不到满足,那么即使个体的需要层次发展到了高级阶段,低层次的需要还是会成为满足的首选。

(4) 对需要的满足是人类稳定持久的行为动力。越高层次需要的满足,给人带来的安全感、幸福感和内心升华的丰富感就越强烈,因此也更能够调动人的积极性。

(5) 只有未满足的需要才能起到激励作用,某种需要得到满足后,这种需要对个体就不再起到激励的作用。

马斯洛的需要层次理论第一次从理论上系统揭示了需要、激励与行为之间的关系,反映了人的需要产生、发展的规律,并且把人的多种需要归纳为五个层次,模式直观,逻辑性强,易于理解,被广泛应用于管理和教育等方面的实践中。马斯洛重视人的需要,强调尊重人、关心人。就税务机关管理者的任务来说,主要就是了解和关心纳税服务人员的需要,并根据不同情况采取不同措施,合理地予以满足,以调动他们的积极性。

(二) 双因素理论

1959 年,美国心理学家、管理理论家、行为科学家弗雷德里克·赫茨伯格 (Frederick Herzberg)在其专著《工作的激励因素》中提出了"激励因素、保健因素"理论,简称"双因素理论"。激励因素主要包括成就、认可、责任、成长和发展的机会等。这些因素能够激发员工的成就感、责任感,调动他们努力工作的积极性。保健因素主要包括工作单位政策、管理措施、监督、与上级的关系、工作条件、薪资、福利待遇和安全等因素。赫茨伯格在美国匹兹堡地区通过对200名工程师和会计人员调查发现,保健因素的改善,可以消除员工的不满,但不能使员工感到非常满意,也不能激发起其工作积极性,无法促进组织的发展。也就是说,保健因素不能直接起到激励员工的作用,但能防止员工产生不满情绪。当保健因素改善后,员工的不满情绪会消失,但并不能产生积极的效果,而只是处于一种无所谓满意或不满意的状态。只有激励因素才能使员工产生满意的情绪,并产生积极效果。激励因素能够使员工觉得工作富有成就感,工作成绩能得到社会承认,工作具有挑战性,负有重大责任,事业有所发展等,它能够激发员工工作的积极性和热情。

根据双因素理论,管理者应该首先满足员工的保健因素,多关怀组织成员,了解组织成员之间的人际状况,并且提供良好的工作环境与条件,在监督的时候使用权变的监督方式,针对不同的员工使用适合该员工的监督方式,并且适时针对机关组织的政策与管理方式进行改变,满足组织成员的保健因素。虽然双因素理论主要着重在激励因素,但是若未事先满足保健因素,会造成员工的不满,进而影响员工激励因素的满足。在满足组织成员的保健因素后,管理者需要进行工作丰富化,增加员工在工作中的责任与授权,让员工更具有责任心与被信任感,另外再进行工作扩大化,增加员工工作的内涵,让员工感到受到重视与赏识,进而提升员工的工作动机,甚至可以运用赋能来激发员工的潜能。在税务系统中合理利用激励因素调动纳税服务人员的积极性,使其认识到自己所在的群体是举足轻重的,其工作具有较重大的社会责任,使其对工作产生较高的成就感。

(三) 期望理论

1964年,北美著名心理学家和行为科学家维克托·弗鲁姆(Victor H. Vroom)在其著作《工作与激励》中最早提出了期望理论。期望理论认为,个体从事某一行动的激励力将取决于他对行动全部结果的期望值乘以他预期这种结果将会达到所期望目标的程度。换言之,激励力是个体某一行动的期望值与他认为将会达到某目标的概率之乘积。用公式可表示为:

$$M(激励力) = V(目标效价) \times E(期望值)$$

公式中的激励力,表明个体为达到绩效付出的努力程度。公式中的目标效价(valence)又称为目标价值,是指个人对一定行为所导致的结果的评价,或者说达到目标对于满足个人需要的价值。对于同一个目标,由于个体的需要、兴趣和所处环境的差异,其价值的大小往往也不尽相同。例如同样的升迁,对于一个热衷权力、追求官位的人而言,其效价就很高;而对于一个对升迁漠不关心、毫无要求的人而言,其效价就等于零,甚至还有可能是负值。同样还是升迁,如果个体对升迁不仅毫无要求,而且害怕升迁(这种人虽然很少,但也不是没有),在这种情况下升迁的效价对其而言就是负值。公式中的期望值(expectancy)也叫作期望概率,是指个体对通过努力能否导致工作绩效和达到目标的主观概率。期望值有两方面的内容,一是个体通过努力进而达到绩效的期望值,二是个体因达到绩效而获得某种奖酬的期望值。期望值的高低受个体所拥有的经验丰富与否、自身能力的大小及自信心高低等的影响。期望值(E)的数值为$0 \sim 1$,当$E = 0$时,个体认为达不到目标,因此没有努力的动力;当$E > 0$时,个体认为有可能达到目标,因此有一定的动力采取行动;当$E = 1$时,个体认为完全能够达到目标,因此动力最大。

(四) 公平理论

公平理论主要研究奖酬分配的公平性、合理性对个体行动积极性影响的理论。1967年,美国心理学家约翰·斯塔希·亚当斯(John Stacey Adams)在其著作《奖酬不公平时对工作质量的影响》中提出公平理论的基本观点。公平理论认为,人们工作的积极性不仅受到他们所得的绝对值的影响,还受到所得的相对值的影响,也就是说,个人不仅关心自己所得的绝对值,更关心自己所得的相对值。所谓的相对值,是指个人将自己对某工作的付出和所得与他人的付出和所得进行比较,或者把自己当前的付出和所得与过去的进行比较时的比值。

通过比较,便产生了公平或是不公平感。若有员工认为薪资与工作量与其他员工相比有落差,便会产生不公平的心理状态,此时员工会降低工作效率,使其心理达成公平的状态。管理者要想办法避免不公平的状况发生,若两位员工的薪资相同,管理者要给予两者相似的工作量,或是要给予员工和其工作量或职位相当的薪资,避免不公平的状况产生,进而影响员工的工作意愿与动机。

公平理论主要强调个人所得的相对值对工作积极性的影响,其管理意义在于引起管理者对个人工作中不公平感的重视。一旦工作中出现不公平感,奖酬的绝对值甚至是其存在本身都无法起到激励作用。

公平理论可谓是相当科学的激励理论,它如实地描述了人与人之间的比较心理与行为。这一激励理论具有普适性,在任何工作场合都是成立的。同样,在公共部门,从公平理论的角度来看,管理者应该注意每个员工的工作量是否公平。由于公务员的薪资水平是依据职位职级来支付的,所以管理者需要聚焦在相同职位与工作的员工,两者之间的工作量是否有差异,是否有某位员工工作量特别大的状况。若有相同职务,但工作量有分配不均的状况,管理者必须适时地介入,调整工作量。员工之间会进行比较,若两个员工的职位职级相同,所进行的工作性质亦差异不大,如果工作量分配不均,会导致员工公共服务动机下降,开始减少工作意愿与内容,这样的负面成本将会转嫁至他所服务的对象之上。公共部门中有句话叫"能者多劳",往往令人很无奈,相同工作岗位公务员的工资都是固定的,并不会因为事情做得多、工作多么用心,工资就拿得多。相反的,工作能力较差的人不会因为绩效太差而被开除,管理者又不放心把工作交付给工作能力较差的员工,使得工作能力较强的员工需要做较多的事情,在相同的职级、职位与薪资的状况下,却要负担比其他员工更多的任务,导致公共服务动机消磨殆尽。因此管理者必须要从公平理论的角度去检视每位员工的工作量是否公平,避免不公平的情事发生,造成公共服务动机的降低。

(五) 成就动机理论

美国哈佛大学心理学家麦克利兰(David C McClelland)是社会动机研究领域的著名学者。他从20世纪四五十年代开始对人的需求和动机进行研究,并

提出了著名的成就动机理论。麦克利兰把人的高层次需求归纳为对成就、权力和亲和的需求。他对这三种需求,特别是成就需求做了深入的研究。

(1) 权力需求(need for power):影响或控制他人且不受他人控制的需求。权力需求是指影响和控制别人的一种愿望或驱动力。不同人对权力的渴望程度也有所不同。权力需求较高的人对影响和控制别人表现出很大的兴趣,喜欢对别人"发号施令",注重争取地位和影响力。他们常常表现出喜欢争辩、健谈、直率和头脑冷静;善于提出问题和要求;喜欢教训别人,并乐于演讲。他们喜欢具有竞争性和能体现较高地位的场合或情境。他们也会追求出色的成绩,但他们这样做并不像高成就需求的人那样是为了个人的成就感,而是为了获得地位和权力或与自己已具有的权力和地位相称。权力需求是成功管理的基本要素之一。麦克利兰还将组织中管理者的权力分为两种:一是个人权力。追求个人权力的人表现出来的特征是围绕个人需求行使权力,在工作中需要及时的反馈和倾向于自己亲自操作。麦克利兰提出,一个管理者若把他的权力建立在个人需求的基础上,不利于他人来续位。二是职位性权力。职位性权力要求管理者与组织共同发展,自觉地接受约束,从体验行使权力的过程中得到一种满足。

(2) 社交需求(need for affiliation):社交需求也叫亲和需求,是指与他人建立友好亲密的人际关系的需求。社交需求就是寻求被他人喜爱和接纳的一种愿望。高社交动机的人更倾向于与他人进行交往,至少是为他人着想,这种交往会给他带来愉快。高社交需求者渴望社交,喜欢合作而不是竞争的工作环境,希望彼此之间可以沟通与理解,他们对环境中的人际关系更为敏感。有时,社交需求也表现为对失去某些亲密关系的恐惧和对人际冲突的回避。社交需求是保持社会交往和人际关系和谐的重要条件。

(3) 成就需求(need for achievement):争取成功希望做得最好的需求。麦克利兰认为,具有强烈的成就需求的人渴望将事情做得更为完美,提高工作效率,获得更大的成功,他们追求的是在争取成功的过程中克服困难、解决难题、努力奋斗的乐趣,以及成功之后个人的成就感,他们并不看重成功所带来的物质奖励。个体的成就需求与他们所处的经济、文化、政治的发展程度有关,社会风气也制约着人们的成就需求。麦克利兰发现高成就动机的个体特点是：他们追求能发挥其独立处理问题能力的工作环境；他们希望得到有关工作绩效的及时、明确的信息反馈，从而了解自己是否有所进步，不太在乎别人对他们的态度；他们喜欢设立具有适度挑战性的目标，不喜欢凭运气获得成功。高成就动机者事业心强，有进取心，敢冒一定的风险，比较实际，大多是进取的现实主义者。高成就动机的个体对于自己感到成败机会差不多相等的工作，表现得最为出色。他们不喜欢成功的可能性非常低的工作，因为这种工作具有偶然性，无法满足他们的成就需求；他们也不喜欢成就的可能性很高的工作，因为这种轻而易举的成功对于他们不具有挑战性。他们喜欢设定通过自身的努力才能达到的奋斗目标，因为成败的可能性均等时，才能从自身的奋斗中体验成功的喜悦与满足。

（六）自我决定理论

20 世纪 80 年代，美国罗彻斯特大学心理学院教授爱德华·L·德西（Edward L. Deci）与瑞安·理查（Ryan Richard）从积极心理学角度出发，以研究内部动机和外部动机的关系为起点，提出了自我决定理论（self-determination theory，SDT），并将其应用到教育、医疗和心理健康领域。

该理论主要关注个体的内部心理成长趋势和内在心理需要以及促进这些积极心理过程的条件。自我决定意味着对发起和调节自己的行为的一种自主选择。目前比较普遍的观点认为，自我决定论包含以下四个亚理论：认知评价理论、有机整合理论、因果定向理论和基本心理需求理论。基本心理需求理论是自我决定论的核心理论，是其他三个理论的基石。所以，下面重点介绍基本心理需求理论。

德西和瑞安在总结归纳以往研究的基础上于 2000 年提出基本心理需求理论，它包括三种基本的内部心理需要：胜任需要（competence）、自主需要（autonomy）和归属需要（relatedness），这三种需要跨情境和跨文化地存在着。它们有助于个体天生成长和发展倾向的发挥、社会建设性发展以及人格健全。当这些需要得到满足，会加强个体的心理健康并且起到自我激励的作用；但当

需要遭到挫败就会导致动机消失。

（1）归属需要相当于马斯洛需要层次理论中的爱与归属的需要，也与麦克利兰提出的社交需要接近。归属需要是指个体有和他人建立关系的渴望，也渴望得到他人的关心，此种共同存在的感觉，是一种在乎别人，也同时希望受到别人在乎的感受，并由此建立互相尊重、关怀及信任。当环境提供足够的接纳、关怀与温暖的情感力量时，更能促使个体接受各种困难与挑战。

（2）胜任需要与自我效能感相联系，意指参与者对自己感到有信心，能和所处的环境持续互动，形成有效的联结，并且在活动中展现个人的能力。胜任感的需要会引导个体追求挑战，如果挑战是与个体的能力相匹配的，则更会使个体在活动中坚持并且加强自己的技能，以达到或满足其个人的成就感。

（3）自主需要即指个体感觉到他们的行为掌控程度是出于自己主动去做的、自发性的，并且有完全出于自己选择的感觉与环境互动带来的自主感，亦即表示对于个人行为的活动由其自己决定，而自主决定仍有可能会受到外在社会环境因素影响，但最后会因其自我的兴趣及价值的整合认定，而决定其个人该如何活动。简言之，自我决定的需要，是希望对自己所做的事有选择自由，而非被迫，是动机的主要来源。

自我决定理论认为，这三种需要本质上是心理性的，但是，它们是先天的，而不是后天习得的。以往的动机理论认为，人的驱动力与先天的生理需要有关或与习得的心理需要有关，甚至与外部的奖励或惩罚有关，自我决定理论直接挑战了这样的观点，它认为人的行为并不完全来自外界刺激，我们是天生就具有内在驱动力的有机体，生来就好奇新鲜事物、喜欢寻求挑战、渴望在多方面锻炼自己的能力。心理学家怀特（White，1959）发现，任何动物都受到好奇心和兴趣的驱使，婴儿也不例外。日常生活中人们都不乏这样的现象：两三岁的小孩会在家里翻箱倒柜地找东西，充满了好奇和探索之心，更不用说拿到智能手机乐此不疲地探索了。德西和瑞安认为，对于健康的机体来说，这三种需要的满足是必要的。如果我们仅仅满足了其中一种或两种需要（或糟糕到一种也没有满足），那我们就无法维持心理的健康。更严重的是，如果一个人满足这三种心理需要的努力受阻,那么这个人就会像饥饿这种生理需要没有满足时所表现的那样,可能会以更大的决心去满足它们。但是,这种满足需要的努力,例如满足自主需要的努力,持续受到阻碍的话,就可能导致这种努力的减少,也可能引起适应不良。这种情况跟积极心理学家塞利格曼(Martin E. P. Seligman)提出的"习得性无助"(learned helplessness)非常类似。

自我决定理论颠覆了传统工业时代的学者、企业家,以及普通人对于动机的理解。当时许多人认为人的行为是外界条件刺激的产物,最典型的就是奖励和惩罚。人们的工作动力无非来源于两个方面:需要钱,这是奖励;怕被老板骂,也就是惩罚。简言之,就是"胡萝卜加大棒"的激励模式。这种激励理论已经受到越来越多的挑战。自我决定理论提出了激励的另外一种途径,在依据自我决定论制定激励策略时,管理者应遵循以调动员工的内在动机为核心,以满足员工的基本心理需要(归属需要、胜任需要和自主需要)为基础,以提供信息性的、非控制性的和支持性环境为基调,以管理上的自主性支持为基本手段,最终充分实现员工对自我决定的追求。

二、纳税服务人员的激励现状

(一) 纳税服务人员激励的成就

张朦(2014)、刘剑青(2017)、赖俊勇(2010)等归纳了税务机关对纳税服务人员,尤其是办税服务厅人员采取的激励措施,主要体现在以下几个方面。

1. 加强环境激励

多数税务机关开展了办税服务厅规范化建设活动,通过对办税服务厅各种标识的推广应用以及在柜台、背景、色调、功能分区、窗口设置、绿化、亮化等方面提出规范、统一的要求,为办税服务厅人员创造了一个整洁、明亮、优美的工作环境。有些税务机关为办税服务厅人员建立了减压室,配备了有助于日常生活和工作的设备。

2. 加强荣誉激励

参加年度优秀公务员评定,根据个人日常工作和生活综合表现,通过德、能、勤、绩、廉等各方面进行考核评定,对确定为优秀等级的公务员给予相应资金鼓励;设立年度"纳税服务之星"评选,在办税服务厅内部推行"纳税服务之星"评选,给予荣誉称号和奖金;参加业务比武考试,结合工作,竞赛获得"业务能手"称号,鼓励进取。

3. 物质激励

办税服务厅工作人员的工资收入由四部分组成:基本工资、津贴、补贴和奖金。其中,基本工资由级别工资和职务工资组成。从《公务员法》对公务员的工资规定我们可以看出,办税服务厅工作人员的工资收入与工作岗位、工作内容并没有联系。曾经有一些地区探索对办税服务厅岗位的人员进行倾斜性酬金补助,每月给予适度的岗位津贴。但是,有些地方的领导和员工担忧这种措施的合法性,不敢贸然尝试,甚至原先采取此种做法的也逐步取消了。

4. 培训激励

办税服务厅是税务机关的窗口单位,各项新政策、新业务的执行和操作往往先从大厅展开,为纳税人提供各类税收问题的咨询服务也是大厅的重要职能,学习培训不可谓不重要。除了参加各类学习培训以外,部分办税服务厅也根据自身情况制定了相应的学习制度,保证每月有一定次数的集中学习机会,学习内容通常包括政治与业务两方面。同时,为了使工作人员掌握更多的业务技能,培养更多的复合型人才,不少办税服务厅都鼓励工作人员自己当老师,讲授自身岗位业务经验以及常用的办公软件操作技能等,这些措施激励了员工的成就感。

5. 休假激励

考虑到办税服务厅工作任务重,工作人员心理压力大,一些办税服务厅实行了轮休制度,允许工作人员在不影响正常工作的情况下轮流享有一定时间的带薪休假。

(二)纳税服务人员激励存在的不足

总体来看,在税务机关的人力资源管理中,对纳税服务人员的良好激励机制还没有充分建立起来,纳税服务人员的工作压力比较大,工作满意度有待提高。

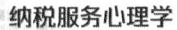

1. 对物质激励不满意

为了满足纳税人的要求,税务机关对纳税服务人员的要求越来越高。加上税收事业的不断变革,纳税服务人员付出的劳动强度逐渐增大。与其他岗位相比,纳税服务人员需要付出另外一种劳动——情绪劳动,这种劳动形式需要付出大量的心理资源。从薪酬设计来看,当付出的劳动没有得到相应的回报,尤其物质方面的补偿,人们就容易感觉到不公平,从而导致工作满意度下降,影响工作士气。

2. 对社会地位不满意

办税服务厅人员受到的约束较多,在时间和空间上都有限制。在税务机关,主动从其他岗位调到办税大厅的人员较少,相反,从办税大厅调到其他岗位的人员相对较多。在纳税人眼里,他们只是服务人员,没有执法权力,在其他部门受到不合理对待的纳税人往往将办税服务厅人员当出气筒。即使面对纳税人的无理和粗鲁,他们也只能忍气吞声,积累很多负面情绪,对自己所处的境遇不满。

3. 对自身发展不满意

不少干部认为,办税服务厅的工作单调、没有技术含量、缺乏挑战性,长期待在办税服务厅对自己的成长和发展没有多大益处,在职务晋升上空间不大,对自己的职业生涯发展感到迷茫。

4. 对职业成就感不满意

服务与商品的一个显著区别就是服务的无形性,也就是说服务很难衡量。纳税人的要求越来越高,有时在不符合办税规范、政策和法律的情况下,还试图强行办理,甚至无理取闹。从事纳税服务的人员很难真正地实现发自内心深处的成就感和价值感。

三、纳税服务人员激励措施的完善

(一) 建立公平的物质激励机制

公平性原则是设计薪酬方案和制定薪酬制度的核心原则。公平理论的提出者亚当斯认为,工作者对自己所获得的薪酬是否公平的认知,并不是根据自己所得到的薪酬的绝对值,而是依据把自己的薪酬与参照者的薪酬进行比较的相对值。在进行比较的时候,工作者会根据自己和参照者在工作中付出的时间、努力、知识、技能、工作条件等与各自最终获得的酬劳进行整体性判断。当自身的获得和投入的比率大于参照者的获得和投入的比率时,则其获得能够对其投入产生最佳的激励效应。纳税服务人员在工作中付出的劳动形式是多样的,如脑力劳动,要熟悉各种税务基本知识、政策法规、办公软件、服务礼仪、语言表达等;如体力劳动,要久坐且要长时间使用电脑,会引发腰椎、颈椎、视力等方面的疾病。除此之外,纳税服务人员还要付出情绪劳动,即根据组织要求表现出相应的情绪,如即使在情绪低落时也要向纳税人提供微笑服务;如面对蛮横无理的纳税人也要压抑自己的情绪。如果长期处于这种情绪状态,会导致心理资源流失,引发心理倦怠、情绪枯竭以及过大的精神压力。针对这些付出,管理部门要从物质利益方面加以补偿,探索在法律和制度框架下向纳税服务人员倾斜的薪酬激励机制,让纳税服务人员感受到物质激励的公平性。如果确实不能从物质激励层面找到突破,也应在评优、晋升等方面给予优先考虑,例如尝试在设计干部职务晋升条例时加入申请者必须具有办税服务厅工作经历的硬性条款。

(二)重视精神成就激励,满足员工的精神性追求

马斯洛的需要层次理论认为,当物质需求得到满足后,人们会追求更高层次的需要的满足,最后达到自我实现。晚年的马斯洛对自己的需要层次论做了反思,特别是对东方文化的研究促使他对自己的理论进行检省。他对自己提出的"自我实现"概念产生了忧虑,意识到这一概念容易导致一些误解:似乎它含有利己而不是利他的意思;似乎它忽视了义务和贡献;似乎它忽略了与别人和社会的联系,忽略了个体的实现取决于"健康的社会";似乎它忽略了非人的现实所具有的需求特性及其固有的迷惑力和影响;似乎它忽略了无私和超越自我;似乎它强调的是能动性而不是接受性,等等。总之,过多地强调自我实现容易使人形成以自我为中心的倾向。他认为,人的内心深处还有一种对精神维度

的超越性追求,对价值、意义、奉献等利他主义和亲社会行为的追求。税务机关人力资源管理部门要注意重视纳税服务人员工作中奉献、利他的精神层面,对员工的服务精神给予适度的宣传、弘扬和鼓励,让员工产生职业的荣誉感、成就感和精神上的满足感。多给他们创造轻松、满足、愉快的情绪体验。道理非常简单,愉快的员工意味着愉快的顾客,他们能在服务中确保自己提供的服务是积极的体验。服务管理中的"满意镜"(satisfac-tion mirror)理论即表达了这样的理念。提出这一理论的美国管理学家本杰明·施耐德和戴维·波温(Schneider 和 Bowen,1985)认为,员工与顾客的互动就像是一面镜子,员工的满意可以映照出顾客的满意。服务型组织要想取得理想的"满意镜"效果,首要的是先提高员工的满意度,照顾好自己的员工,为员工提供良好的工作环境。在政府部门中同样存在着类似的情况,例如,维姆恩、库博斯和斯泰恩(Vermeeren B,Kuipers B,Steijn,2011)针对荷兰 35 个市政厅的一线服务员工的调查研究发现,在员工对工作满意度更高的组织中,顾客对员工的同理心更加满意。

(三)满足纳税服务人员的基本心理需要,探索弹性化管理

在人的成长和发展中,到底是什么动机在激发、驱动人的行为,这就涉及到人的动机与行为的关系。在 19 世纪之前,对人类行为的研究几乎完全是神学家与哲学家的事情。直到在伽利略、牛顿及他们之后的科学家的发现推动下,对人及其行为的关注才逐渐从神学家那里转移到了科学家那里(弗兰克·戈布尔,1987)。自从德国哲学家和心理学家威廉·冯特(William Wundt)创立了科学心理学后,对动机的研究才成为心理学家的重要课题。弗洛伊德的精神分析认为,驱动人们行为的是生物性本能的内在冲动;行为主义心理学把人仅仅视为一个动物种类,与其他动物无本质区别,都有着破坏性的、反社会的倾向,认为驱动人们行为的动因在于外在的或环境的影响。与精神分析和行为主义心理学相反,马斯洛认为,驱动人类的的确是若干始终不变的、遗传的和本能的基本需要,但是这些需要不仅是生理的,同时也是心理的。当人的生理需要得到基本满足以后,其他更高一级的需要就出现了,而且后者是起着主导作用的。

马斯洛在企业管理中的经验和对一些公司的调查引发了他对人们工作动力的深层思考："什么样的工作条件,什么性质的工作,什么类型的管理,什么种类的报酬才能帮助人的精神或道德状况趋于健康？才能帮助人达到更加圆满以至于最圆满的境界？"马斯洛由此提出了"开明管理"的概念,并与德鲁克和麦格雷戈等管理学家的人本主义管理思想深切地呼应。麦格雷戈对马斯洛的人类需求层次理论非常赞同,他说："当个体的生存需求已经获得足够的满足,转而追求高级需求的满足之后,胡萝卜加大棒的理论就不起作用了。因为,依据这种理论的管理无法提供给他自尊,无法让他获得同事的尊敬,也无法满足他的自我实现需求。我们可以创造适当的条件鼓励他追求这些需求的满足,也可以创造条件不阻碍他去满足。"自我决定理论指出,自主是人类天性的基本品质,是自我决定理论的关键所在,是人类三个基本需求之一,也是最重要的一个。自主意味着人们可以自己掌控自己的工作,有一定的自由度,而不在监控中被动地干工作。研究证明,能感觉到掌控感是一个人快乐的重要组成部分。在发达地区的一些办税服务厅,从事一线工作的服务人员,多数是新生代员工,这些员工自我意识比较强,崇尚自由、平等、有激情活力,追求成就感和归属感,排斥单调工作。因此,管理者必须顺应时代发展,探索适合员工成长和发展的后现代管理模式,适度地减少监控、暗访、过度的考核和过分的约束,满足员工高层次的心理需求,不断提高他们的满意度,助力他们在职业生涯中获得更多的快乐感、价值感和职业忠诚度。

第四节　没有压力就没有动力——纳服人员的压力管理

一、压力的概念及研究历程

压力的英文为"stress",也称为应激,是指个体对觉知到的对自身的心理、生理、情绪及精神威胁时的体验所导致的一系列生理性反应。拉扎罗斯和弗克曼(Lazarus 和 Folkmnn,1986)将压力定义为个人和环境之间的特殊关系,这种关系被个人评价为疲劳的或超越了他或她的心理资源,并危害他或她的健康。自19世纪以来,医学从业者首次将压力纳入其研究范畴,例如,现代医学之父、加拿大医学家威廉·奥斯勒(William Osler)先生所做的关于犹太商人的描述:过着紧张的生活,全身心地投入工作,牺牲了自己的快乐,满腔热情都献给了家庭,这些是很多胸痛及心绞痛案例的原始诱因。

当"stress"被引入作为心理学术语时,心理学词典和教科书对其有多种解释,如压力、应激、紧张、挫折等,当前心理学研究并未给其一个统一的定义。如果从心理学研究角度对其进行定义,那么就可延伸出多重概念,如压力反应、压力事件、压力感、压力应对等。如塞里(H. Selye)从生物医学的研究角度出发将其定义为人或动物有机体对环境刺激的一种具有非特异性的生物学反应现象(1936)。我国有心理学家则认为压力包括压力事件和心理压力两个概念,压力事件是指一定令个体紧张、感受到威胁性的刺激情景或事件。心理压力是个体在生活实践中对压力事件反应而形成的一种特别紧张的综合性心理状态,即个体心理真正意识到了压力存在而无法摆脱时形成的带有紧张情绪的心理状态。从上述观点来看,不同的心理学家对压力的定义并不尽相同,可见,压力是个普遍概念而非单独概念。

(一)坎农的研究

19世纪20年代,哈佛大学心理学家沃尔特·坎农(Walter Bradford Cannon)教授第一次科学地描述了动物和人类对于外部刺激,尤其是对危险的反应,提出"战斗或逃跑反应"(fight or flight)来描述面对威胁时身体生理唤醒的动力性。坎农在一系列的动物实验中发现,有机体面对压力时的立即反应有两种模式:要么攻击以保护自己,要么逃走以躲避危险。坎农观察到的针对压力的身体反应,现在被统称为压力反应。后来的实验又发现,战斗反应是由愤怒或侵犯引发的,通常是在保护自己的势力范围或者攻击比自己弱小的侵犯者时出现。战斗反应需要生理准备以补充力量并持续一段时间。坎农认为,逃跑反应是由于恐惧引发的,逃跑反应不仅指逃之夭夭,还包括藏起来或退缩反应。退缩反应是逃跑反应的一种变体,是僵直反应,在创伤后压力障碍的个案中常

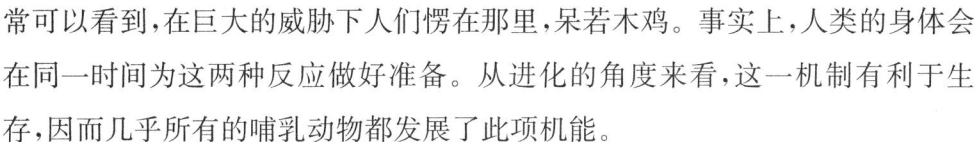

常可以看到,在巨大的威胁下人们愣在那里,呆若木鸡。事实上,人类的身体会在同一时间为这两种反应做好准备。从进化的角度来看,这一机制有利于生存,因而几乎所有的哺乳动物都发展了此项机能。

战斗或逃跑反应可以分为四个阶段。

阶段一:来自五官的刺激信息输送到大脑(例如,刺耳的尖叫、剧烈的振动或恐怖的暗影等)。

阶段二:大脑对刺激信息进行解读,确认是否具有威胁。如果刺激被认为不是威胁,反应就到此结束;如果刺激被认为是威胁,大脑便迅速激活神经和内分泌系统,为防御和(或)逃走做准备。

阶段三:身体保持激活、唤醒状态,直至威胁消失。

阶段四:一旦威胁离开,身体回复体内平衡,即一种生理上的平静状态。

坎农指出,在战或逃反应中,生理机制的激活会影响到几乎所有的生理系统,此时的生理反应有:心跳加快,为工作肌肉供血;血压升高,为肌体传输血液;呼吸急促,为肌肉提供充足的氧气,以促进新陈代谢;手脚的大肌肉群动脉血管扩张,肌肉收缩时血液里的葡萄糖代谢速度加快;大量的自由脂肪酸动员起来,作为持续运动的能量来源;血液凝固速度加快,以使流血时伤口愈合时间缩短;肌肉力量增加;胃蠕动减少,腹部血流量下降,以使血液流通到工作肌肉;汗液分泌增多,以降低体温,等等。

战或逃反应被认为主要是应对来自物理世界的威胁时所产生的,目的是为了对抗危及个体生存的情境。在今日社会,虽然物理威胁依然存在,如恐怖袭击,但它们已不像精神上的威胁那么普遍。应激反应可以被各种类型的威胁所激活,而不仅仅是身体上的,但生理上的反应是决定性的。也有研究者指出,事实上,战或逃反应已经是过时的机制,已跟不上人类心灵发展进化的脚步。

(二)塞利的研究

继坎农在 20 世纪进行的开创性研究之后,汉斯·塞利(Hans Selye)这位年轻的加拿大内分泌学家也因为对战或逃反应的研究,特别是以老鼠为对象进行的慢性压力下反应的研究,成为了该领域的先驱,被称为压力研究之父。塞利发现,当老鼠反复经受压力时,会发生一些生理上的适应性变化,举例如下:肾上腺皮层(制造压力荷尔蒙的腺体)扩大、持续释放压力荷尔蒙、肾上腺皮层释放皮质甾类、淋巴腺体(胸腺、脾脏、淋巴结)功能衰退或萎缩、白血球数量显著减少、胃和结肠生出溃疡、器官坏死等。

以上这些生理变化有很多是很微妙的,可能直到造成了永久性的损伤才会被注意。塞利将它们统称为一般适应综合征(general adaptation syndrome,GAS),指身体试图适应压力的过程。

在研究中,塞利(1936)提出了一般适应综合征的三个阶段。

阶段一:预警反应。预警反应描述的就是坎农所说的战或逃反应。这一阶段里,许多身体系统被激活,最先是神经系统和内分泌系统,接着是心血管系统、肺和肌肉骨骼系统。就像烟雾报警器在起火时会发出嗡嗡声一样,全身的感官都处于警戒状态,直到危险解除。

阶段二:抵抗阶段。在抵抗阶段,身体试图回复平静状态,但由于知觉到威胁依然存在,没办法达到完全的体内平衡。相反,由于身体持续被激活,新陈代谢加快,久而久之,一些器官负荷不了,继而进入下一阶段。

阶段三:衰竭阶段。当一个或多个器官承受不了过快新陈代谢的压力,无法正常工作时,就会导致衰竭,继而可能引起器官坏死,甚至整个有机体的死亡。

塞利的一般适应综合征指出了压力带来的生理危险的特征。他的研究为理解压力与疾病之间的强烈联系以及心理、身体、精神均衡打开了一扇门。此外,他的工作还为放松技术在减缓压力中的使用奠定了基础。配合当时的医疗模式,最初的压力管理程序把焦点放在缓解或消除压力症状上。GAS模型的不足之处在于:没有包含理解人类应激的重要心理因素,把人看作是对不良环境做被动反应的生命体。在强调生理指标的同时,忽视了人心理和行为的反作用。

(三)拉扎罗斯的研究

理查德·拉扎罗斯和弗克曼(Lazarus 和 Folkmnn,1986)等人提出了压力

的 CPT 模型，即"认知－现象学－交互作用"（cognitive-phenomenological-transactional，CPT）模型，该模型的核心要点是，应激既不是环境刺激，也不是一个反应，而是需求以及理性地应对这些需求之间的联系。

该理论模型包含如下三个基本要点。

（1）认知的观点，即认为思维和认知是决定压力反应的主要中介和直接动因，换言之，压力感能否产生，以什么形式出现，均取决于个体对其与环境间关系的评估。

（2）现象学的观点，即强调与压力有关的时间、地点、事件、环境以及人物的具体性。

（3）相互作用的观点，包含两大要点：其一，在压力过程中，存在许多中介因素，压力源与中介因素的交互作用将直接或间接地影响个体最后的反应方式和结果。其二，压力产生于个体与环境间的特定关系，若个体认为自己无力应对环境需求则会产生压力体验。

该模型包含了压力研究的基本的四个要素：压力源、中介变量、生理和心理的反应结果。拉扎罗斯认为，任何一个事件，只要是环境或内在要求超出了个体的适应性资源，压力就会产生。他指出个体对于压力源的评估分为三个阶段：初级评价、二级评价和再评价。初级评价关注的是一个人在所遇到的事的结果中，所能得到的利益。当个体认为有些事件与自身利益无关时，这些情境不会构成任何威胁；当个体认为压力源可能导致自身损失某些物质财富、精神资源（如亲情、自尊等）或个体既得利益受到威胁时，个体接下来要对压力源进行二级评价；当个体认为自身无法有效地应对压力源时，压力源则转变为真正的压力事件，导致个体的精神紧张、情绪低落，甚至发生相应的生理反应。个体对于压力源的一级评价受个体自身的情绪以及压力源本身的不确定性等因素的影响，而个体的自我效能及对压力源的控制能力和预测能力则直接影响个体的二级评价。再评价是建立在前两级评价所引起反馈的基础之上的。再评价将导致初级评价的改变，相应地影响到个体关于应对压力源策略的认识。

与刺激模型理论和 GAS 模型相比，CPT 有这些特点：①不像前两种理论那样,只关注压力过程的两端,而是更注重中间过程的研究,尤其强调了个体心理和行为的作用,对于全面理解压力现象具有重要意义;②克服了前两种理论中对人的机械生物化的看法,不再将人看作是只受压力情景摆布的消极有机体,而是认可和强调了人的主观能动性的重要作用;③运用该模型可促进对压力的干预方式的研究,如改变中介机制可有效控制压力反应等。

(四)霍布福尔的研究

斯特凡·霍布福尔(Stevan Hobfoll)在 1989 年提出了资源保存理论(conservation of resource theory,COR),该理论最重要的主张为:个人有努力去获得、保存、保护、促进他们觉得有价值资源的基本动机,也就是说人们对于自己重视的资源会通过保护、保存来避免资源流失的危机,藉由资源流出流入来说明压力产生的一个过程。人们一旦意识到资源流失情况产生时,就会努力想办法去避免与克服,所以资源保存理论可以用来厘清说明压力、资源及应对之间的关系。

资源保存理论是一个压力和动机的模型,可以解释压力的性质和当个体面对压力源时的应付方式。该理论认为,个体拥有有限的个人资源(包括实物资源、身份资源、个人资源和能源资源),并具有获取、保存与维持这些宝贵资源的动机。由于个体是理性的享乐主义者,在面临压力时,个体会选择并创造使其快乐的情境,并避免可能导致资源损耗的情境。资源保存理论首先阐明了两个原则:①资源损失首要性的原则,即资源的损失比资源的获得对个体的影响更为重要;②资源投资原则,即为了防止资源损失,从资源损失中恢复和获取资源,个体必须进行资源投资。在此基础上进一步得出两个推论:螺线型增大的资源损失原则,即拥有较少资源的人更容易遭受资源损失;螺线型增大的资源获取原则,即拥有较多资源的人更可能寻找机会,愿意承担风险,为获取更多的资源而投入资源。

资源保存理论认为,压力产生有三种情形:①意识到资源即将丧失的威胁;②事实上资源的丧失;③投入重要的资源后却无法获得足够的资源。由此可知,资源的耗损是压力产生的来源,所以会采取各种应对方式去降低伤害,但是无论应对的结果是好或坏,个人资源都会有所损失。而这里所称的资源包含四个种类:一是物质性资源,其与社会经济地位直接相关,是决定抗压能力的一个重要因素,如汽车、住房等;二是条件性资源,可以为个体获得关键性资源创造条件,决定着个体或群体的抗压潜能,如朋友、婚姻、权力;三是人格特质(尤其是积极的人格特质),是决定个体内在抗压能力的重要因素,如自我效能和自尊;四是能源性资源,是帮助个体获得其他三种资源的资源,如时间、金钱与知识。由此可见,社会关系、社会支持、工作发展机会、参与决策的程度、乐观的个性、自主性、回报等都可被个体视为有价值的资源。

资源保存理论的基础假设是,人们总是在积极努力地维持、保护和构建他们认为宝贵的资源;这些资源的潜在或实际损失,对他们而言是一种威胁,从而造成心理压力。由此可见,资源保存理论揭示了个体有对资源的保存、获取和利用的心理动机,不同的资源处理动机会对心理、态度、行为产生不同的影响。所以,COR 理论可以从资源的损耗和收益视角对压力及情绪耗竭等问题的揭示和解释带来新启发。

二、压力的消极影响

消极的压力会成为破坏力,具有挫伤个体的自尊,使之沉沦、消极的负面作用,甚至影响到个体的健康成长。

(一)对生理的影响

压力和负面的情绪对人类生理是否会造成伤害,是心理学家、精神病学家、临床医学家所共同关心的问题。日本临床医学家春山茂雄发现,一个人生活紧张或发怒时,脑内就会分泌出去甲肾上腺素;感到恐惧时,会分泌出肾上腺素。若经常感受强大压力或经常生气时,会因为大量分泌去甲肾上腺素的毒性荷尔蒙而生病。这些毒性荷尔蒙会造成毒化,终而造成生理器官的退化或早死。反之,如果随时能化解压力,保持积极思考,心情愉快,脑内能分泌出内啡肽快乐荷尔蒙,可以击退癌细胞,可获得长寿。压力带给生理上的反应极为复杂,常出现下列现象:神经系统的变化、内分泌的变化、免疫系统的变化、心血管和消化系统的变化等。

1. 压力对神经系统的影响

人的神经系统有两部分组成,中枢神经系统和外周神经系统。中枢神经系统包括大脑和脊髓,外周神经系统有两个亚系统组成,植物神经系统和躯体神经系统。而植物神经系统包括交感神经系统和副交感神经系统。当个体遇到挑战时,就会激活交感神经系统。比如,一个人在深夜行走,突然树林里传出声响并出现黑影,当事人立马警觉,以为是一个抢劫犯,他会立刻触发身体的各个系统。在这一过程中,大脑同时监控着大量的信息。在认知水平上,大脑配合事件产生图景,包括可能引起行动的事件的描述。在生物水平上,大脑将促进降低神经和激素控制的途径。这一结果是脑垂体的输出增多,肾上腺流量加大,血压升高并加快心率。一般情况下,调节这一适应反应的神经激素系统是负反馈环,即它们给大脑比较器提供反馈数据,比较器在有足够适应响应出现时即可识别。然后负反馈环将抑制或降低进一步的促进活动。这次活动后,身体恢复到正常唤醒水平。然而,在慢性应激物作用下,负反馈环可扩大,允许生物系统接受大量它自己的化学物质,机体的防御部分就高速持续工作。这会使很多生物系统发生改变,其中包括免疫系统。在早期阶段,这些身体变化可能是在未被发现的情况下发生的,因为他们是很细微的。稍后,身体将丧失抵抗增加的应激物的能力并表现为疲劳,而长期的影响会导致一系列生理疾病。

2. 压力对内分泌的影响

适当的压力会增加人体内部腺体的分泌。比如,分泌多巴胺以增加体能来应付艰巨的工作或任务,也因此会适度消耗体能。分泌出肾上腺素以应付环境中的危害性侵害。生活过度紧张时,胃酸分泌过多导致胃溃疡。压力过高,引起负面情绪,产生的去甲肾上腺素使血管收缩,血液减缓,再制造出活性氧去破坏人体基因。当期望与现实不符时,会出现郁闷情绪,造成内分泌分泌负电性神经荷尔蒙进入血液,将会减弱白血球的防卫功能,即降低人体免疫功能。有些个体因自尊心、荣誉心过高而产生挫折时,内分泌产生去甲肾上腺素,致使全身血液产生毒素、心肌梗塞,及负电性神经荷尔蒙过高,使免疫系统瘫痪,造成

并发糖尿病、肺炎、重感冒,甚至癌症。

3. 压力对免疫系统的影响

免疫系统是机体系统中最复杂的一个。它的一个基本功能是帮助机体抵抗疾病。当外来因素(比如,有毒物质、细菌、毒素等)侵入机体,它通过产生抗体攻击和破坏入侵者来保护自己。一般的,免疫系统产生两类细胞来提供免疫,T细胞和B细胞。T细胞经血流至外周免疫器官的胸腺区居集,并可经淋巴管、外周血和组织液等进行再循环,发挥细胞免疫及免疫调节等功能。B细胞主要居集于淋巴结皮质浅层的淋巴小结和脾脏的红髓和白髓的淋巴小结内。B细胞在抗原刺激下可分化为浆细胞,浆细胞可合成和分泌抗体(免疫球蛋白),主要执行机体的体液免疫。因此,T细胞和B细胞为肌体提供细胞免疫,打击细菌感染并消灭一些病毒感染。压力的作用可以改变免疫系统的工作方式。通过抑制一些抵抗疾病的细胞的活性来降低机体对疾病的抵抗力。降低的抵抗力也会延缓疾病的恢复过程。

4. 压力对心血管系统的影响

个体在经受压力的状态下,其生理系统包括心血管、呼吸和消化等系统的活动速率、强度及运动的平衡都要受到影响。心脏为全身的血液输送提供动力,新生儿的心脏搏动速率是 120~140 次/分,成年人大约为 60~70 次/分。以此速率计算,心脏平均每小时要跳动 3 900 次,每天可跳动 93 600 次。在轻微激动的状态下,心脏搏动的速率可达 100 次/分,在非常激动时,可达到更高。而宇航员在升空和重返大气层的时候其心脏跳动为 140 次/分。如果机体长期持续经受压力,在高压超过 160 mmHg,低压超过 120 mmHg 的时候即刻被诊断为高血压病。这时候,就有必要结合药物,辅以心理疏导进行医治。

5. 压力对消化系统的影响

消化系统是人体的能源制造中心,每天从口中送入胃部的食物千百种,如果无休止地送入食物,胃肠就会不停地工作,从而造成胃肠工作过重的负担;反之,不定时不定量也会让胃肠无法有效运作,而造成营养的失衡,这些都会造成对人体的伤害。还有一种饮食习惯,就是暴饮暴食破坏肠胃的正常工作,使胃肠工作量骤增,而且无法有效地吸收,久而久之破坏了消化系统。有心理压力的人,经常要不断进食,以消除心理的紧张,然而压力的加大,会伴随着消化系统的血管收缩,胃内保护黏液分泌减少,胃酸透过黏液溶化胃壁,造成通常所说的胃溃疡。同时,压力引发的胃酸分泌减少,也会造成消化不良等一些症状。

(二)对心理的影响

信息加工心理学认为,人的认知系统是一个外部信息输入,在内部进行加工处理,最后输出的过程。认知系统涉及到人的注意、知觉、记忆、推理等心理过程。压力对个体心理的影响,就取决于个体怎样解释外部环境因素。美国心理学家乔治·凯利(George Kelly)提出了个人建构理论。凯利(1955)认为,建构并非现实世界的一部分,相反,我们把建构加在现实之上,来赋予现实意义。瑞士儿童心理学家皮亚杰(Piaget)建立了图式理论。皮亚杰(1977)认为,大脑改变了感觉输入,使之能符合以前发展起来的图式。这一过程被称作同化。随着新信息的得到,图式变得更精细而复杂。在发生存在压力的生活事件的时候,消极的自我图式会使人更易于陷入沮丧。个体在对外界信息进行解释的过程中,对压力的评价起着重要的作用。当某一个情境被评价为应对起来超出个人的能力时,就会发生威胁评价。这种评价的感情基调是消极的,将导致个体心理上相应的一些情绪反应。

(三)对行为的影响

很多心理学家努力去探讨人类的行为反应,发现人类行为的发生来自多方面的因素。罗杰斯(Rogers,1961)提出人类有自由的意志,不加以干涉会表现积极向善的本质。斯金纳(Skinner,1974)提出人类行为是受外在环境的制约而形成的,外在给予怎样的诱因或给予怎样的惩罚就会产生怎样的行为。荣格(Jung,1987)提出人类有自卑的情绪,凡是遭遇困难都会努力去争取上游或超越极限。弗洛姆(Fromm,1956)提出人类有嫉妒的心理,凡是超越我的都会努力将他破坏。弗洛伊德(Freud,1894)提出人类行为受早期行为的心理影响,早期愉快的经验或痛苦的经验会影响他未来行为表现的方式,比如早期承受困苦环境折磨的人,长大后他更能承受更大的压力等考验。

人的行为是否能完全自我操控受到空前的质疑。美国 1987 年的医学报告指出:"有 16％ 的国民,因工作压力而生病;有 50％ 的人因工作压力不去上班;有 40％ 的人因工作压力而更换工作;有 5％ 的人耗费精力去解决工作同仁的工作压力,协助其适应新的生活。"其中教师、护士、社会工作者、警察均为解决人们不同的问题而产生困惑。人类在面对经济困难、生计问题、升学问题、考试压力、感情困扰、工作困扰、家庭冲突时所作出的行为,常很难是理性、人本中心、互相尊敬的行为。心理学家观察到人类在生活遭受到压力时,其行为出现攻击、退缩、发泄、寻求刺激等负面表现。

三、纳税服务人员工作特点与压力来源

(一) 纳服工作的重要性比较高

十八大报告提出,要加快建设职能科学、结构优化、廉洁高效、人民满意的服务型政府,提供优质公共服务。十九大报告提出,转变政府职能,深化简政放权,创新监管方式,增强政府公信力和执行力,建设人民满意的服务型政府。纳税服务作为税务部门为纳税人服务、展示税务部门形象的前沿阵地,被赋予极高的使命。纳税服务在各个层面上被视为税务工作的重点,一些工作创新常围绕纳税服务而展开。同时,纳税服务是纳税人办理税收业务的主要窗口,税务机关的精神面貌、组织形象和行政效能在此场合被纳税人感知,并被传播,不管是坏的还是好的一面,都会由此进入公众的视野,借助新媒体迅速扩散。办税服务大厅是敞开式集体办公,私密性极低,服务人员的一言一行一举一动都会被觉察到,也是上级部门、同行部门甚至外部单位参观、考察、学习的标的,同时也是某些部门暗访、监督的理想空间和场地。因此各个相关单位无不重视纳税服务工作,会对纳税服务工作提出各种要求,纳税服务人员的压力自然会高。

(二) 纳服人员的工作自主性较低

多数办税服务大厅工作人员在被监控状态下工作,虽然这样做可以保证与纳税人互动中出现纠纷时留有足够的证据,但无形中造成了心理上的巨大压力。纳服人员端坐在工作台前,每天 8 小时工作时间内,活动空间极为有限,繁

忙时甚至喝水、上厕所的时间都没有。着装、表情、语言、态度甚至接待纳税人的姿态都有严格的规定。每天都机械地固守在几乎不变的大厅环境里,坐在同一位置、面对电脑重复着单一的工作,工作环境及工作内容极为单调。有时不同的纳税人长期询问同一个问题,这种了无新意的咨询内容容易使人产生疲倦,固定单调的工作状态非常容易使大厅人员产生心理上的疲劳。征收期人多时,大厅内的噪音和单调的叫号声,让人无可遁逃,会让人紧张而烦躁。研究发现,越是自主性低的工作,员工的满意度和工作激情越低。

(三)纳服人员工作的要求较高

办税服务大厅人员必须熟练掌握税收政策,熟悉业务流程,熟练操作各种税收软件及办税平台,通晓计算机技术,熟练掌握服务规定和服务礼仪,前台业务操作准确无误,要具备相关的会计、法律、行政礼仪、沟通、危机处理、文书写作等基础知识和基本技能。并且,随着税收事业发展,各项法规、政策不断修订、变革,软件系统不断升级,他们需要不断学习新的知识和技能,还要具有较强的心理素质、情绪能力和共情能力,能够及时识别和化解纳税人的焦躁情绪。总之,纳税服务人员面临着能力不断提升和知识不断更新的压力,以及应对征纳关系矛盾的压力。

(四)工作量大、业务枯燥

这里借用一个纳税人的亲身观察和对纳税服务人员的评价来揭示纳税服务人员的真实工作状态。微信公众号"办税不求人"刊登了一位匿名纳税人写的《我眼中的纳税服务大厅窗口人员》,日期为 2016 年 10 月 29 日。该纳税人写到:"八年前,我第一次去某县城税务大厅办理业务时候,大厅的人员配置不到五个。虽然也需要排队等候,但是总体感觉是他们业务量不是很大。现在办事的大厅不仅窗口增加了很多,而且还配置了先进的短信喊号系统,但是每次去唯一的感觉还是人多。纳税人最习惯的就是每次排号前面都是几十个人在等待。""而我日常观察也发现,大厅窗口处理最多的其实还是诸如发票购买、发票认证、大厅申报等日常业务,其实这些业务都已经完全可以在网上处理了,但仍然还是有很多纳税人愿意跑到大厅去办理。大厅窗口人员每天的工作就是机械地办理这些事情,想想确实很枯燥,而且随时一大堆人把你监督到,想要个手机、溜个号都不行。""营改增后,国税管户据说增加了几万,大量的纳税人涌入国税大厅办税,国税大厅人员每天喝水都顾不上一口,像消俄罗斯方块一样一个接一个地办业务,有时候重复业务做多了,人真的要头昏脑胀。总的来说这个工作就是一颗陀螺,每天重复地转着,转到下班,明天继续转。"最后,这名纳税人还对纳税服务人员做了肯定的评价,说"整体服务态度还是不错",并对纳税人提出了建议:"有时候纳税人说窗口人员对自己爱理不理,其实也要换个角度想想,如果换作是你来,你会做得更好吗? 你能多加强自己学习,少问点别人一天要回答几百次的基础问题吗?"

(五)情绪劳动强度大

情绪劳动是一般发生在面对面或声音对声音的人际互动中,如教师、医生、公关人员、空乘人员或电话接线员。在税务机关,情绪劳动强度大的有两类人,一是大厅直接服务纳税人的纳服人员,另一种就是 12366 的接线员。这些人员除了付出一定的体力劳动(如久坐)和脑力劳动(如知识储备)外,还要付出相当程度的情绪劳动。纳税人办理的许多业务都是在办税服务厅进行的,在服务纳税人的过程中,服务人员必须按照组织所要求的表情(如微笑服务)、语言(如语言礼貌亲和)来与纳税人打交道,即使内心有烦躁、不快等情绪,也不能表现在脸上,甚至在遭受到纳税人的指责、辱骂和威胁时,也要克制自己的情绪。随着社会的发展,人们的素质普遍得到了提高,但在日常工作中,大厅人员仍会遭遇到少数蛮不讲理、讥讽和无礼谩骂的纳税人,在微笑服务的要求下,工作人员大多只能忍让与回避。特别是征收期人员较多时,纳税人有时会烦躁、没耐心,面对这样的纳税人,服务厅人员总是选择以沉默的方式对待。这种情况下,服务人员会感到委屈和心理压抑,并耗损大量的心理资源,如果持续的时间比较长且频率又多,会导致工作激情丧失,职业倦怠甚至要求转岗或离职。

四、纳税服务人员的压力管理

经过多次的实际调研和问卷测试,从税务机关各个层面的反映来看,纳税服务人员是税务系统中压力较大的一个群体已是一个不争的事实。就笔者与纳税服务人员的交谈中了解到,多数纳税服务人员感觉到压力过大、精神紧张、工作量超负荷、成就感低、职业病显现、付出与成就不匹配、晋升空间狭窄等身心困扰。这一群体的高情绪负累和高工作压力可能会对个人和组织造成潜在的风险,甚至在个别税务机关已有初显的苗头,需要引起各级税务机关的重视与关注。

(一) 组织层面的压力管理

1. 合理的人力资源管理

从组织因素看,降低压力水平的努力始于对员工的甄选。组织可考虑在选拔和配置服务人员时采用心理测评和人才测评方法,对人员具备的能力和发展潜力进行全面了解,确保选中的人员具有与职务要求相适应的能力,尤其是那些具有服务意识和压力耐受性人员。在人员数量的安排上,可以考虑采用一个窗口安排两名服务人员的设置,以利于互相配合,减少工作负荷,增加工作支持,也可尝试实行半日工作制和弹性工作制。

2. 增加员工的自主权

实施柔性管理,进一步淡化监督、考核、明察暗访,给予纳税服务人员一定的工作空间和工作自主权,避免制造紧张的工作氛围,尽力营造和谐、宽容、高效、舒心的工作环境,使员工能够在轻松自在的环境中做好服务。加强团队建设,发展有支持性的组织气氛,建立起互相支持的人际关系,在组织内部建立起员工社会支持系统。

3. 关注员工的心理健康

开设有关身心健康和心理压力的系统性的课程或讲座,使员工对压力产生的原因、早期警示信号和可能导致的严重后果有一定的认识和了解,学会应对压力的自我调适方法,提高员工的心理免疫能力;通过向员工提供或推荐保健或健康项目,加强员工在自我认知、人际交往、释放压力、应对挫折等方面的学习。帮助员工改善自身弱点,即改变不合理的信念、行为模式和生活方式等,使压力管理变成每个人的自觉行为。

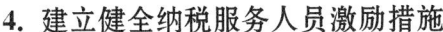

4. 建立健全纳税服务人员激励措施

资源保存理论认为,情绪劳动,尤其是表层行为,是一种身心资源的消耗,当个体流失的资源得到有效的补充时,压力感较低。因此,可以从改善纳税服务人员的薪酬与福利、建立弹性工作制、提供升迁机会、加强心理资本训练等方面着手,使纳税服务人员的身心资源消耗得到相应的补偿,以激发他们的工作动力,提高职业幸福感和满意度。

5. 优化办税流程

进一步解放思想,找到矛盾根源,不断创新优化,简化手续,提高信息化水平,提高办税平台的质效,及时更新设备,整合相关系统,倡导网上办税或自助终端服务,减少纳税人等待时间,提高办税的效率。

(二)个人层面的压力管理

压力管理方法其实很多也很普通,但是不付诸行动就不会有效果,比如运动、看喜剧电影、艺术性表达(如唱歌、表演等)、转换思维模式、增强沟通技能、听音乐等。美国科罗拉多大学的压力管理和健康心理学家西华德(Brian Luke Seaward,2008)在其风靡全球的经典著作《压力管理策略:健康和幸福之道》一书提出了二十多种减压方法,例如,认知重构、行为矫正、日志写作、表达性艺术治疗、幽默治疗、冥想、音乐治疗、渐进式肌肉放松、体育锻炼等。雅典大学医学院的瓦沃格利(Liza Varvogli)和达维里(Christina Darviri)基于循证程序检验了一些压力管理和促进健康的技术和方法。所谓循证是指以证据为本,经过实践证明确实有效的解决方案。他们在《压力管理技术:基于循证程序的减压和健康促进》(*Stress Management Techniques: Evidence-based Procedures that Reduce Stress and Promote Health*)一文中分析了10种易学易用、对健康人群或疾病患者都有很好效果的压力缓解技术,分别是:渐进式肌肉放松(progressive muscle relaxation)、自律训练(autogenic training)、放松反应(relaxation response)、生物反馈(biofeedback)、情绪释放技术(emotional freedom technique)、意象引导(guided imagery)、横膈膜呼吸(diaphragmatic breathing)、超觉冥想(transcendental meditation)、认知行为疗法(cognitive behavioral therapy)和基于正念的减压(mindfulness-based stress reduction)。针对上述研究结果,下面详细介绍几种简便、易操作,且实践证明非常有效的减压方式。

1. 横膈膜呼吸

在正常休息状态下,人类呼吸的平均频率大概是 14～16 次/分。在唤起状态下,呼吸急促而浅短,并伴有明显的胸腔肌肉收缩。剧烈运动时,呼吸加快到 60 次/分,以满足人体需氧量的激增。当人们练习将胸部呼吸调整为横膈膜呼吸时,可以很轻松地将呼吸次数降低为 4～6 次/分。放松状态下,机体新陈代谢显著下降,才可能产生缓慢而深长的呼吸循环。横膈膜呼吸就是有控制的深度呼吸。当一个人在重新组织思路、镇定自己或者调动能量应付挑战性任务的时候,深深地叹气或者大口呼吸是有着象征意义的。普通呼吸强调胸腔的扩张,然而横膈膜呼吸还包括了下腹的运动。练习瑜伽时这种技术被称为调息法。

横膈膜呼吸和瑜伽、太极拳一样古老,也是它们的基础成分。横膈膜呼吸无疑是最简便的放松训练,因为呼吸是我们无需思维或犹豫的日常行为。大部分人呼吸时看重上胸腔运动,而忽视下腹部运动。小孩成熟后,他们会由腹式呼吸转向胸式呼吸。当处于快速睡眠阶段,所有个体都退回到通过胃部扩张进行呼吸。这是因为没有意识的影响,横膈膜可以不受限制地扩张和收缩。

从生理上讲,当胸壁扩张和肌肉收缩造成的压力离开胸腔,交感神经活动就会下降,副交感神经活动活跃,人就会变得放松。伊扎克·本托夫(Itzhak Bentov,1988)对横膈膜呼吸的放松效果提出新的解释,他把横膈膜呼吸和心脏发出的振动联系了起来。左心室收缩泵送血液产生的能量,通过大动脉使全身产生共鸣。呼吸循环的短暂休止能够阻止这种共鸣。因而强调长时间呼吸暂停的横膈膜呼吸,能够减少身体的共鸣,产生平静效果。横膈膜呼吸本身就是一种放松形式,但由于它的简便和兼容性,现在通常与其他技术相融合作放松之用,比如渐进肌肉放松、自律训练、心理意象等。横膈膜呼吸是第一种被人们公认为冥想的方式。练习瑜伽和太极拳的人们更推崇横膈膜呼吸,因为通过鼻腔吐纳、控制调整气流的能力会变得更强。口腔也可以和鼻腔共同参与横膈膜呼吸。横膈膜呼吸促使个体集中注意于身体的一种感觉，而其他感觉通道的刺激被阻挡在外：鼻腔和口腔感觉到气流缓缓经过，潜入肺部，然后又原路返回。

和所有松弛身心的放松技术一样，横膈膜呼吸要求注意力集中。找一个安静舒适的环境逐步练习，以减少外界干扰，刚开始学习此放松技术时要全神贯注，如果走神了，需要重新把注意力放在呼吸上。一个建议是让这些杂念随呼气排出体外。大多数情况下，正常呼吸是不自觉、无意识的行为，受延脑控制；而意识思维则关注于生存功能的其他方面，但横膈膜呼吸却有意识地引导注意力集中在基本的生理功能之外，并关闭了控制呼吸的正常功能。进入更深层次意识状态的途径之一，是让精神随着气流进入身体，到达下肺叶，然后再返回。呼吸时可以给自己一些暗示：吸气感觉气流进入鼻子（或嘴巴），深入肺部，感觉胃部起伏，然后呼气，气流离开了肺部、喉咙和鼻腔。每次呼吸时重复它。

注意呼吸的每一个环节，有助于提高注意力，每次呼吸包括四个独特的阶段。

阶段1：吸入，通过嘴或鼻腔将空气吸入肺部。

阶段2：呼气之前的暂停。

阶段3：呼出，通过嘴或鼻腔将空气从肺部释放出去。

阶段4：在下一个呼吸循环之前的暂停。

通过缓慢深长的呼吸延长呼吸循环，能最大限度地体验到这些阶段。练习这些技术时，试着去分别感受这四个过程是如何进行的。记住在每个阶段中都不要憋气，而要学着通过控制呼吸循环的各个步骤调整呼吸。横膈膜呼吸不同于医学上的强力呼吸，它轻缓、放松，越深入则越舒适。

2. 瑜伽

瑜伽一词系古梵语，有结合、联系、连接之意，即把精神、智慧和肉体完美结合起来，这也是瑜伽练习的宗旨和目的，确切的说是身心灵的完全结合。瑜伽的根源可追溯到公元前6世纪,最初被用来净化身体,开启经脉,及提升意识水平。随着时间的流逝,产生了很多流派,每种流派,对提升途径都有自己的解释。瑜伽特别强调身体、姿势,与调息或呼吸控制的整合。从广义上讲,瑜伽是哲学,从狭义上讲,瑜伽是一种精神和肉体结合的运动,现在一般指练功方法。

瑜伽是一种明显存在生理、心理交互影响的运动,主要通过身体各种机制对心理素质产生影响。进行瑜伽活动可使个体产生愉悦感和满足感,有助于身体健康。很多国家把瑜伽作为治疗疾病的方法,如治疗哮喘、糖尿病、高血压、关节炎、消化不良等疾病。根据医学解释,它的成功在于能平衡人体的精神系统和内分泌系统,从而能直接影响到人体其他系统,使之得到平衡。对于现代都市人来说,瑜伽能够调节人的情绪,解除现代人因生活节奏快而带来的紧张压力,排除体内毒素,增加人的内在能量,燃烧脂肪,来达到减肥、塑身、养身的目的。国内学者苗元江(2014)等人研究表明,瑜伽锻炼的频率、时间、人数与方式对女性幸福感存在影响,冥想组在幸福指数和生活满意上高于没有冥想组。每次锻炼时间最好为60分钟,每周锻炼最好为3次,团体锻炼效果最好,熟练者单人或团体锻炼皆可。瑜伽锻炼对女性幸福感提升有促进作用。不少人认为瑜伽是女性锻炼项目,其实这一说法并不正确。美国檀香山大学保健学专家郑华博士指出,男性不适合练习瑜伽其实是一个误区,没有一种运动是只适合女性的,相反的,男性练习瑜伽好处很多。瑜伽看上去动作速度比较舒缓,节奏较慢,对柔韧性要求相对较高,但事实上瑜伽更强调的是呼吸的方法和让身体进入平静状态的诀窍。男性的柔韧度没有女性好,所以在开始入门时不是很快,可是随着练习的深入就会发现,由于身体韧性的增加,男性从瑜伽中获得的好处可能更多,他们的体力会变得更好,心态会更平和。

许多研究表明瑜伽不但能提高人的心肺功能、身体的平衡能力、增强肌肉力量、韧性和关节的灵活性,还对许多疾病,如抑郁、焦虑、压力、心血管系统、免疫系统和神经系统等方面疾病的控制与康复有明显的辅助作用。瑜伽已经成为补充与替代医学(complementary and alternative medicine, CAM)的一个重要组成部分,美国国家补充与替代医学中心在2002年对18岁以上成年人所做的调查结果显示：瑜伽已经成为第五位被经常使用的补充与替代医学治疗方法。在 2009 年，根据美国国立健康研究院的资料显示，在美国正在进行或者已经完成的关于瑜伽的保健和康复作用的临床试验就有 29 项。据 2011 年的调查数据显示，美国练过瑜伽的人数达到 2 000 万之多。

3. 情绪释放技术

情绪释放技术（emotional freedom techniques，EFT）是一套结合西方心理学及中国经脉理论的治疗方法。它操作简单，能快速而有效地减压与消除负面情绪，不但可以解除心理上的困扰，还有助于促进生理层面的健康，使人身心畅快。

EFT 是于 90 年代初期由美国人盖里・克雷格（Gary Craig）根据医生罗杰・卡拉汉（Roger J. Callahan）的"思维场疗法"（thought field therapy，TFT）所创立的。现今在北美洲、欧洲及澳洲被心理学专家广泛采用。世界各地亦有成千上万不同背景的人士在日常生活中应用 EFT 减压及解决情绪上的问题。

简单来说，EFT 是一种针对情绪困扰的"无针"针灸。当当事人在情绪上被困扰他的事情触动时，治疗师只需用手指轻敲有关穴位，由负面情绪所引致的经脉阻滞立即恢复通顺，同时情绪重获平衡。据许多心理专家的可信经验案例证明，情绪释放技巧的确可以在 3～5 分钟内，平缓人们的负面情绪。目前国外 EFT 临床上已有数以万计的案例，显示可信度极高的效果，且验证 EFT 效果的严谨学术论文也越来越多。

EFT 起源于一个意外的发现。1980 年美国有一位心理治疗师罗杰・卡拉汉正辅导一位有严重恐水症的名叫玛丽的女士。她不敢靠近海边，恐水的程度让她无法好好生活，连清洁、洗澡对她而言都是非常大的压力，连大雨都会让她足不出户，甚至看到电视上有水的镜头都非常恐慌（罗杰・卡拉汉，2003）。这个恐惧包袱自孩提时代就有了，已困扰她多年，令她经常头痛和做噩梦。她寻求过很多治疗师的帮助，但仍无法解决她的恐水问题。后来她辗转找到治疗恐惧症的专家卡拉汉医生，他亦使用传统的心理治疗方法协助她，治疗了一年半的时间，但仍是没有进展。卡拉汉医生使用了他所知道的一切治疗方法，比如理性情绪疗法、认知行为疗法、催眠疗法、暴露疗法等等,但玛丽的症状几乎没有改观,卡拉汉非常沮丧且充满挫败感。卡拉汉是一个好学而具有钻研精神的医生,他开始从中国的中医中寻求智慧,决定跳出传统心理治疗的框框,尝试应用他所认识的经络原理。一天,玛丽告诉卡拉汉,每当她看到诊所门前的水池时,胃里就非常难受。卡拉汉知道,胃经的最后一个穴位在眼睛的下面(在中医里被称为承泣穴),他让玛丽用手指在眼睛下面的位置轻轻敲击。两分多钟之后,奇怪的事情便发生了,玛丽的恐水感觉逐渐消失了。她可以跑到水池边,把水泼向自己,并且她的长期头痛及困扰她的噩梦亦随之消失,从此再也没有复发过。卡拉汉进一步的研究发现,刺激人体上的相关穴位可以缓解或治疗人们的各种负面情绪。卡拉汉博士也藉由治疗玛丽的经验,着手研究、发展了数百种针对不同情绪治疗所衍生出的穴位敲打组合。他将这种疗法称为"思维场疗法"(TFT)。

由于 TFT 的种类太复杂,一般人并不易学习,毕业于斯坦福大学的工程师盖瑞·克雷格学习此技术后对 TFT 进行了简化,他参照三百多个个案的治疗经验,最终发展成为今天的"情绪释放技术"(EFT),在世界各地已被众多的心理治疗师、医师及个人辅导工作者广泛采用,近几年得到美国心理协会(The American Psychological Association,APA)的认可,令无数长期受情绪困扰的人,在最短的时间内,达到真正的情绪自由。

EFT 主要的理论依据之一就是中医理论。克雷格认为,所有的负面情绪都是人体内的能量系统紊乱引起的。克雷格所说的能量类似于传统中医里的"气"。"气"是中医体系里的重要概念,中医认为,气运行失调就会使人得病。《黄帝内经》说:"百病生于气,怒则气上,喜则气缓,悲则气消,恐则气下,寒则气收。"又云:"热则气泄,惊则气乱,劳则气耗,思则气结。"气的运行与人的情绪和生理活动密切相关。克雷格认为,通过敲击穴位加以语言配合就可以疏通体内能量使之流通顺畅,达到清除负面情绪的目的。

EFT 的作用非常广泛,EFT 能快速有效化解情绪困扰及克服有关问题,包括:精神紧张、焦虑、抑郁、恐惧、愤怒、沮丧等负面情绪;恐惧症,如畏高症、搭飞

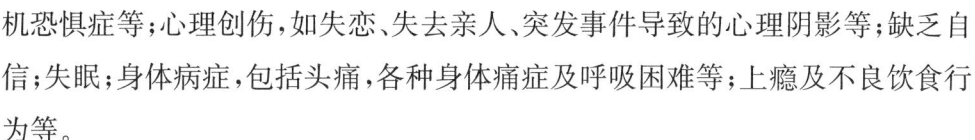

机恐惧症等;心理创伤,如失恋、失去亲人、突发事件导致的心理阴影等;缺乏自信;失眠;身体病症,包括头痛,各种身体痛症及呼吸困难等;上瘾及不良饮食行为等。

EFT 有以下特点:快速,3~5 分钟内平缓人们的负面情绪;容易掌握,简单易学;掌握后可自行处理一般情绪问题;应用范围广且效果显著;安全及效果持久。需要注意的是,EFT 不能代替医生治疗,严重的问题需要请专业医生诊断并听从医嘱。下面对此技术做简短的介绍,如需详细了解此技术的来龙去脉,可参阅专门书籍。

EFT 的操作步骤如下。

(1) 选择你要处理的最大的情绪困扰,譬如:对某个人的气愤、工作压力大,或是对某件事焦虑等等。

(2) 对情绪强度评分,0 分是没有情绪,10 分是情绪强度最高的分数。

(3) 用一只手的食指、中指和无名指敲击另一只手的手刀点(karate chop,手掌外侧小拇指到手腕之间,也就是中医所说的后溪穴)10~12 次,并同时重复说出下面的句子三次:"虽然我＿＿＿＿＿＿＿＿＿,我还是深深地完全地接纳我自己。"下划线处请自行填入让你感到情绪困扰的事件。例如,"虽然我对小李的无理取闹感到非常气愤,我还是深深地完全地接纳我自己"。

(4) 从上述语句中提取出一个代表你情绪的短语,比如"气愤",一边说这个短语一边依次敲打一下穴位:攒竹穴(眉头位置),瞳子髎穴(眼睛末梢),承泣穴(眼睛下面),人中穴(鼻子下面),承浆穴(下巴),俞府穴(锁骨),大包穴(腋下),百会穴(头顶)。或者一边敲击一边把引起你情绪困扰的事件或感受说出来。

(5) 重新评估你的情绪强度,一般会下降 2~4 分,按上面的步骤重新敲击一轮,陈述语稍作变动。例如,"虽然我对小李的无理取闹还是有些气愤,我还是深深地完全地接纳我自己"。

(6) 继续敲击,一直到你的负面情绪不再困扰你为止。

参考文献

[1] 詹姆斯·A.菲茨西蒙斯.服务管理:运营、战略和信息技术[M].北京:机械工业出版社,2000.

[2] 董肖曼.从人际传播视角看服务从业人员的服务能力[J].绍兴文理学院学报,2008,28(8):60-64.

[3] 宋书楠,董大海,刘瑞明.服务业顾客与服务人员人际关系研究——基于营销视角的概念界定与量表开发[J].科技与管理,2013,15(3):27-32.

[4] 丹尼尔·贝尔.后工业社会的来临:对社会预测的一项探索[M].北京:商务印书馆,1984.

[5] 丹尼什.精神心理学[M].北京:社会科学文献出版社,1998.

[6] 爱德华·霍夫曼.马斯洛传[M].北京:中国人民大学出版社,2014.

[7] 戴维·罗森布鲁姆,罗伯特·克拉夫丘克.公共行政学:管理、政治和法律的途径[M].北京:北京大学出版社,2006.

[8] 登哈特,登哈特.新公共服务:服务,而不是掌舵[M].丁煌,译.北京:中国人民大学出版社,2004.

[9] 周晓丽.传统公共行政、新公共管理、新公共服务比较研究[J].天府新论,2006,2006(3):76-80.

[10] 林江珠.酒店服务人员胜任力特征的调查研究[J].厦门理工学院学报,2009,17(2):92-96.

[11] 赵美华.高星级酒店基层服务员工胜任素质模型的建构及应用初探[D].中国人民大学,2009.

[12] 王洁.餐饮服务岗胜任力模型的建构——以××餐饮有限公司为例[D].扬州大学,2014.

[13] 李彬彬,李琳娜.酒店餐饮部一线员工胜任力模型研究[J].饭店现代化,2012(12):57-60.

[14] 聂婷,胡喆华,张伶.酒店业一线员工胜任力研究[J].中国人力资源开发,2011(6):8-11.

[15] 王东,李玺,李燕燕.酒店从业人员胜任力模型及其与工作经历之关系研究——以澳门酒店业为例[J].旅游论坛,2012,05(4):47-53.

[16] 吴刚.SD旅行社导游人员胜任力模型的研究[D].华中科技大学,2007.

[17] 李好.导游人员胜任力模型研究[D].湖南师范大学,2012.

[18] 魏钧,张德.国内商业银行客户经理胜任力模型研究[J].南开管理评论,2005,8(6):4-8.

[19] 刘俊丽.护士胜任特征结构及特点的研究[D].第三军医大学,2006.

[20] 代郑重.综合医院临床护士胜任力研究[D].吉林大学,2014.

[21] 吴伟莎.社区社会工作者胜任力模型构建研究[D].天津财经大学,2011.

[22] 邓子鹃,张小兵,王勇,等.服务人员情绪劳动胜任力模型研究[J].当代经济,2017(4):111-113.

[23] DANIEL GOLEMAN. Working with emotional intelligence[M]. Bantam, 1998.

[24] BUCKLEY M, STORINO M, SAARNI C. Promoting emotional competence in children and adolescents:Implications for school psychologists[J]. School Psychology Quarterly, 2003, 18(2):177.

[25] GRANDEY A A. Emotion regulation in the workplace:A new way to conceptualize emotional labor[J]. Journal of Occupational Health Psychology, 2000, 5(1):95-110.

[26] GRANDEY A A. The effects of emotional labor:Employee attitudes,stress and performance [J]. 2000:4282-4282.

[27] ZAPF D. Emotion work and psychological well-being:A review of the literature and some conceptual considerations [J]. Human Resource Management Review, 2002, 12（2）:237-268.

[28] BROTHERIDGE C M. A comparison of alternative models of coping:Identifying relationships among coworker support, workload, and emotional exhaustion in the workplace[J]. International Journal of Stress Management, 2001,8(1):1-14.

[29] TOTTERDELL P, HOLMAN D. Emotion regulation in customer service roles:Testing a model of emotional labor[J]. Journal of Occupational Health Psychology,2003,8(1):55.

[30] 王璐,汤超颖,弓少云.服务业员工情绪智力、动机与情绪劳动的关系[J].经济管理,2009(1):86-90.

[31] GRANDEY A A, TAM A P, BRAUBURGER A L. Affective states and traits in the workplace:Diary and survey data from young workers[J]. Motivation and Emotion, 2002, 26(1):31-55.

[32] DIEFENDORFF J M, RICHARD E M, YANG J. Linking emotion regulation strategies to affective events and negative emotions at work[J]. Journal of Vocational Behavior, 2008,73 (3):498-508.

[33] MORRIS J A, FELDMAN D C. The dimensions, antecedents, and consequences of emotional labor[J]. Academy of Management Review,1996,21(4):986-1010.

[34] 中国税务学会课题组.借鉴国际经验 积极构建现代纳税服务体系[J].税务研究,2010,

(07).

[35] 朱春奎,吴辰,朱光楠.公共服务动机研究述评[J].公共行政评论,2011,04(5):147-160.

[36] PERRY J L, WISE L R. The motivational bases of public service[J]. Public Administration Review,1990:367-373.

[37] RAINEY，H. G. Reward preferences among public and private managers: In search of the service ethic. The American Review of Public Administration,1982,16(4):288-302.

[38] NAFF K C, CRUM J. Working for America: Does Public Service Motivation Make a Difference? [J]. Review of Public Personnel Administration,1999,19(4).

[39] 吴绍宏.公务员的工作满意度、组织承诺与公共服务动机的关系探讨——以澳门特区政府公务员为例[J].中国人力资源开发,2010(9):104-106.

[40] 李小华,董军.公务员公共服务动机对个体绩效的影响研究[J].公共行政评论,2012,05(1):105-121.

[41] HOCHSCHILD A R. Emotion work, feeling rules, and social structure[J]. American Journal of Sociology, 1979, 85(3):551-575.

[42] HOBFOLL, S E. Conservation of resources: A new attempt at conceptualizing stress[J]. American Psychologist, 1989,44(3).

[43] MORRIS J A, FELDMAN D C. Managing Emotions in the Workplace[J]. Journal of Managerial Issues,1997,9(3).

[44] HSIEH C W, YANG K, FU K J. Motivational bases and emotional labor: Assessing the impact of public service motivation[J]. Public Administration Review,2012,72(2).

[45] LI M, WANG, Z. Emotional labour strategies as mediators of the relationship between public service motivation and job satisfaction in Chinese teachers[J]. International Journal of Psychology,2016,51(03).

[46] 文书生.西方情绪劳动研究综述[J].外国经济与管理,2004,26(4):13-15.

[47] WEISS H M, CROPANZANO R. Affective events theory: A theoretical discussion of the structure, causes and consequences of affective experiences at work[J]. Research in Organizational Behavior,1996,18.

[48] ADELMANN P K. Emotional labor and employee well-being[D]. Doctoral Dissertation, The University of Michigan, 1989.

[49] YANG S B, GUY M E. Gender effects on emotional labor in seoul metropolitan Area[J].

Public Personnel Management,2015,44(01).

[50] TOTTERDELL P, HOLMAN D. Emotion regulation in customer service roles：Testing a model of emotional labor[J]. Journal of Occupational Health Psychology, 2003, 8(1).

[51] BROTHERIDGE C M, LEE R T. Testing a conservation of resources model of the dynamics of emotional labor[J]. Journal of Occupational Health Psychology, 2002,7(1).

[52] 汤超颖,周岳,赵丽丽.服务业员工情绪劳动策略效能的实证研究[J].管理评论,2010,22(3):93-100.

[53] BREWER G A,SELDEN S C. Whistle blowers in the federal civil service：New evidence of the public service ethic[J]. Journal of Public Administration Research and Theory,1998,8(3).

[54] KIM S. Individual-level factors and organizational performance in government organizations[J]. Journal of Public Administration Research and Theory，2005,15(2).

[55] LIU B, TANG N, ZHU X. Public service motivation and job satisfaction in China：An investigation of generalisability and instrumentality[J]. International Journal of Manpower，2008,29(8).

[56] 朱春奎,吴辰.公共服务动机对工作满意度的影响研究[J].公共行政评论,2012,05(1):83-104.

[57] COURSEY D H, PANDEY S K. Public service motivation measurement testing an abridged version of perry's proposed scale[J]. Administration & Society,2007,39(5).

[58] 吴琼.中国情境下公共服务动机的内容及结构研究[D].上海:上海交通大学,2014.

[59] 邬佩君.第一线服务人员之情绪劳动的影响因素与其结果之关系:以银行行员为例[D].中国台湾:中国台湾博硕士论文,2003.

[60] GRANDEY A A. Emotion regulation in the workplace：A new way to conceptualize emotional labor[J]. Journal of Occupational Health ,2000,5(1).

[61] BRAYFIELD A H, ROTHE H F. An index of job satisfaction[J]. Journal of applied psychology, 1951,35(5).

[62] CHIN W W, MARCOLIN B L, NEWSTED P R. A partial least squares latent variable modeling approach for measuring interaction effects：Results from a Monte Carlo simulation study and an electronic-mail emotion/adoption study[J]. Information systems research，2003,14(2).

［63］FORNELL C，LARCKER D F. Evaluating structural equation models with unobservable variables and measurement error［J］. Journal of marketing research，1981，18(1)：39-50.

［64］AROIAN L A. The probability function of the product of two normally distributed variables ［J］. The Annals of Mathematical Statistics，1947：265-271.

［65］GOODMAN L A. On the exact variance of products［J］. Journal of the American Statistical Association，1960，55(292)：708-713.

［66］SOBEL，MICHAEL E. Asymptotic confidence intervals for indirect effects in structural equation models［J］. Sociological Methodology. 1982 (13).

［67］MACKINNON D P，WARSI G，DWYER J H. A simulation study of mediated effect measures［J］. Multivariate Behavioral Research，1995，30(1).

［68］祝洪溪，国凤，靖树春.推进纳税服务现代化的策略［J］.税务研究，2015，(05).

［69］亚伯拉罕·马斯洛.动机与人格(第三版)［M］.许金声，译.北京：中国人民大学出版社，2007.

［70］赫茨伯格，莫斯纳，斯奈德曼.赫茨伯格的双因素理论：The motivation to work［M］.北京：中国人民大学出版社，2009.

［71］RYAN R M，DECI E L. Self-determination theory：Basic psychological needs in motivation，development，and wellness［M］. Guilford Publications，2017.

［72］张朦.激励与办税服务厅队伍建设研究［D］.厦门大学，2014.

［73］刘剑青.基于双因素激励理论的办税服务厅公务员激励问题研究［D］.云南财经大学，2017.

［74］赖俊勇.办税服务厅人员激励研究——以GZ市国税系统为例［D］.南昌大学，2010.

［75］WHITE R W. Motivation reconsidered：The concept of competence［J］. Psychological Review，1959，66(5)：297.

［76］FOLKMAN S，LAZARUS R S，GRUEN R J，et al. Appraisal，coping，health status，and psychological symptoms［J］. Journal of Personality and Social Psychology，1986，50(3)：571.

［77］ANDY POLAINE，LAVRANS LOVLIE，BEN REASON. 服务设计与创新实践［M］.北京：清华大学出版社，2015.

［78］SCHNEIDER B，BOWEN D E. Employee and customer perceptions of service in banks：Replication and extension［J］. Journal of Applied Psychology，1985，70(3)：423.

［79］VERMEEREN B，KUIPERS B，STEIJN B. Two faces of the satisfaction mirror：a study of work environment，job satisfaction，and customer satisfaction in Dutch municipalities[J]. Review of Public Personnel Administration，2011，31(2):171-189.

[80] 弗兰克·G.戈布尔，吕明等译.第三思潮:马斯洛心理学[J].2006.

[81] HOBFOLL S E，FREEDY J，LANE C，et al. Conservation of social resources:Social support resource theory[J]. Journal of Social and Personal Relationships，1990，7(4): 465-478.

[82] BRIAN LUKE SEAWARD.压力管理策略:健康和幸福之道[M].许燕，译.北京:中国轻工业出版社，2008.

[83] VARVOGLI L，DARVIRI C. Stress Management Techniques:Evidence-based procedures that reduce stress and promote health[J]. Health Science Journal，2011，5(2):74.

[84] 苗元江，姜维肖，苗心.瑜伽对女性幸福感的影响研究[J].心理技术与应用，2014(8):9-12.

[85] 罗杰·卡拉汉.敲醒心灵的能量[M].林国光，译.台北:心灵工坊出版社，2003.

[86] WELLS S，POLGLASE K，ANDREWS H B，et al. Evaluation of a meridian-based intervention，Emotional Freedom Techniques (EFT)，for reducing specific phobias of small animals[J]. Journal of Clinical Psychology，2003，59(9):943-966.

[87] CHURCH D，GERONILLA L，DINTER I. Psychological symptom change in veterans after six sessions of Emotional Freedom Techniques (EFT):An observational study[J]. Electronic journal article]. International Journal of Healing and Caring，2009，9(1).

[88] CHURCH D. The treatment of combat trauma in veterans using EFT (Emotional Freedom Techniques):A pilot protocol[J]. Traumatology，2010，16(1):55-65.

[89] JONES S，THORNTON J，ANDREWS H. Efficacy of emotional freedom techniques (EFT) in reducing public speaking anxiety:A randomized controlled trial[J]. Energy Psychology:Theory，Research，& Treatment，2011，3(1):19-32.

[90] CHURCH D，YOUNT G，BROOKS A J. The effect of emotional freedom techniques on stress biochemistry:A randomized controlled trial[J]. The Journal of Nervous and Mental Disease，2012，200(10):891-896.

[91] CLOND M. Emotional freedom techniques for anxiety:A systematic review with meta-analysis[J]. The Journal of Nervous and Mental Disease，2016，204(5):388-395.

第四章

环境心理学与纳税服务场景

第一节　环境对人心理的影响——环境心理学的观点

一、环境的心理层面

（一）环境对心理影响的历史考察

自古以来，人们就一直在思考和探索人与环境的关系。从宏观角度来看，中国古代大哲倡导的"天人合一"的精神实质是人与大自然的和谐相处，因为自然界不仅仅具有其本身的生物性属性，它还是人们的安身立命之本，如管子认为天是"万物之本原，诸生之根菀"。在古代人的眼里，天是一个意涵丰富的概念，甚至是人们的心灵皈依之所，如敬天、天意，从这个意义上看，天还带有公正正义的意蕴。从微观角度来看，古人在居住观念上，特别强调建址、面向、通风、湿度等朴素的自然观，主张人与居住环境的互相依存，如《黄帝宅经》中有"人因宅而立，宅因人得存，人宅相扶，感通天地"的论述，体现了人与环境相互依存的生存环境建构观。西方国家学者对环境与人的关系同样关注。早在纪元前，希腊的帕提农神庙就曾运用各种手法矫正视觉错觉。1930 年代，德裔美国心理学家和行为学家勒温·库尔特（Kurt Lewin）在其出版的《拓扑心理学原理》一书中提出了一个著名的心理学公式：$B = f(P \cdot E)$，其中 B 代表"behavior"（行为），P 代表"person"（人），E 代表"environment"（环境），此公式被解读为人的行为是人与其环境相互作用的函数，换句话说，人的表现是由他们自身的素质和当时面对的情景共同决定的。这一方程与勒温的场论直接相关。场论是以人的生活空间决定其行为的思想为中心的。勒温同时也阐发了一种所谓的"生活空间"(life space)理论,他认为,为了理解或预测行为,就必须把人及其环境看作是一种相互依存因素的集合。他用数学函数描述人与环境的关系,认为人的行为取决于个体自身以及其所处的环境。勒温的场论、生活空间、心理事件、个体内部对环境的表征等观点奠定了环境心理学的发展基础。20世纪五六十年代,西方国家的城市环境严重恶化,对居民的身心和行为产生了各种消极影响。因此,建筑环境与行为的关系引起多学科研究者的密切关注,由此催生了环境心理学的诞生。环境心理学首先于20世纪60年代末在北美兴起,旨在研究人的行为与人所处的物质环境之间的相互关系,并应用这方面的知识改善物质环境,提高人类的生活质量,这是环境心理学的基本任务。这个议题也引起了来自社会学、人类学、地理学、心理学、建筑学、城市规划等学科的关注。

(二) 环境心理学的相关理论

1. 勒温的场论

拓扑心理学的创始人、实验社会心理学的先驱勒温把人的心理和行为视为一种场的现象,认为人的心理活动是在一种心理场或生活空间中发生的,人们的行为是由当前这个场决定的。他强调,要考察个体和群体的行为,就要先考察环境为这种行为的发生所提供的背景和条件。勒温所说的场包括心理场和环境场。勒温指出,客观环境影响人们的知觉,然后通过知觉影响他们的行为。换句话说,勒温认为环境对人们如何行为只是给予间接的影响,是个体对所知觉到的环境的解释对其行为产生了影响。例如,对于一位居民来说,山崖下的林荫小道是野餐或是散步的理想场所,而对于士兵来说,这里可能有埋伏,是危险场所。勒温认为个体的行为最好被理解为以下几个因素的综合结果:个体知觉或现象场中的多元环境决定因素、人格和动力因素及其发展水平因素。个体所在的现象场或生活空间,由某一时间内自我和被个体知觉到的各种环境特征组成。

2. 格式塔心理学

格式塔心理学诞生于1912年的德国,在美国得以发展壮大。其代表人物主要有马克斯·韦特海默(Max Wertheimer)、沃尔夫冈·科勒(Wolfgang

Kohler)和库尔特·考夫卡(Kurt Koffka)。格式塔是德文"gestalt"的译音,表示是"形状""形式"和"图形"的意思,因此格式塔心理学研究的出发点就是基于"形",但又不仅限于一般所指的形式或形状,还包括由知觉活动组织成的经验中的整体。根据格式塔心理学家的观点,对日常生活世界的知觉被我们主动地组织成连贯的整体,如古人看见夜空中的点点繁星,会把他们归结于某种图形并加以命名为北斗七星或南十字星等。格式塔心理学强调经验和行为的整体性,在注重"形"的基础上,更强调人的视觉感知及视觉体验。

环境设计中人们强调比例、序列、节奏感、对比、平衡等组合方式的重要性,正是源于人类长期以来所积累的美感体验,而这种美感体验遵循着一定的原则。格式塔心理学理论为环境设计中常用的形式手法提供了全新的理论基础,该理论认为心理现象是完整的格式塔,不易被人为区分为单个元素。自然而然地经验到的现象都自成一个完形,完形是一个通体相关的有组织的结构,并且本身含有意义,可以不受以前经验的影响。由此,这一学派提出了一系列有实验佐证的知觉组织法则,它阐明知觉主体是按什么样的形式把经验材料组织成有意义的整体。整体不是部分的简单总和或相加,整体的各个部分是由这个整体的内部结构和性质所决定的,所以完形组织法则意味着人们在知觉时总会按照一定的形式把经验材料组织成有意义的整体。格式塔心理学家韦特海默总结了一系列格式塔组合原理或法则(施夫曼,2014),主要有如下几条。

(1)邻近性或接近性。根据邻近性或接近性,各个元素会依据它们被感知到的邻近程度而组合在一起。看起来靠近的元素就倾向于组合在一起。被感知到的邻近性既可以是空间的,也可以是时间的,它们会产生组合效果。

(2)相似性。与元素的邻近性类似,外形相似的元素趋向于组合在一起。根据相似性以及邻近性组合在一起也适用于听觉形式。在音高上彼此相似并且在时间上彼此紧密相连的音乐音调可能在感知上组合成一首曲调或旋律。

(3)连续性。看起来在同一方向上的元素,例如,沿着一条直线或简单曲线,很容易被视为形成一个组。

(4)共同性。依照共同性原理,以相同方向运动的元素会被感知为一组。

（5）对称性。比起非对称图形，对称图形更为自然、平和，并且对称的图形在知觉组合中，得到更高的优先级。

（6）闭合性。在闭合性中，组合方式有利于感知到更为封闭或者完整的图形。在一定范围内，实际上不完整的图像倾向于被视作一个整体。

以上这些法则既适用于空间也适用于时间，既适用于知觉也适用于其他心理现象。其中许多法则不仅适用于人类，也适用于动物。形式是环境设计的重要手段，旨在给活动主体提供具有目的性的感知。在进行环境建构时，人们会根据自己对美感的意识来进行相应的改造，以满足自己的审美需要。

3. 生态知觉理论

吉布森（James Jerome Gibson，1966）提出的生态知觉理论强调机体先天的本能和环境所提供信息的准确性。吉布森认为，知觉是人类的主动活动，可以激活人类对世界的认识，在现实环境中主动地发现、开拓和抽取信息。知觉是一个有机的整体过程，人感知到的是环境中有意义的刺激模式，并不是一个个分开的孤立的刺激。生态知觉理论将生物体和环境以一种函数的关系进行研究，主要主张有：人能够感知到的是环境中有意义的刺激集合，环境提供了所需的，就是有意义的；善于发现和利用环境客体的功能特性满足自己的需要，对于个体具有重要的生存意义。由此，对于环境设计的启示是，人作为其动物性的存在，天生具有一些对环境潜在的本能需求，比如对自然风光的好感，对栖息环境的选择方式，在各种环境信息中喜欢选择那种背后有庇护而前面视野开阔的地方，以及选择适合有机体生长和发展的向光性场合。这些源自动物本性的需求时刻在对我们的环境提出要求，满足则产生舒适感，不满足则形成破坏力。比如在一些绿地或公园，有人为了满足便捷性需要，会采用抄近道的方式把一些本来种有绿色植物的地块踩出一条小道。一般情况下，人们认为是行人和游客没有道德素养，但从生态知觉理论角度来看，则是因为设计者在构建景观时没有遵循和满足人们的环境需要而已。

4. 环境-行为关系理论

环境-行为关系理论认为，人是在一定的环境中活动的，人的内外部感受器官受到外部环境因素的刺激后会出现相应的反应,引起人的心理和生理效应,而这种人体效应会以外在行为表现出来(胡正凡,林玉莲,2012)。环境-行为关系理论包括唤醒理论、环境应激理论、行为场景理论等。

在神经生理学上,唤醒指在刺激作用下通过脑干的网状结构提高大脑皮层的兴奋性,同时加强肌肉的紧张状态。唤醒在生理上的表现是自主活动的提高,如心率加快、血压升高、呼吸急促、肾上腺素分泌增加等,行为上可能表现为情绪的变化和体力活动的增加。唤醒理论认为,环境中的各种刺激都会引起人们的生理唤醒,从而增加人们身体的自主反应。每一个个体都有自己的最佳唤醒水平,高于这个唤醒水平时就需要减少刺激,低于这个水平时就需要增加刺激。另外,个体的唤醒水平还跟刺激频率和时间长度有关。换言之,人对新奇的刺激的感觉,是随着刺激的重复出现次数和历时的长短而变化的,刺激重复得越多,时间越长,感知表象的新奇性就会逐渐降低。环境心理学家认为,适度的唤醒即环境刺激适中时,能够引起人的注意,达到最高的绩效,获得愉悦等好的情绪。

环境应激理论认为,环境中的许多因素都可引起个体的应激反应。应激是个体对环境威胁和挑战的一种适应和应对过程。适度良性的刺激可以激发个体的积极心理反应,如阳光沙滩、花红柳绿、长河落日以及赏心悦目的建筑会让人产生愉悦的感受,会激发人们内心的美好,产生正面的应激效果;负面的刺激让人产生不舒服的感觉,例如现代社会中,交通拥堵、电子辐射、环境逼仄、空气污染等会让人感受到局促、压力和情绪枯竭。总之,任何事物都存在正反两方面的效应,应激也同样如此。环境应激理论带来的启示是:首先,应激具有唤醒作用,恰当的唤醒水平可以维持较高的任务绩效;其次,研究证明,应激是一种全身心的唤醒与激活——它不仅唤醒和吸引人的注意去应付所面临的挑战,同时也激发了机体组织的活力和免疫系统的战斗力。因此,无论环境的设计者还是管理者,对于工作或生活中可能发生的应激事件都应该未雨绸缪,尽量避免或减少由应激所引起的损失。了解应激对人的影响和人类可能遇到的各种应激源,并在设计中加以适当考虑,帮助环境使用者避免、减少或缓解不必要的环

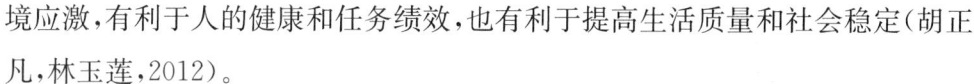

境应激,有利于人的健康和任务绩效,也有利于提高生活质量和社会稳定(胡正凡,林玉莲,2012)。

行为场景理论中的"行为场景"包括两个成分:一是行为的场所,即个体行为发生的舞台;二是做出行为的个体,即演员。两者构成了一幕幕行为场景,一旦个体进入一个特定行为场景,其行为就会十分明显受到环境和他人的影响。行为场景理论认为,人的行为与行为所在的环境是不可分割的,人与环境之间的作用是相互的,在大多数时间内环境对大部分个体会产生强有力的影响,个体会改变和调整自己的行为以适应环境,同时也会以自己的方式改变环境。行为场景理论启示环境设计和管理者从事环境规划时,要从环境的生态特征与群体的活动模式相互依存的关系切入,进行整体的分析,这对于改进场所绩效和提高使用者的满意度都具有现实意义。只有从整体上统一加以策划、设计和管理,才能形成和谐的场景,才能使场所得到正确、充分、有效的使用。

5. 场所精神理论

工业化社会中的建筑不仅仅是一种物理现象,还是一种精神性的表达,这就是场所精神。挪威建筑历史和理论学家诺伯格·舒尔茨(Noberg Schulz,2010)在《场所精神:迈向建筑现象学》一书中提出了"场所精神"这一概念,指出,远在古罗马时期,场所精神就已存在。古罗马人认为每个"存在"均有其精神,这种精神赋予人与场所以生命,伴随着人与场所的整个生命旅程。场所精神即赋予场所以生命的事物,它伴随着人与场所的整个生命之旅。舒尔茨认为,体验不同场所是人类的一项兴趣。事实表明,人类期望科学和技术把他们从对场所的直接依赖中解放出来是一种幻想,污染和环境问题使人们对场所的问题越加重视(杨宁,2006)。舒尔茨从荷尔德林的诗中得到共鸣。荷尔德林在诗中写道:

"只要良善、纯真尚与人心同在,

人便会欣喜地用神性度测自身。

神莫测而不可知?

神如苍天彰明较著?

我宁可信奉后者。

神本是人之尺规。

劬劳功烈,然而人诗意地栖居在大地上。"

舒尔茨引用诗中的栖居精神来表达人与环境的认同感,以及环境带给人的超越建筑功能意义之上的精神意义。舒尔茨(2010)说:"场所是一种人化的空间,它的物质和精神特性被认同后,就折射出场所精神。"在后物质时代,建筑不是钢筋、水泥和砖瓦按照特定规则堆砌的容身之所,而是包含了物质性的形体美学、实用功能、工程技术、物质资料等方面,还包含了精神性的行为趣味、环境气氛、历史记忆、文化传统、社会意识等(湛喜民,2014)。在一些大城市的中心,即使在非常昂贵的地段,规划者也会开辟一块区域来建造城市广场,让置身其中的都市人在精神上和心理上摆脱拥挤感、压迫感和嘈杂感。在建筑边上行走或漫步,无论敏感性高或是低的人都会意识到,这些建筑透露着独特的韵味和讯息,有些建筑和街区承载着历史和文化的气息和记忆,有些建筑还代表着某一机构和行业的组织文化。如国外的某些政府建筑往往体现出亲民、廉洁、低调、服务的精神,而国内的政府建筑多是奢华、霸气、威严,甚至有些贫困地区的政府大楼都豪华得令人咋舌,这对代表公共利益的行政机关来说,传达的实际上是一种错误的场所精神。正如中国现代建筑的奠基者冯纪忠批评说:"现在中国政府大楼和门前台阶,看着就让人紧张。这样的设计就不是公民建筑,因为没有考虑到普通百姓的使用。"

二、环境诸维度与人的心理行为

毋庸置疑,任何环境都会对身处其中的个体产生影响。在税务机关,办税服务厅是税收服务开展的主要空间与场所,对纳税人来说,办税服务厅是其完成纳税义务的空间载体或服务环境,而对纳税服务工作者来说,办税服务厅是其工作场所或工作环境。服务环境或工作环境中的各种物理维度对纳税人和纳服人员都会产生影响。工作环境是指人在生产活动中所处的物理环境和社会环境。物理环境主要包括微气候、光、色彩、噪声、振动等物理因素。社会环境主要包括群体协作、人际关系、安全文化、风俗传统等文化因素。工作环境对人的劳动积极性的影响很大。调查研究表明,在肮脏、混乱、昏暗的环境下工作容易沉闷、压抑、加剧疲劳,导致心神不安、厌倦、烦躁,劳动生产率下降。处于空气清新、井然有序、光洁明亮的环境中,人们会感到心情舒畅、精神振奋,生理与心理的紧张、疲劳容易得到缓解,有利于劳动生产率的提高。1986 年,弗格森和韦斯曼(Fergnson 和 Weisman,1986)对八个团体中的 360 名职员进行了调查。研究的结果表明:工作满意度与工作的物理环境有着显著的相关,其他研究也支持这一观点。研究发现,物理环境在工作满意度中的作用主要是保健因素。当职员们对工作场所的物理环境(温度、湿度、噪声、安全等)不满意时,他们的工作满意度大大降低。当物理环境中的保健因素得到满足时,虽然不能保证他们会满意,但至少不会产生不满意。从这一观点出发,可以认为,不适宜的工作场所,可导致不满意的产生。

(一) 噪音

有一名纳税人在网上匿名留言。

上个月,乘班车到××税务所购买发票,发票窗口人员告诉我,由于某种原因,我的发票被专管员锁住了,让我找专管员联系,由于需要领导审批,我一直等了四个多小时才买到发票。这时我才发现,这个大厅叫号机的声音特别响,不亚于街道上小摊贩疯狂的"大减价"叫卖声,在环境保护部门工作过的经验告诉我,这已远远超过了国家对办公场所的噪音标准,我却被迫听了 3 个多小时,几乎让我精神崩溃,实在忍无可忍,我对一个工作人员说:"这个声音这么响,会影响你们身心健康的,你们应该向领导反映。"工作人员回答说:"领导来过几次了,说声音一点也不响。"不错,领导肯定"来过几次了",但是我敢肯定,要么他们是"蜻蜓点水"般地装模作样看一下,自然觉得"声音一点也不响";要么他们根本就是法盲,根本不知道还有个环保法。看着窗口人员年轻的身影,我真为他们的将来担心,临走我把噪音的危害告诉了窗口人员,叮嘱他们一定要向领导反映;实在不行,通知环境保护部门,让他们按环保法处理。

下面,将有关噪音危害列举如下,希望××税务局领导能够重视。

(1) 噪音可以引起耳部的不适,如耳鸣、耳痛、听力损伤。

(2) 使工作效率降低,无法专心地工作。

(3) 损害心血管。噪音是心血管疾病的致病因子,噪音会加速心脏衰老,增加心肌梗塞发病率。

(4) 噪音还可以引起如神经系统功能紊乱、精神障碍、内分泌紊乱,甚至事故率升高。在日本,曾有过因为受不了火车噪声的刺激而精神错乱,最后自杀的例子。

(5) 对女性生理机能有损害。女性受噪音的危害,还可能导致月经不调、流产及早产等。

(6) 噪音对视力有损害。人们只知道噪音影响听力,其实噪音还影响视力。

另有纳税人在政务网站留言。

××税务局办税大厅叫号器太响了,每次去开票都被震得口鼻发颤、耳鸣不断。打了举报电话,说是要向上面反映。我真的不想说脏话,反映一个月也没变样子,一个个不干实事,不为纳税人着想。难道大厅办公人员一天工作下来耳朵能受得了吗?局长肯定一次都不去大厅,能不能为纳税人和办税人员考虑一下!为人民服务就是这样的吗?我们纳税人的钱都花在了哪里?到底有谁能管到你们,官大也不能欺负老百姓!

可见,办税服务厅存在噪音不是一个孤立的事件,调研显示,全国多个地方的税务局被纳税人反映噪音很大,影响了征纳双方人员的身心健康。这种影响对办税服务大厅人员造成的伤害更为巨大,因为他们在这种场合下待的时间更久,需要引起税务机关的重视。实际上,解决办税服务厅的噪音并不是一个棘手问题,网易有一篇报道如下。

为提高纳税人上门办税的舒适度,×××税务局日前召开专题党组会,结合《×××税务局基层税务所维修改造管理办法》,研究办税服务厅降噪措施。经过讨论,最终确定了为服务厅安装吸音板的实施方案。据统计,在办税高峰期服务厅约有80人办理业务,加上各种办税设备的噪音,办税高峰期的噪音约

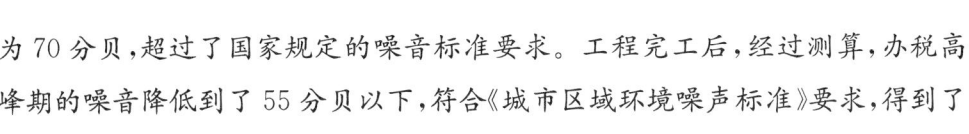

为 70 分贝,超过了国家规定的噪音标准要求。工程完工后,经过测算,办税高峰期的噪音降低到了 55 分贝以下,符合《城市区域环境噪声标准》要求,得到了纳税人的好评。

噪声是现代社会中一种普遍存在于职业环境下的有害因素,可导致机体出现进行性的感音性听觉损伤。著名诗人余光中先生曾在《你的耳朵特别名贵》一文中写道:"噪音害人于无形,有时甚于刀枪。噪音,是听觉的污染,是耳朵吃进去的毒药。……一切需要思索,甚至仅仅需要休息或放松的人,皆应享有宁静的权利。"他还写道:"人叫狗吠,到底还是以血肉之躯摇舌鼓肺制造出来的'原音',无论怎么吵人,总还有个极限。……但是用机器来吵人,管它是收音机、电视机、唱机、扩音器,或是工厂开工、电单车发动,却是以逸待劳、以物役人的按钮战争。"上述文字生动地描述了人们生活中经常遭受到的噪声的侵袭。技术时代的人们必定要为享用技术付出代价:必须忍受马路上高分贝的吵闹,忍受狭隘的公共空间中的嘈杂,忍受电子产品虽微弱但执着的"音乐声"。与视角污染相比,噪声是一种危害范围极大,人们又很难回避的环境公害。我们可以闭上眼睛不看东西,但无法关闭耳朵来拒绝听到某种声音。在日常生活与工作中人们有时可以适应噪声,对噪声的敏感性降低,主观上甚至不觉得噪声对自己生活会产生影响。然而对于绝大部分的噪声,人们是很难适应的,这时就会产生很多不满情绪。长久处于噪声环境,即使是已经适应了的噪声环境也会给人带来多方面的危害。高强度的噪声会造成听力损伤,严重时可以导致不可逆转的耳聋。噪声环境还会使人们的心情烦躁,降低人们工作和生活的满意度。长期处于噪声环境中,会对人们的身心健康构成威胁。此外,噪声还会干扰人们的日常生活与工作,降低日常沟通和工作的效率,不利于社会经济的发展。

噪声能够对正常语言进行掩蔽,影响人的听觉和对危险信号的觉察;噪声还会引起脉搏加速、心律不齐、血压升高、供血减少、毛细血管收缩,以致引起新陈代谢的紊乱和血液成分的改变。如果长期处于强噪声环境中,会使胃的正常活动受到抑制,导致胃肠炎和胃溃疡发病概率升高;90 分贝以上的噪声可以造成植物性神经系统功能紊乱、血压不稳、肠胃功能紊乱等。此外,噪声还影响人的视觉功能,造成视力下降。噪声还能影响人的情绪,使人紧张、烦躁、生气、多疑和易怒,以及使人更加具有攻击性;噪声会干扰、分散人的注意力,意外的强噪声会惊扰人的注意,使正在进行的活动和思路瞬间停止;高声压级噪声会使人的大脑皮层兴奋和抑制失调及脑功能紊乱,还会对人的心理产生压制,改变其血压,导致烦躁、幻觉等。

(二)拥挤感

拥挤感意味着环境的承载能力有限。环境承载力就是在不对环境造成损害的前提下,环境所能容纳的物种数量最大值。有学者认为,拥挤是指当个体的空间需求超过实际空间供给时的一种心理压力不适状态,是有限空间中的个体的一种个人主观体验。拥挤感与人口密集度有关,但亦受多种因素影响。哈勒尔、赫特和安德森(Harrell,Hutt,Anderson,1980)将拥挤分为客观拥挤和心理拥挤。他们认为在客观拥挤环境中,当个人行为受到束缚,个人空间被入侵时,心理上会产生拥挤感知。这种感知被认为是负面的和不愉快的,会导致规避等消极行为的产生。拥挤感会对生物体产生负面影响。对动物的研究发现,高密度的空间或者感知到空间被侵犯会引发动物的攻击行为、生理失调或退缩行为。对人类的研究表明,拥挤感会导致个体的生理唤醒,如心跳加快、流汗、血压升高等,还会导致不安、紧张、逆反、压抑等心理状况,影响工作绩效和任务坚持性等。在个别纳税服务大厅,适逢办税高峰时,人潮涌动,往往排了很长的队伍,甚至排到了大门之外,这对办税人和服务人员都造成了心理上的焦躁和紧张感。

(三)空气污染

研究显示,室内空气污染程度常常高出室外 5~10 倍,有时甚至 100 倍。人一生中约有 70%~90% 的时间在各种不同的室内环境中度过,人类疾病有六成以上是由室内污染引起的,室内空气污染已被世界卫生组织列为人类健康的十大威胁之一。

空气污染在工作中是常见的,如生产性粉尘、有毒气体等。粉尘能阻挡人们的视线,降低作业现场的能见度,造成呼吸道疾病和职业性尘肺,严重影响职工身体健康,特别是当空气中存在大量的游离态的二氧化硅,长期置身其中最容易罹患硅肺。有毒气体会使人头晕、恶心,甚至失去知觉,长期接触会造成蓄积性中毒,损伤人们的皮肤、内脏或神经,导致人们在操作过程中反应迟缓,失误率增加。室内空气的污染源主要有四大类。

(1)甲醛、甲苯等,产生于办公室装修和家具及纸张。市场上能见到的办公家具,无论是高档还是中低档的,多是以人造板为主,如刨花板、密度板、三合板、五合板等,都含有甲醛、甲苯、二甲苯及其他挥发性有机物等。办公室桌椅、隔断、壁纸墙布、强化地板都可能散发甲醛,地毯可能释放甲醛和二氯苯,一组组被油漆刷拭锃亮的文件柜是苯、甲苯、二甲苯挥发的主要来源,连会议室中的皮质沙发也可以释放出足以污浊整个房间的甲醛、苯、TVOC等多种"毒气"。

(2)臭氧,产生于复印机、打印机和电脑。人们一走进放满电脑的办公室,总觉得空气特别难闻,待一会儿之后就觉得呼吸不畅、头晕。很多人以为这是电脑辐射造成的,其实真正造成不适的是臭氧。打印机、复印机在工作状态下有静电效应,会把空气中的氧激发为臭氧。臭氧达到一定浓度对人本身有刺激作用,另外臭氧的化学性质非常活泼,会把空气中的氮变成氮氧化物,氮氧化物又会累加刺激效应。所以在复印机、打印机集中使用的空间,不注意开窗通风的话,室内的臭氧和氮氧化物的浓度增加,就会带来一些刺激,导致嗓子疼、眼睛疼、眼睛干涩、容易流泪等问题。此外,臭氧还会威胁人的神经系统,使人出现头晕、头痛、恶心、视力下降、记忆力减退等问题,破坏人体免疫力,还容易使人衰老,人的皮肤也容易出现黑斑。如果孕妇长期处于臭氧浓度高的环境中,还可能导致胎儿畸形。

(3)粉尘,产生于复印机和空调。复印机工作的时候,会产生肉眼看不见的粉尘;空调启动又使粉尘飘散到办公室各处。这种粉尘含有大量的墨粉,吸入肺部,对人体造成损害,也容易引发鼻炎、咽炎和支气管炎。

(4)清洁剂。清洁剂广泛应用于各种室内环境的清洁,它对于保持良好的卫生环境具有重要作用。但大量研究表明,清洁剂使用过程中可释放多种挥发性有机化合物及氨等刺激性气体,从而影响室内空气质量及清洁人员、其他室内人员的健康,是导致不良建筑综合症的污染源之一。

(四) 个人空间与私密性

动物和人类都有自己的生存空间和生活领域。比起动物,人类的活动空间具有社会性,具有保护私密和组织活动等功能。20 世纪 60 年代,美国心理学家罗伯特·索默(Robert Sommer)提出个人空间这个概念。他研究发现,每个人的身体周围都存在着一个像生物的"安全圈"一样的心理上的空间,这个空间范围就像围绕着身体的"空间气泡",其承担着自我保护的功能,它随着身体的移动而移动,任何对这一空间范围的侵犯与干扰都会引起人的焦虑和不安。它不是人们的共享空间,而是个人在心理上所需要的最小空间范围。在工作环境中,个人空间非常重要,它通过对距离的控制来调整私密性,寻找舒适性,控制人与人之间的交流和自我保护。不同个体的个人空间范围是不同的,而且同一个体在不同时间和不同环境下对个人空间的要求和理解也是不同的。因此,个人空间是主客观因素夹杂一起的一个动态的、弹性的概念,它受个体的年龄、性别、人格、情绪、人际关系和文化等因素的影响。

随着 20 世纪 60 年代开放式办公室的增加,办公室私密性问题变得越来越受关注。典型的开放式办公室通常是一个大房间,内无隔间,也有的用盆景、花草、橱板或书架与邻近的办公桌隔开。但对大多数人来说,开放式办公室几乎没有什么视觉或听觉上的私密。美国人重视听觉私密,将听到别人的私人谈话视为耻辱,彼此之间都会有一种默认的无形约束,谈话时尽量降低声音。德国人则重视视觉私密,几乎在任何场合都需要保持他们的"私密区域",他们喜欢把办公室的门关得很紧。对德国人来说,关门并不一定意味着想要独处,或是不受干扰,或是做不想让别人看到的事,更重要的意义是为了维持房间的完整,保持人们之间适当的交往距离。

工作场所中的空间构成和分布也会对员工的工作满意度产生影响。法国心理学者多得勒和菲舍尔在《你的生活环境决定你的性格》一书中引用了一个

研究。达尼尔森·波丹和波丹(Danielson Bodin 和 Bodin，2009)区分了七种办公室，这七种办公室其实属于布置的三大类。第一类是封闭办公室，这是一间有门的办公室，可以是员工的个人办公室，也可以是两三个员工的共享办公室。第二类是传统开放办公室(或开放空间)，它对应一些开放的工作空间，工位在一个完全开放或是通过半高的隔板部分隔开的大房间里。这种开放办公室可以是 4～9 人的小型办公室，也可以是 10～24 人中型办公室，或是 24 人以上的大型办公室。第三类包括两种灵活开放办公室(或者灵活开放空间)。第一种叫灵活办公室(或者共享办公室)，在这种布置类型中，员工没有确指的工位，一定程度上没有固定办公室。在开放工作空间内部一些工位是空余的，根据空余的位置，员工可以坐在他们想坐的地方。于是两种情况可能出现：第一种情况是工位数量与员工数量相等或工位数量小于员工数量；第二种情况主要是因为一些员工有一部分工作在公司外，并不天天在办公室内工作，这些员工很难占有固定位置且很难将其工作空间个人化。第二种灵活布置方式被称为"combi-office"，工作空间根据占据它们的团队的活动进行安排，这需要将个人办公室、开放空间、会议室结合起来，员工根据其工作需要占据不同的空间。在他们的研究中，这两位研究者关注了这些不同办公室类型影响员工满意度的方式。为此，他们总共问询了来自瑞典斯德哥尔摩地区 26 所公司的 469 名员工，这些员工涉及七种办公室类型。结果显示那些有个人封闭办公室的员工对其工作空间的舒适度最为满意，这种舒适度同时包括多种气氛因素(灯光、气味、通风、噪音)和私密感。相反的是，对于同事间交往感觉最满意的人是那些占有灵活办公室的人。最终，传统的开放空间似乎是让员工最不满意的布置类型。

生活中的人际距离往往也会影响人的情感和情绪。人类学家霍尔(Hall)在调查研究美国西北部的中产阶级所得出的数据资料的基础上，分析概括出常见的四种人际距离：亲密距离、私人距离、社交距离和公众距离。亲密距离的物理距离在 45 cm 以内，这种交往距离常见与父母、恋人等交往群体之间。私人距离在 45～120 cm 之间，在这个范围内，交往对象之间的视觉和嗅觉的线索相对减少，身体可能有一定的接触，是与朋友、同事等的日常交往距离。社交距离在 120～360 cm 之间,这种距离包含了非正式和正式交往两种方式,是与熟人和陌生人进行交往的过度距离(杨治良,1988)。距离在 360～720 cm 之间,常见于政治家、演员等公众人物在社会交往中的距离。

埃特曼(Altman,1973)认为,私密性是指个人对他人或群体可接近程度的选择性控制。国外对居住环境、学校和办公场所等环境研究发现,私密性的缺乏与否或者高低对身心、学习、生活和工作等均有重要影响。缺乏私密性的场所对员工毫无吸引力,而对工作环境满意度高的员工同时敬业度也最高。全球办公家具行业领军者 Steelcase 的研究发现,在高度敬业的员工中有 98% 的人很容易在工作中聚精会神,95% 的人能在团队中工作且不被打扰。这意味着今天的办公场所要能帮助人们处理日常生活中的认知超载,充分投入当下。这就意味着需要对办公场所进行全新的规划,以呵护人们身体、认知和心理层面的身心健康(Moutrey,2015)。另一项研究表明,在开放式办公室环境中,对简单任务的操作效果比较好,并可增加同事间的交往,特别是在低层次职员中,更是如此。尽管开放式办公室有不少优点,但大多数职员对开放式办公室的反应是消极的,使用私人办公室的职员较之开放式办公室的人,往往对工作场所有较高的满意度。

(五)微气候

微气候包括工作环境的温度、湿度、气流速度(风速)和热辐射。微气候对人体与环境之间的热交换具有重要作用,是决定人的工作效能、安全和健康的重要因素。

工作环境中的温度过高或过低都会对人的身心造成一定影响。人在高温环境下,出汗量增加,水盐代谢加快,进而导致血液输出量增加,脉搏加速,胃液酸度下降,消化液分泌量减少,使消化吸收能力受到抑制。此外,高温环境还对中枢神经具有抑制作用,使大脑皮层兴奋程度减弱,影响注意力、记忆力和思维,进而在心理上使人产生烦躁情绪。而人在低温环境下,体表温度降低,皮肤、血管收缩,流至体表的血流速下降甚至完全停滞,以致引发组织冻结,造成局部冻伤。低温环境还会引起人体全身过冷,导致皮肤苍白、脉搏和呼吸减弱、血压下降,以及血量、白细胞和血小板减少,延长凝血时间。低温环境还会影响手的灵巧度和双手的协调动作,长时间暴露于 10℃ 以下,手的操作效率就会明显降低。此外,低温环境还会导致神经兴奋与传导能力减弱,出现痛觉迟钝和嗜睡状态,进而在心理上使人产生紧张及不安情绪。

工作环境中的湿度取决于工作环境中水分蒸发和蒸汽释放,它以空气的相对湿度表示,其相对湿度在 80% 以上为高气湿,低于 30% 为低气湿。在高温环境中,如果相对湿度超过 50%,人的汗液蒸发功能就会显著降低,感觉闷热;如果相对湿度低于 30%,就会使人呼吸道黏膜干燥,不舒适。在低温环境中,如果湿度过高,空气水分会从人体吸收部分热量,人会感觉阴冷。长期的低温高湿环境,容易导致关节疼痛等疾病。

工作环境中的气流速度不仅受外界风力的影响,还受室内外温差的影响。室内外温差愈大,产生的气体对流就愈大。气流速度主要影响人体与环境之间的热交换,也对人的工作舒适感等产生影响。

工作环境中的热辐射主要指红外线及一部分可见光。太阳及工作环境中的各种热源均能产生大量热辐射。当周围物体表面温度超过人体表面温度时,周围物体的表面会向人体辐射散热,称为正辐射。相反,当周围物体表面温度低于人体表面温度时,人体表面则向周围物体辐射散热,称为负辐射。正辐射有利于人体吸热取暖,负辐射有利于人体散热降温,但在寒冷季节负辐射容易使人受凉、感冒。

第二节　服务场景理论

一、服务场景概念界定

无形性是服务最显著的特征,但是无形的服务可以通过有形的设施和设备等显现出来,这就是服务环境或服务场景。在服务经济时代,服务型公司的物理环境对消费者来说是非常关键的。环境心理学和市场营销研究者对物理环境如何影响顾客的心理和行为产生了浓厚的兴趣。其基本信条是基于梅哈比安和罗素（Mehrabian 和 Russell，1978）提出的"刺激-机体-反应"（stimulus-organism-response，S-O-R）模式，即来自环境的刺激会影响个体的评价，进而影响个体的行为反应。营销研究大师菲利普·科特勒（Philip Kotler）认为，在商业活动中，特别是在服务业，服务环境是非常重要的，他用"氛围"（atmospherics）一词来表示消费环境。他指出，这种精心设计的良好环境可以激发消费者的正面情绪，提高消费者的满意度和忠诚度（1973）。美国亚利桑那大学的服务营销学教授比特纳博士（Bitner，1992）用"服务场景"（servicescape）一词来指代物理环境。"servicescape"一词中的"service"表示服务，"scape"代表景致、景象和风景的意思。阿诺德（Arnould，1998）将服务场景定义为经过特意设计，用以促进商业意义的行为发生的场地。在服务场景的众多定义中，比特纳的定义比较具有代表性，她把服务场景界定为能够引起员工和顾客认知、情感和生理反应的各种客观环境要素，对环境的这些内部反应反过来又影响员工和顾客的行为，以及顾客和顾客、员工和顾客之间的社会互动。贝克（Baker，1994）强调了环境在营销服务中的作用以及物理环境如何影响顾客对服务的感知。后来，他将人际和社会要素纳入服务场景范畴，认为服务场景应包含氛围要素、设计要素和社会要素。其中，社会要素指环境中有关人的要素，包括环境中的其他顾客和服务人员等。

二、服务场景的维度和模型

（一）比特纳提出的维度

延续环境心理学的理论基础，比特纳提出一个整体模型，说明服务业的实体环境会对工作环境中的员工和被服务的顾客造成影响，进而产生不同行为。比特纳提出环境维度会造成环境认知，而员工和顾客的反应干扰作用会促成员工和顾客有不同反应，产生接近或逃避行为。

比特纳提出的环境维度包含三部分：①环境氛围要素，直接与五官感受相关，如温度、光照、噪音、气味等；②空间布局/机能，包括布置、设备、家具等；

③标志/符号/工艺品,指的是较细微的环境项目,如引导标识、艺术装饰等。至于员工和顾客内在反应,比特纳将它们分成三部分:①"认知"(cognitive),指信念、分类、标识等;②"情绪反应"(emotional)则指心情和态度;③"生理反应"(physiological)则指痛苦、舒适、感动和心理适宜性等。因此员工和顾客之间会有互动行为,而各自也有其独立的"接近"和"逃避"行为。员工所产生的接近行为是指有归属感、承诺、停留时间增加、执行计划等,而逃避行为则是没有归属感、缺乏承诺、不执行计划等相反行为。

(二)贝克提出的维度

贝克(Baker,1994)则认为,在界定服务场景要素时,除了考虑有形或无形的物理要素外,还应该考虑人际和社会要素。因此,他们将服务场景维度划分成氛围要素、设计要素和社会要素。其中,氛围要素和设计要素与比特纳提出的相接近。社会要素指环境中有关人的要素,主要集中在服务人员和其他顾客两个方面,每个方面又可划分成很多不同的维度。对服务人员的研究主要集中在语言沟通、举止体态(如眼神交流、点头、握手等)、辅助语言(如音量、语调、停顿等)和身体外形(如外貌、着装等)四个方面。研究表明,服务接触中服务人员的沟通行为显著影响顾客的服务体验和满意度(金立印,2008)。很多服务业态需要多名顾客共享服务时间和空间,顾客之间相互影响、发生互动是普遍现象。对服务场景中其他顾客的研究主要集中在物理要素(如外貌、着装、语音、语调、音量等)、社会要素(如行为、情绪、举止等)和背景要素(如身份、地位、形象、隶属社会团体等)三个方面(Tombs 和 McColl-Kennedy,2004)。研究表明,服务接触中顾客的情绪、服务质量感知、满意度等与服务场景中的其他顾客密切相关。随着服务场景中其他顾客因素逐渐受到重视,很多学者开始研究服务场所顾客之间的匹配程度,即顾客兼容性。研究表明,服务场所较高的顾客兼容性能够满足顾客的自尊、自我认同、归属感、社会交往、社会认同、社会支持等社会和心理需求。除了分别研究服务人员和其他顾客之外,还有不少学者注意到了服务人员同顾客之间的关系,即商业友谊。商业友谊对于顾客的归属感以及顾客对服务企业的信任和满意度都有正向影响,并有助于引发和保持顾客的忠诚。

（三）罗森鲍姆和曼西亚提出的维度

罗森鲍姆和曼西亚（Rosenbaum 和 Massiah，2011）在比特纳的基础上进一步拓展了服务场景模型，提出了服务场景的物理维度、社会维度、社会象征维度和自然维度四个维度（如图 4-1 所示）。其中物理维度与比特纳提出的"服务场景"内涵一致，指的是那些可控、可观察和可测量的刺激要素。社会维度拓展了服务场景的内涵，主要指服务人员、其他顾客、他人情绪和社会密度。社会象征维度指服务环境中对于某些群体具有特殊象征意义，能够唤起他们回忆的标识、象征物和工艺品，其象征意义因个体在群体中身份、地位的不同而对个体产生不同的影响。当前对社会象征维度的研究多集中在服务场所对某些特殊消费群体（如某一民族、亚文化群体或边缘化社会阶层）具有特殊象征意义的要素上。自然维度研究则将比特纳的服务场景模型应用到公共卫生领域，探讨服务

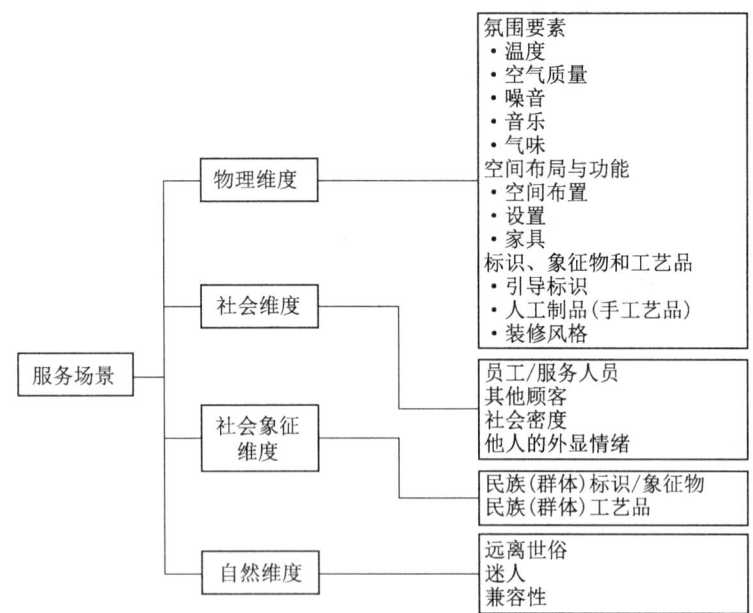

图 4-1　罗森鲍姆和曼西亚（Rosenbaum 和 Massiah，2011）提出的服务场景维度

资料来源：Rosenbaum M S, Massiah C, An expanded servicescape perspective. Journal of Service Management，2011，22(4)：471-490。

场景如何帮助顾客恢复健康,揭示了服务场景中的自然刺激要素对于公共健康的重要作用,比如,服务场景中的某些自然要素有助于顾客减轻疲劳相关症状,如厌倦、烦躁等。

(四) 图姆和麦克肯尼提出的维度

图姆和麦克肯尼(Tombs 和 McColl-Kennedy,2003)对"社会性服务场景"比较重视,他们认为社会环境和消费情境决定服务场所的社会密度,继而影响顾客的情绪反应、认知反应以及购买意愿。他们针对服务场景中社会要素研究的不足,构建了"社会性服务场景"模型,该模型包含购买情境、社会密度、他人情绪、顾客情绪反应和顾客认知反应五个要素。

三、服务场景的评价

赵晓煜(2012)在回顾了服务场景研究的历程之后,认为服务场景研究主要经过了三个阶段。

第一个阶段以认知心理学和环境心理学为理论基础,主要是就服务场景中单个环境变量的作用或若干环境变量之间的交互作用展开研究。学者们对服务场景中典型的物理性环境变量,如音乐、照明、温度、气味、噪音、颜色、布局、设计的作用机理进行了广泛的研究。

第二个阶段则以格式塔心理学为依据,强调人们对服务场景的认知是在对各类要素的认知进行综合后形成的对服务场景的总体印象。比特纳和贝克开创了此类研究的先河,为后续研究奠定了坚实的理论基础。上述两个阶段的研究多是探讨服务场景中的各类要素,尤其是物理性的环境要素对顾客的影响。

第三个阶段则是基于社会心理学(尤其是社会认知)的相关理论,强调顾客光顾服务场所不仅是为了满足功能性的消费需求,也是为了满足自己的社会和心理需求,如获得自尊、归属感、社会交往、社会认同、社会支持等。一些学者开始将社会要素,包括被赋予了一定社会意义的物理要素(社会物)和人员要素(社会人),作为服务场景的重要元素加以研究。强调顾客应用自我概念或其他的社会概念对服务场所中的环境要素进行认知加工,并根据其是否能满足自己的情感需求和社会心理需求来决定其趋避行为。

对服务场景的研究经历了一个从表层到深层、从物理因素到社会因素过渡的过程,表明了研究者越来越重视顾客高层次心理需求的满足,亦指明了未来服务场景研究发展的趋向。

第三节 纳税服务实体环境设计

一、纳税服务实体环境设计的原则

(一)与组织形象定位相一致原则

纳税服务实体环境最主要的载体即是办税服务厅,是税务机关处理政务、服务人民的物理环境,是政府形象的组成部分。所谓政府形象是政府这一巨型组织系统在运作中即在自身的行为与活动中产生出来的总体表现与客观效应,以及公众对这种总体表现与客观效应所作的较为稳定与公认的评价(胡宁生,1998)。换句话说,政府形象是公众对政府组织的整体印象和评价,是公众对政府机构及其行为表现所产生的看法、情感和认识的综合,是政府服务水平、员工素质、环境优劣、文化精神、标识特征等形象构成要素的整体体现。办税服务厅作为展现税务机关形象的最重要的物理载体,是直接与最广大纳税人打交道的场所,最便于税务机关的形象传播,在设计上要体现政府的本质属性。在现代社会,政府的本质功能就是提供公共物品或公共服务,它是服务型政府的必然要求。服务性是办税服务厅最主要的设计理念。不管是选址、内外在布局、设施、装饰、员工风貌、职业素养等都要体现出其服务于纳税人的理念。除此之外,政府还有亲民、廉洁、信赖、责任等特征,办税服务厅的设计要在不同程度展现和传播这些价值理念。办税服务厅设计不仅仅是满足纳税人办税功能的实现,或者是辅助员工工作任务的完成,更是要借鉴服务场景理论体现顾客和员工的心理需求和社会性要素。因为,现代社会中的建筑并非仅仅是容纳人们生活与工作的简单容器,也是传达意识形态和观念的媒介。因此,办税服务厅还要在形塑纳税人纳税遵从意识和自豪感,以及员工的职业认同感、心理成长和成就感上下功夫,增强纳税人以及员工的自我认同感、自尊和愉悦感。纳税服务场景的设计是税务机关使服务有形化、便利化、宜人化和亲民化的一种强有力的手段,各个要素应该相互协作互补,共同营造为纳税人服务的氛围,以重点凸显组织形象,从而促进税务机关形象的传播。需要注意的是,作为政府形象的一部分,办税服务厅切忌修造和装潢得过度豪华。过度豪华的办公设施一方面会让纳税人联想到过高的行政成本,留下税务机关不珍惜纳税人所交税款的印象,从而引发纳税不遵从意愿;另一方面,华贵的办公场所会让普通人有退缩回避之感,恶化纳税人的办税体验。从历史经验来看,行政机关的豪华办公场所给政府形象带来的多是减分效果。

(二)优化服务流程原则

纳税服务场景的设计应该有助于减少纳税人感知的时间、体力、精力与心理等非货币成本耗费。伴随日益增大的竞争压力、不断升高的机会成本以及顾客导向时代的到来,当今的被服务者对于服务便利的需求比以往任何时候都强烈,服务的不便利已成为纳税人投诉和不满意的重要缘由。通过服务场景的设计为纳税人提供更多便利无疑是税务机关赢得好口碑、降低社会成本、建立和谐征纳关系的一项重要举措。纳税服务场景的设计应该充分考虑纳税服务的类型、特点与服务流程的需要,表现出有序与和谐,优化服务流程,方便服务运作,提高服务效率。例如,推广最多跑一次服务,推出一站式服务,线上服务等,力争使纳税服务公开、方便、快捷。

(三)美学原则

随着信息社会和网络技术的发展,人们审美情趣的变化以及个性化要求的呼声高涨,服务设计走向了更广阔和更深远的领域,正在从根本上改变着人们的生活方式。心理学家马斯洛认为,当人们的温饱需要解决之后,更高层次的需求会自发地出现,这是需要层次论的核心观点。马斯洛在修正后的需要层次理论中加入了审美的需要,认为审美是一种高级的需要。他说:"自我实现的人有一个特点就是更有情趣,更能感受世界之美,他们能够从生活中得到更多的东西,他们带着一种敬畏、兴奋、好奇甚至狂喜来体验人生。"马斯洛认为人性中包含了很多不被正统心理学认可的高级品质,例如对美的敏感性就是其中之一。他曾认真思考过艺术和音乐心理学在塑造健全的人中的作用,并和作为业余雕刻家的妻子贝莎·马斯洛一起思考和探讨美的本质。凭借直觉,马斯洛感到人有一种与生俱来的审美动机和需求。他解释说,置身于美好事物中,可以使人们感觉更幸福,甚至在生理上更健康(霍夫曼,2013)。马斯洛还指出,审美冲动最简单的例子就是我们让错误回归正常的欲望,以及对对称、令人愉悦的秩序与和谐的兴趣。比例失调、反差巨大和令人不舒服的布置都会激发我们重新安排、改善与纠正的冲动(马斯洛,2018)。因此,在经济丰裕时代,建筑、广场以及居住、工作场所的设计要能满足人们的高层次心理需求。纳税服务场景设计更要符合美学原则,设计时要考虑目标群体的审美心理与审美习惯,给人以美感,能够获得美的享受,使人惬意、身心舒适,甚至陶冶情操。因为不管哪个年龄阶段的纳税人,都愿意在轻松愉快的气氛中完成自己的纳税义务。加入美学元素的服务场景能够调节纳税人的情绪、消除紧张、淡化焦虑。在商业场合,这样的例子比比皆是,例如,在迪斯尼主题公园,你坐在小船上,年轻的水手为你摇船,送你进入魔幻世界,各种造形生动的卡通人物在身边欢歌笑语,在轻松愉快的氛围中接受迪斯尼的产品或与之相关的服务。虽然商业服务与公共服务是不完全相同的,但是满足人们对美好生活的天性追求是任何行业和领域都不可忽略的。

二、纳税服务实体环境设计的维度

(一)物理维度

保证各功能区域布局合理,便于纳税人更容易地找到自己所需要的服务,要结合办税服务厅建筑结构,科学设置功能区域,形成功能齐全、布局合理的办税格局,提高纳税人办税的舒适度(郭仲灵,2011)。配备功能齐全、运转良好的计算机、打印机等设备,防止因设备问题导致办税服务低效;注意空气的流通,定期检查空气质量;能根据季节和天气的变化调整灯光的明暗;保持适度的温度和湿度,特别是在冬季和夏季以及季节交替之际,提前调整好室内环境;注意控制服务场所的噪音,适度调节叫号系统的声音,注意音色、音质及节奏的宜人性;配置方便纳税人的饮水设备、手机充电设备、常用药品,以及特殊群体所需要的用品,尤其是夏季需要的风油精、藿香正气水等消暑药品,以及雨雪天或极端天气所需的雨具等;在等待区摆放纳税人所需的报纸、书籍、文具、ipad 等,满足纳税人等待时的学习需要,或缓解焦虑情绪,缩短等待感知时长;科学设置等待流水线,以缓解办税高峰期拥堵情况的发生,注重营造纳税人人际距离和交往距离,创造轻松和谐的办税空间;尽力缓解纳税人炎热天气办税的辛苦,为纳税人"送风送爽";提升服务意识,加强窗口人员的形象规范、服务礼仪、文明用语等技能培训,营造和谐舒心的办税氛围。需要注意的是,在进行纳税服务场景设计时,易犯的错误是,服务的供给者往往从自己的主观意愿来做决策,导致不能全面、准确地反映被服务者的意志倾向,因此,在进行服务决策时,有必要听取被服务者,即纳税人的建议和意见,以纳税人主客观诉求为基准,这样设计出来的服务场景才是真正体现了以纳税人为本。

(二)社会维度

著名的环境心理学家哈罗德·普鲁斯汉克斯(Proshansky,1983)指出:任何的实体环境同时也一定是一个社会、文化和心理环境。美国的城市心理学家奥登伯格(Oldenburg)在《绝好的地方》(*The Great Good Place*)一书中曾指出:现代人需要有非正式的公共场所供他们交友、聊天、聚会、暂时抛开家庭和工作的压力,寻求精神上的慰藉和解脱。因此,服务场景中社会性要素的营造是不容忽视的。服务场景中的社会维度是指带有社会意义的物理要素和人员。特定的物理要素被附着、镶嵌、装饰带有社会意义的符号、文字、图式等使得物理要素具备了一定的社会意义,传达出其社会讯息,如装饰画、功能性标识等。人员要素指的是服务场景中的顾客和服务人员。服务人员的数量以及他们的穿着是否得体、态度是否友好、举止是否恰当,以及能否在顾客需要帮助的时候及时提供帮助等,都会影响顾客的服务体验以及反映出组织的服务质量。相对于物理维度,纳税服务场景中的社会性要素更能体现出税务机关的人文内涵和作为服务型政府的深度理念。首先,纳税服务场景除了满足纳税人在精神上的舒适度之外,要在标识物、宣传语中体现税收在国家治理体系中的地位,潜移默化地强化纳税人的纳税遵从意识。总体来说,中国人的纳税意识是相对薄弱的,税务机关有培育整个社会纳税意识的责任。其次,要能体现纳税人的权利意识,比如在一些媒体或税收宣传册中让纳税人知悉所缴税款的去向,是投入了教育、医疗还是城市建设,保证纳税人对纳税款项使用的知情权,激发纳税人的自豪感。最后,可以考虑在纳税人完税凭证上印刷肯定合法纳税行为的语句和标识,鼓励主动纳税的积极行为。作家郑渊洁在接受记者采访时,建议税务机关应给予合法纳税的公民一封感谢信,写上"感谢您配合"或"您是一名合格的纳税人"之类的话,或者来个省钱的办法,就是在网上申报成功后,网页上弹出这么一句话,"感谢您对祖国繁荣昌盛作出的贡献"。这种社会性维度的提醒会潜移默化地影响和塑造纳税人的税收心理意识和纳税自豪感。

纳税服务场景中,最重要的社会性要素是人,尤其是纳税服务人员,以及纳税服务人员与纳税人之间的互动,其态度和精神风貌最能对纳税人的心理、情感和行为施以影响。菲利普(Philippe,1997)等学者指出,服务场所员工的容貌、行为礼仪、语言表达以及对顾客的关心程度等都会对顾客的情感产生直接的影响,并决定着顾客对服务质量的评价。凯文尼(Keaveney,1995)指出,服务接触过程中伴随着员工与顾客之间广泛的人际互动,互动本身也是服务质量的一种本质体现。尼克森(Nickson,2005)等指出,服务场所中顾客与服务人员的互动至关重要,因为它直接影响到企业能否产生高质量的服务。很多前人的研究表明,服务接触时服务人员不但要有正确适当的态度,还要有正确而恰当的审美技能,也就是说服务人员应该有恰当的外在表现,以使服务人员看起来很好和听起来很好。因此,纳税服务人员的形象、着装、语言沟通、非语言沟通(如举止体态、神情、音量音调、语速节奏等)、态度、行为等各方面都会影响纳税人的服务感受,需要认真加以学习培育。

(三) 社会象征维度

税收并不仅仅代表税款征纳之间的财产转移过程或行为,它是一个更为广泛的意义集合体,从不同的角度视之,可以意味着文明、契约、正义、法治、福利、公共物品、财产权、权利义务、民众福祉、善治、公共服务、国家治理现代化、国家的兴旺发达,等等。相反的,税收事务若处理不当,还会被公民视为一种"恶"。古代中外的历史上,因税赋问题引发政权更迭的事例屡见不鲜。当然,倘若能够妥善加以对待,税收还与国家认同、民族自豪感、爱国情感密切关联。实际上,在我国,政府机关在向公民传达税收所代表的象征意义上用力甚微,甚至害怕大众知晓税收的真实意蕴,就连有些政府官员也非常讨厌公民用"纳税人"来标榜自己。有人戏称:"在中国,你要有纳税意识,否则,就会有麻烦;但,你又不能有纳税人意识,否则,更会有麻烦。"这句话虽然有点夸张,但在一定程度上反映了权力机关过度强调纳税人的义务意识而忽略了纳税人的权利意识。曾经的央视主持人崔永元讲过这么一个故事。2000 年初,崔永元还在当记者的时候,上级要求所有的稿件中不许出现"纳税人"三个字,崔永元非常不理解,问有没有纳税人啊?回答是当然有啦。又问:那为什么不许出现呢?回答说如果老出现,就会让这些纳税人意识到他们是"纳税人"。也就是说,直到进入 21 世纪,居然还有人害怕公民知道了自己是"纳税人"。实际上,有研究表明,当公民有权力知道税款的用途与使用去向,并有机会参加税收决策时,往往更能够激发纳税人的自愿遵从意识,也就是税收道德水平的提高。

随着社会的进步,有理由相信,未来对税收象征意义的宣传会逐渐成为社会的共识,这是一个社会文明程度的重要之维。就目前来看,已有个别税务局做了有益的尝试。例如,××市税务局在税收宣传月中设计了一个含义丰富且深刻的税收宣传专用标识,该标识由菊花图案和文字"税"组合而成,菊花是××市的市花,其图形向外延伸,象征着一种传播方式。图形中的"税"字演变为两个正在舞动的人形,象征着税企之间的互动与和谐。此税收宣传标识虽然传递的象征意义还不够深刻,但已经做了一个有益的尝试,促进了税收形象在社会和商业领域的良性传播。

参考文献

［1］哈维·查理德·施夫曼.感觉与知觉［M］.李乐山,译.西安:西安交通大学出版社,2014.

［2］胡正凡,林玉莲.环境心理学.第3版［M］.北京:中国建筑工业出版社,2012.

［3］杨宁.诺伯格·舒尔茨的建筑现象学［D］.西安建筑科技大学,2006.

［4］诺伯·舒尔兹.场所精神:迈向建筑现象学［M］.施植明,译.武汉:华中科技大学出版社,2010.

［5］谌喜民.空间的精神［D］.中央美术学院,2014.

［6］HARRELL G D, HUTT M D, ANDERSON J C. Path analysis of buyer behavior under conditions of crowding［J］. Journal of Marketing Research,1980:45-51.

［7］维吉尼·多得勒,古斯塔夫·尼古拉斯·菲舍尔.你的生活环境决定你的性格［M］.文晓荷,译.南京:江苏凤凰文艺出版社,2018.

［8］杨治良.成人个人空间圈的实验研究［J］.心理科学,1988(2):24-28.

［9］MOUTREY G.私密空间有助于提升员工敬业度［J］.商学院,2015(01):105-107.

［10］RUSSELL J A, MEHRABIAN A. Approach-avoidance and affiliation as functions of the emotion-eliciting quality of an environment［J］. Environment and Behavior,1978,10(3):355-387.

［11］ROSENBAUM M S, MASSIAH C. An expanded servicescape perspective［J］. Journal of Service Management,2011,22(4):471-490.

［12］KOTLER P. Atmospherics as a marketing tool［J］. Journal of Retailing,1973,49(4):48-64.

［13］BITNER M J. Servicescapes:The impact of physical surroundings on customers and employees［J］. The Journal of Marketing,1992:57-71.

［14］ARNOULD E J, PRICE L L, TIERNEY P. Communicative staging of the wilderness servicescape［J］. Service Industries Journal,1998,18(3):90-115.

［15］BAKER J, GREWAL D, PARASURAMAN A. The influence of store environment on quality inferences and store image［J］. Journal of the Academy of Marketing Science,1994,22(4): 328-339.

［16］金立印.服务接触中的员工沟通行为与顾客响应——情绪感染视角下的实证研究［J］.经济管理,2008.

［17］TOMBS A G, MCCOLL-KENNEDY J R. Social and spatial influence of customers on other customers in the social-servicescape［J］. Australasian Marketing Journal（AMJ）,2010,18(3): 120-131.

[18] TOMBS A G，MCCOLL-KENNEDY J R. The importance of physical，social and contextual elements of the social-servicescape on customer affect and repurchase intentions[C]// ANZMAC 2004：Australian and New Zealand Marketing Academy Conference. ANZMAC，2004：1-9.

[19] PROSHANSKY H M，FABIAN A K，KAMINOFF R. Place-identity：Physical world socialization of the self[J]. Journal of Environmental Psychology，1983,3(1):57-83.

[20] 赵晓煜,曹忠鹏,张昊. 服务场景中的社会要素与顾客行为[M]. 北京:经济科学出版社,2012.

[21] 胡宁生. 中国政府形象战略[M]. 北京:中共中央党校出版社,1998.

[22] 爱德华·霍夫曼. 马斯洛传[M]. 许金声,译. 北京:中国人民大学出版社,2014.

[23] 亚伯拉罕·马斯洛,爱德华·霍夫曼. 寻找内在的自我:马斯洛谈幸福[M]. 张登浩,译. 北京:机械工业出版社,2018.

[24] 郭仲灵. 赣州市国税局办税服务厅规范化建设研究[D]. 南昌大学,2011.

第五章

纳税服务等候的心理机制

第一节　等待是一种折磨吗

一、生活的排队与等待现象

等待不一定要排队，但排队往往意味着等待。"排队"这个词，《现代汉语词典》的解释是"一个挨一个顺次排列成行"。辞海下的定义是"依次排列成行"。生活中排队指的是人们在公众场合依先到先得的顺序排成一列，参与者并不属于特定的组织。这种排队的目的是为了更公平地分配资源。在古代，排队一词没有这个意思，古人也没有排队的意识。当然，这并不是说我们的祖先素质特低，不懂得排队，而是因为古代公共生活远没有现在丰富，古人很少有排队的需要。1929 年，大名鼎鼎的《生活》周刊曾发表了一篇文章，提倡国人树立"排队"的意识。文章写道："'line up'为关于西方社会秩序中一种美谈，我国之人自海外归者常乐道之。"中国人的排队意识是近代从西方引进的，距今才百年左右。近代以来，西式邮局、剧院、银行、交通等在中国逐渐产生，在这些公共场所，不排队根本无法正常开展活动。特别是在与人们的生活密切相关的场所，例如火车站，由于最初时国人无排队意识，在买火车票时吃尽了苦头。在早已告别了短缺经济、实行市场经济的今天，某些行业又迎来了新的"排队时代"。交通出行、热门餐馆、医院、银行，处处都要排队，催生了一种职业——提供排队服务。甚至有人开起了"排队服务公司"，专门靠替客户排队来赚钱，业务范围扩展到银行、超市、邮局、医院、售楼中心等各种需要排队办事的场所。

排队是有成本的，最大的成本就是时间，也就是经济学上所说的机会成本。

在银行、商店排队所花费的时间,不能被用来去做其他事情或享受,这就是排队的机会成本。此外,长时间等待还会使客户产生厌烦、焦虑和其他心理反应等精神成本。几乎每个人都经历过排队的苦恼,深知苦苦等待的滋味。长时间排队等待,往往使人焦虑不安,失去耐心,甚至会恼羞成怒,成为影响社会稳定的因素。有调查表明,如果排队等待时间比较长,43.2%的受访者会变得非常焦虑。等候超过 10 分钟,人的情绪就会开始急躁;超过 20 分钟,情绪表现厌烦;超过 40 分钟,就成了恼火。有学者指出,排队是人类集体生活中秩序化、公平化的产物,然而,处处排长队,会降低幸福感,郁积不和谐情绪,也是对社会成本、公共资源以及公众生命时光的无益消耗。

二、排队与等待产生的原因

(一)优质公共产品的短缺

目前,一般性的生活必需品告别了短缺时代,百姓不再为柴米油盐酱醋茶而排队,但又走进了"新短缺经济"时代。当前老百姓对于公共产品特别是优质公共产品的需求越来越多、越来越高,可是优质公共产品和公共服务的供给却相对滞后。这一矛盾的表现之一就是排队现象愈演愈烈。以公共健身场馆为例,随着市民运动健身需求的日益增加,不少健身场馆都出现了排队的现象。又如看病也是如此,老百姓大都有一种心态,到大医院看病才放心,因为大医院无论是硬件设备,还是医生和相关的医疗服务,都好于中小医院和社区医院,所以就会出现大医院人山人海,挂号排队、就诊排队、交钱排队、拿药排队等现象。

(二)公共资源的严重失衡

排队现象重返,实际上是公共资源不均衡造成的。上世纪七八十年代,计划经济使一些百姓必需的生活用品短缺,出现买猪肉、买鸡蛋也要排长队的现象,这是短缺经济造成的。现在的排队完全和过去的排队不一样,它体现了公共服务能力的软弱。生活必需品是产品,服务也是一种产品,它和实物产品所不同的是没法储存,生产和消费过程没法分离。当对服务的需求特别旺盛,而服务供给不足的时候,便会出现排队的现象,比如教育领域的千军万马读名校、医疗领域的就医难、交通运输业的出行难等现象,都是供不应求造成的。这里面涉及的主要问题是如何达到平衡。当然,有些领域和行业并不是一朝一夕就能达到供需平衡的,这就要求相关部门提升服务能力,优化资源结构,规范市场行为,改进服务质量。排队现象大多出现在垄断行业,比如银行、铁路以及一些政府的窗口服务部门。暴露了垄断行业为百姓服务思考的欠缺,以及怕麻烦、怕吃苦的工作作风,更主要的还是市场竞争的不充分。垄断是竞争的扼杀者,是导致服务滞后短缺,进而阻止社会进步的罪魁祸首。因此,要想从根本上解决"排队经济"的问题,必须从破除垄断,增强市场竞争入手(魏静,2008)。

(三)服务流程设计不合理

服务流程是提供服务的程序性安排,服务供应方可通过服务流程来把握整个服务过程设计以及各步骤之间的起承转合。良好的服务流程设计可使得前台服务人员将工作做好,提升工作效率,并降低服务失误风险与服务补救成本。反之,若服务流程设计不合理或欠佳,除了会导致服务传递不顺畅,变得缓慢,甚至产生停滞,造成等待情境发生,并形成客户对服务的负面口碑。

(四)服务供应方的失误

服务供应方的员工由于能力欠缺、业务不熟练,或者服务设备异常,也会造成服务等待。例如,在银行办理业务时,由于自助设备出现故障或者系统更新,导致到窗口办理业务的人数增加,从而引起等待。

三、等待比折腾更痛苦吗

人们之所以不喜欢等待,是因为等待往往意味着无聊、烦躁、不安,浪费时间。但是,如果把等待的时间用来做其他事情,人们是不是就乐意等待了呢?

几年前,休斯敦机场的高管们碰到一个棘手的客户关系问题:乘客不断投诉,抱怨取行李的时间太长。高管们立马增派人手处理问题,结果平均等候时间降至 8 分钟,远低于行业平均标准。可让他们感到疑惑的是,投诉依然不减。高管们不知该怎么办,于是进行了更细致的现场分析。他们发现,乘客从出舱位走到取行李处只需 1 分钟,而要等 7 分钟才能取到行李。也就是说,乘客们约 88％的时间是在站着等行李。所以,机场方面决定采用一种新方法。他们不是采取措施减少旅客等待的时间,而是把出舱口换到了离传送带较远的地方。尽管这样一来,旅客们要多走几分钟的路程,但因为等待行李的时间减少了,投诉率很快就降至零。根据调查显示,等待时的心理感受经常要比实际等待的时间更重要。乘客们觉得,被占用的时间(走到取行李处)比没被占用的时间(站到传送带旁)短。而由于人们天生讨厌排队,因此只要是需要排队等候,总觉得等待的时间比实际高出约 36％(Alex,2014)。

这个故事说明了一个普遍规律:不论是等行李还是等着买东西,等待过程的主观感受比实际等待时间更能影响人们的内心感受。同样是花费 8 分钟,等待 7 分钟加走路 1 分钟,与等待 1 分钟加走路 7 分钟,顾客的心理和行为完全不同。可见,很多人都讨厌等待。因此,麻省理工大学的排队研究专家理查德·拉森(Richard Larson,1991)认为:"排队心理通常比等待时间本身更重要。"实际上,更为本质的问题是,人们害怕的并不是等待本身,而是等待过程中的无聊。如果人们真的害怕等待,我们就很难理解为什么海底捞、星巴克以及一些网红奶茶店前有如长龙般的排队队伍。很多人会感觉到,在海底捞排队时,吃点零食、喝点饮料、擦擦鞋或者下盘棋,两个小时的排队时间很快就过去了。为了彻底了解等待心理是怎么一回事,对服务业与商业中的等待心理研究正是围绕客观等待时间与主观等待感受之间的对比展开的。早期,服务型企业总是绞尽脑汁缩短顾客在等待服务流程中实际等待的时间,而从上述休斯敦机场的案例来看,真正需要做的事情是如何减少顾客主观感受到的等待时间。泰勒(Taylor,1994)建议,如果不能缩短实际的等待时间则应缩短知觉等待时间。学界对于等待问题的研究重心,逐渐从客观等待时间转移到主观的等待时间知觉。

第二节　等候时间感知与等候心理学

一、时间感知研究

时间是一个较为抽象的概念,从物理学角度看,时间是物质运动与变化的持续性、顺序性的表现。时间是人们最宝贵的资产。在经典经济学中,有用的资源越是稀缺,价值越高。比如,黄金价值很高,那是由于黄金在地球上属于稀缺资源,并且有很多用途。大多数东西可以被占用,没了可以再补充,钻石和黄金可以继续开采,新的货币可以继续印制,但是时间却不能去而复返。没有人能够让时间多生出一秒,也没有人能让已经浪费的时间再重来。时间一旦过去了,就再也回不来了。所以,虽然富兰克林很睿智,但是他说"时间就是金钱"却是低估了时间的价值。时间是我们最稀缺的资源,金钱有价而时间无价。

文学家和心理学家都会对时间感兴趣。英国大文豪莎士比亚在《皆大欢喜》中写道:"时间流逝,因人不同速度各异。我将告诉你谁的时间缓缓而逝,谁的时间跳跃前进,谁的时间匆匆而过,谁的时间停滞不前。"中国古代的文人喜欢拿时间来做文章,苏轼吟唱"春宵一刻值千金,花有清香月有阴",传颂古今;李白有"君不见高堂明镜悲白发,朝如青丝暮成雪"之叹;孔子感慨"逝者如斯夫,不舍昼夜"警示后来人。心理学之父威廉·冯特(Wilhelm Wundt),美国心理学之父威廉·詹姆士(William James),以及社会心理学之父库尔特·勒温(Kurt Lewin),都认识到时间的重要性。每个人都发表过关于时间的文章或是做过关于时间的简单实验。勒温甚至高度评价科学管理之父弗雷德里克·泰勒(Frederick Winslow Taylor)关于时间和管理的科学原理应用。

时间的重要性同样在于它的相对性。对其中蕴含的物理知识,我们肯定不会陌生。爱因斯坦相对论同时预言了超能量和宇宙大毁灭,从而使我们看待世界和自身的方式发生了根本性的转变。比起爱因斯坦在方程式中的严密论证,时间的相对性更多受到个人因素的影响,时间不仅符合自然界的客观规律和牛顿定义的参照物的影响,也被主观心理进程所左右。个人的精神状态、时间观念及生活节奏都影响着其对时间的感知。古人说的"欢娱嫌夜短,寂寥恨更长"即是说情绪影响人们对时间的感知。爱因斯坦发现时间的相对性不仅存在于自然界,也存在于心理世界中。据说,他有过这样一句话:"一名男子跟心爱的姑娘坐上一个小时,他觉得只过了一分钟;当他坐在火炉上一分钟,却感觉比一个小时还长。"可见,时间有两种:物理时间和心理时间。物理时间也叫客观时间,即钟表时间;心理时间也叫主观时间,即对客观时间的一种主观知觉,学术上常被称为时间觉知或时间感知。时间觉知的解释模型主要有:储存容量模型、加工时间模型和变化/分割模型。储存容量模型认为,对持续时间的估计取决于记忆中存储事件的数量。同样长的物理时距,个体存储的信息越多,对时距的估计就越长;反之,时距估计就越短。加工时间模型认为,个体将有限的注意资源按不同的比例分配到视觉信息加工器和计时器两个加工器上,分配给计时器的注意资源越多,知觉时间越长。变化/分割模型认为,时间知觉就是把心理上经历的变化分割为可记忆的片段,然后再根据片段数判断时距的长短。在被估计的时距内,认知背景的变化数量同其后的时距估计成正相关。时距估计并不受被估计时距内的信息量决定,而受时间经验的分割程度决定。

二、等候心理学视域下的等候时间觉知

惠和特斯(Hui 和 Tse,1996)把等候时间知觉界定为顾客相信自己已等候的时间长度,也就是个人对等候期间长度的认知,或是顾客在等候过程中,对时间长度的感受。在等待服务的过程中,有多种因素影响到顾客对等候时间的主观评价。大卫·梅斯特(Maister,1984)对排队心理做了比较全面的总结和研究,他提出了被广泛认可和采用的顾客等待心理八条原则。

(1)无所事事的等待比有事可干的等待感觉要长。

(2)过程前、过程后的等待的时间比过程中等待的时间感觉要长。

(3)感受到焦虑会使等待看起来比实际时间更长。

（4）不确定的等待比已知的、确定的等待时间更长。

（5）没有说明理由的等待比说明了理由的等待时间更长。

（6）不公平的等待比平等的等待时间要长。

（7）服务的价值越高，人们愿意等待的时间就越长。

（8）单个人等待比许多人一起等待感觉时间要长。

针对上述八条原则，海尼斯（Haynes，1990）补充了另外三条原则。

（1）过度的承诺会使顾客等待的感觉拉长。

（2）让顾客看见节省时间的科技使用，会让等待时间感觉较短。

（3）移动的时候会使感觉时间变得较快。

戴维斯和亨耐科（Davis 和 Heineke，1986）指出，生理的不舒服也会影响等待时间。乔恩斯和派皮特（Jones 和 Peppiat，1996）认为，不熟悉的等待比熟悉的等待更漫长。

洛夫洛克（Lovelock，1999）综合诸多学者研究之后，提出十项等待线心理原则，以下对该十项原则进行阐述。

1. 无所事事比有事做感觉等待时间长

顾客在漫长的等待时，如果有事可做，就会感觉等待时间较快度过。比如，新加坡樟宜机场为了让等候转机的乘客不致空等无聊，机场内设置了游泳池、SPA、按摩、健身房等设施，甚至还有游戏房。在此转机的乘客不但不觉得等待无聊，还觉得转机时间太短了，甚至想在机场多待上几个小时。

2. 服务传送过程前、后的感觉等待时间比服务传送中的等待感觉长

服务等待可分为事前、事中和事后，在没有接触到服务之前的等待和接受服务后的等待，要比在接受服务过程中的时间感觉要长。例如：在开园时间前，迪士尼乐园前排队买票入园的游客已是人山人海，买完票后在外与同伴闲聊也是感觉在空等。但是入园之后，热门的游乐设施往往需要排队一个小时以上，方能享受不到五分钟的惊险历程。这些在园中等候"惊险服务"的事中等待实际比在园外等待时间更久，但游客却通常会认为在园外的等待时刻感觉比较无聊、比较久。

3. 情绪焦虑会使顾客感觉等待时间长

顾客感觉等待时间的影响因素,正如泰勒(Taylor,1994)的研究,有延迟时间的理由、服务提供者对于延迟原因的控制度、填补时间程度和延迟时间本身,这些都会影响顾客不确定性和愤怒的情绪,进而影响对整体服务的评价。而顾客焦虑、愤怒、不安等情绪感受,将导致顾客的心理因素影响到其感觉等待时间的长短。例如:同样是去医院就诊,一般感冒和出车祸紧急就诊这两种状况相比,后者情绪焦虑与不安的程度绝对较高,此时同样的五分钟等候,急诊的民众就会感觉等待较久。

4. 不确定的等待比确定的等待感觉时间长

如果告诉等待中的人们等待时间的相关信息时,他们感知到的等待时间会比客观等待时间短;反之,如果对于等待时间一无所知,人们感知到的等待时间会远远变长。因为等待时间的不确定性不仅影响的是人们的等待时间知觉,还会影响人们的心理和行为,主要是情绪的变化。比如,人们约会的时候,提前到达约会地点时会安心等待,即使是等待比较长的一段时间;一旦约会时间到了之后,即使是等待的时间很短,我们也会很容易就变得焦虑、生气。人们都偏爱确定的等待时间,在确定的等待时间下等待者可以较好地规划这段时间,减少由等待带来的负面情绪。而不确定的等待时间会让人失去对这段时间的控制,会让我们觉得等待时间更长。

在日本京都,由于古迹众多,挖掘地铁恐有影响,因此市内交通主要依赖公交车,而非其他大都市常见的地铁系统。为了降低世界各国游客等候公车到来的不确定性感受,京都公车当局在每个公车站牌设置公车到达显示资讯。简单的前三站站名以塑胶牌标示,当公车在哪一站停靠时,该站站名即会显示。所以等车的民众会明确知道,公车还有几站即会到达,不致因为不确定性而影响等车情绪和游玩古都的愉悦心情。如今,国内一些城市的公交站台,现在也有类似的显示系统,可以大大减少乘客等待时的心理负担。

5. 没有解释的等待比有解释的等待感觉时间长

当服务性企业进行了说明,让顾客了解等待理由,相较于没有任何说明的情况,顾客会较乐于等待。这种说明会让顾客理解需要等待的原因,如果确实属于客观的、不可抗拒的,或者顾客能够容忍的原因,顾客出于理性的、宽容的心理判定,往往会降低对等待的抗拒。例如,在一些特殊的季节或不同寻常的天气条件,乘坐航班的游客会在机场逗留许久,但由于事先被告知航班延误,乘客也会愿意等待。

6. 不公平的等待比公平的等待感觉等待时间长

世界各地对于等待的公平性采取不一样的态度。欧美先进国家认为排队是一种国民道德与必要的社会习惯;在中国台湾地区,排队也是一种常见的社会等待服务现象,插队的现象也极为少见。但是,习惯了排队的人,却不太能够习惯不公平的排队,例如,在超市等待结账的队伍中,常会出现插队的民众说:"对不起,我赶时间,请先让我结账。""我只买三件东西,我先付钱吧!"这些请求插队的行为或许能够让不习惯排队的人宽容,但却让已经习惯公平排队的人,感觉排队等待的时间特别长。

7. 有价值的服务会让人愿意等待

服务提供者所提供的服务价值极高,或是没有其他可替代的服务,通常会造成等待现象,顾客通常也乐于等待,甚至会耗费超乎常情的等待时间。例如,排队若干个小时看一场明星的表演,虽然付出的等待时间很长,历经艰辛,他们也会觉得是值得的。

8. 单独等待比群体等待感觉等待时间长

人是群体的动物,当只有单独一个人排队,前后左右都没有熟人时,就会聚焦于等待这件事,因而感觉等待时间愈来愈长;反之,与一群朋友排队,等待演唱会或艺术展入场,需要提早好几天搭帐篷、准备睡袋、打牌度过这漫长的等待,却还是令人甘之如饴。

9. 身体不适时的等待比身体状态良好时的等待感觉等待时间长

顾客本身的身体状况会连带影响心情,以致对于实际等待时间的长短感受有所不同。而这些顾客等待时的身体感受,会因为服务业者在等候现场的实体环境而有所影响。例如,等待环境的温度、音乐、灯光、有无座位、室内或户外,都是影响顾客身体感受的因素。户外的条件通常比室内差,也以站立等待居多,如果天气过于炎热或寒冷,更会让人受不了。这些因为姿势、温度所引起的身体不适,就会使得顾客感觉等待时间愈来愈久,难以忍受。

10. 新顾客比老顾客感觉等待时间长

对于服务特性、等待状况,新顾客绝对不会比老顾客熟悉。因而新顾客对于等待的不确定性和焦虑程度,会比老顾客高。例如,第一次搭机出国的乘客,通常会比规定时间更早到达机场,看到机场航空公司柜台还没开始办理登机手续,就会开始心急,这是因其不了解各个航空公司都有各自的处理时间;而经常出国的乘客则不会过于心急,因为他们比较熟悉机场的服务流程和服务特性。

三、影响等候时间知觉的因素

很多学者研究发现,影响等待时间知觉的要素主要有以下几个方面。

(一)等待中的填充物

在等待服务的过程中,顾客由于注意力集中到其他事物或行为中而分散了对等待时间的关注,这种情况被称为"时间填充"(fill time)。顾客在等待时,商家提供一些活动或物品,来分散顾客对等待的焦虑。但是,填充物对顾客的影响是因人而异的,比如有的顾客喜欢阅读,商家提供的报刊和书籍则很容易转移他们对时间的注意力;对于没有阅读习惯的顾客来说,看电视或许是更好的填充物。表5-1列出了一些研究者对时间填充物的研究。

表5-1　时间填充物相关文献整理表

作者	场所	自变量	因变量	结论
卡茨等(Katz等,1991)	银行	新闻电子看板 电子时钟	等待时间知觉 满意度评价	显著影响
汤姆等(Tom等,1997)	电话	音乐	等待时间知觉	可缩短等待时间知觉

（续表）

作者	场所	自变量	因变量	结论
惠等（Hui 等,1998）	教室	等待类型 发生时点	等待时间知觉 等待情绪反应	等待类型对发生时点与客户对等待反应,具有调节效果,而等待者会有负面反应
普鲁因和史密斯 （Pruyn 和 Smidts, 1998）	医院	等候空间设计 电视	等待时间知觉 满意度评价	空间设计可有效缩短知觉等待时间,而电视反而会增加等待时间知觉,两者皆会提高满意度评价
诺斯等（North 等, 1999）	电话	音乐	等待时间知觉	音乐可以有效降低等待时间知觉

资料来源:根据相关文献自行整理。

（二）等待时长的确定性

如果顾客知晓自己需要等待多久才能够接收服务,则他能感受到的主观等待时间更短,也会感觉到踏实;反之,对等待时长茫然无知,会忐忑不安,焦躁感上升,从而感觉到等待时间更长。正是出于这种原因,马路上的红绿灯设计有倒计时功能,在一些公交车站台或银行电子显示屏上会显示下一辆车多久会到或下一个服务要等多久。生活中常发生这样的例子:如果你与别人约定在一个时间点举行活动,哪怕你提前一两个小时在活动地点等待,也不会感觉烦躁,但当约定的时间点到了,而你的朋友过了半个小时还没有来,你就会感到等待时间过长。这是因为约定时间点之前的等待时间是确定的时间,而约定时间点之后的时间是不确定的。勒克莱尔(Leclerc,1995)认为,在确定的等待情境下人们可以较好地规划时间、增加对时间的有效利用、减少由于等待导致的负面情绪,因而会偏爱确定的等待时间。还有学者指出,不确定的等待时间会让人失去对这段时间的控制,控制感的缺失会使他们感知到的等待时间比较长(李爱梅等,2014)。

（三）服务发生的阶段

顾客等待过程可分为三个阶段:服务发生前、服务处理中和服务处理后。前两个阶段好理解,服务处理后阶段是指接受服务后的一个重要阶段,比如住宾馆后办理退房手续或在饭店用餐后结账这段时间。有研究发现,服务发生前阶段比服务处理中和服务处理后知觉到的时间要长。也有研究认为,服务过程前、后的等待时间比服务中时间要长。服务体验过程中的峰终效应也会影响对等待时间的感知。所谓峰终效应或峰终定律是指人们对一件事的印象,往往只能记住两个部分:一个是过程中的最强体验——峰;一个是最后的体验——终。过程中好与不好的其他体验对记忆差不多没有影响。例如,当乘坐的航班结束时,乘务员会给乘客发放薄荷糖,从而让顾客对本次乘坐有良好的体验。一些酒店在顾客结账后会赠送小礼品,或是赠送餐后水果。安东尼德(Antonides,2002)的研究证实了峰终效应对顾客时间感知影响,他们发现,如果工作人员在人们等待的最后阶段加快服务速度,则处于等待最后阶段的人们在服务结束后对总体等待时间进行回忆时,感知到的总体等待时间会比工作人员在其他阶段加快服务速度时短,而且,在最后阶段提高服务速度也会提高人们对服务评价的满意度。

(四)等待环境

等待时的物理环境,如温度、照明、色彩、物品陈列、空间布局等都会影响人们对等待时间的知觉。当等待环境闷热、狭小、人多座位少、人声嘈杂,自然会知觉等待时间极为漫长。换言之,如果顾客在空气清新、敞亮、安静,且有位可坐的环境下等待,会感觉时间较短。

(五)等待者的个体因素

由于等待时间知觉本来就是一种主观判断,所以它与等待者的性格特征、情绪状态、耐受程度等密切相关。比如,有些急性子的人,像 A 型性格(性格特征为脾气比较火爆、有闯劲、遇事容易急躁、不善克制、喜欢竞争、好斗、爱显示自己的才华、对人常存戒心)的人感受到的等待时间更长。

综上所述,影响顾客等待时间感知的因素是多方面的,需要一个综合性框架对这些影响因素进行概括。荷兰两位研究者史密斯和普鲁因(Smidts 和 Pruyn,1992)开发了一个模型对等待感知进行描绘(如图 5-1 所示)。根据这个模型,顾客对等待时间的满意或者不满意会影响整体满意或不满意。当然,这指的是实际的客观等待时间的影响，但也有其他因素在发挥着作用，它们使这种关系变得间接，并且更复杂。

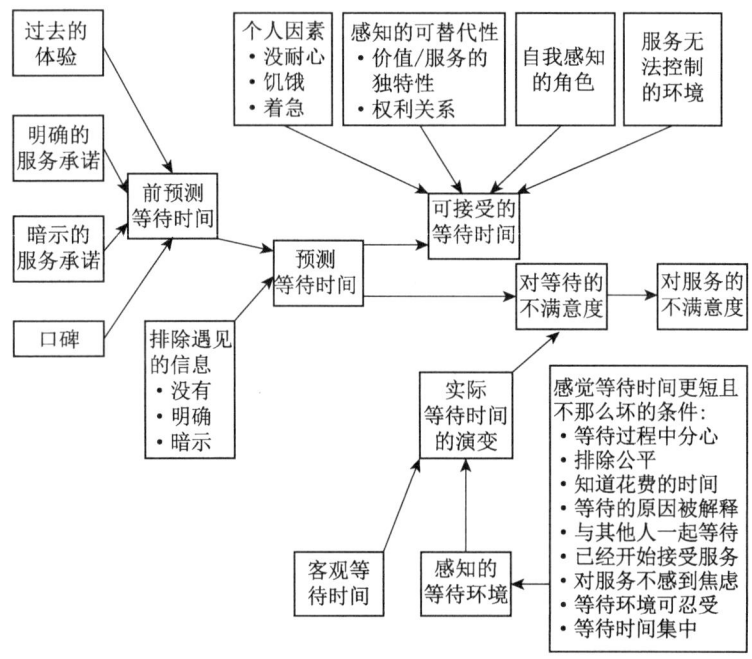

图 5-1　管理等待时间感知的整体观点

资料来源：普鲁恩和史密斯（Pruyn. A. t. 和 Smidts. A，1992），《排队的心理感受》（*De psychologische Beleving van Wachtrijen*），伊拉斯莫大学（Erasmus Universiteit），《管理报告科学》（*Management Report Sciences*），第 126 页；转引自保罗·格默尔（Paul Gemmel），巴特·范·路易（Bart Van Looy），罗兰·范·迪耶多克（Roland Van Dierdonck），陈福军、曹婷译，《服务管理：整合的视角》（第 3 版），清华大学出版社 2017 年版。

四、等待处理策略

卡茨和拉森（Katz 和 Larson，1991）曾提出管理等候线的八项等待处理策略，以下加以说明。

（一）为你的顾客决定一个可接受的等候时间

为顾客设想一个他所期待的等候时间，设定一个可操作的目标。因为等候时间是顾客评估服务质量好坏的重要指针。等候时间越长，对服务的负面情绪越高。因而不愿意等候的消费者，会花钱雇请别人为其排队，以取得此项服务。

（二）当顾客在等候之时，试图分散顾客的注意力

等候时的无所事事，将使消费者产生无聊的感受，进而产生负面情绪。再者，等候时的无聊引起消费者心理上的不确定感，更会进一步影响或扭曲他对此项服务的知觉服务质量。无聊来自缺乏有趣的，足以转移消费者注意力的信息。等候时的时间填补（filled waiting time），将有助于转移消费者等候时的注意力，降低产生负面情绪的风险，甚至忘记他正在等候服务。服务业者可用平面媒体（如书报杂志）、电子媒体（如电视或电子广告牌），搭配音乐播放，转移消费者等候时的注意力。

（三）告知顾客他之所以等候的原因

这是特别重要的一点，尤其是等候时间超乎正常之时，告诉他们长时间等候的理由，以及你试图减缓他们等候时间的各项努力。因为等候时的相关信息的告知，可以有效抑制顾客对于时间消逝的注意力，可以使顾客感觉等候时间没有实际时间那么长，进而抑制住负面情绪。

（四）务必让服务人员不去服务顾客视线以外的人

当排队等待中的顾客看见服务人员去做其他事情，而不去服务他时，这会使排队中的人感到万分的挫折。服务等候环境的规划，会明显影响顾客的等候情绪和对等候时间的知觉。

（五）区隔顾客

对于可以较快服务完成的顾客，可考虑给予特殊的另一条排队行列，即根据顾客属性来区隔，依照顾客服务时间久暂来判断是否列为优先服务对象或事先处理。例如免找零车道、五件物品以内快速结账通道、金融卡扣款通道等。

（六）训练你的服务人员更加友善

服务人员能够叫出顾客的名字，或给予某些特定的关注，这些举动能够有效克服长久等候的负面感觉。

（七）鼓励你的顾客能够在离峰时间再出现

通知你的顾客哪一些时段通常是无须等候的，可以在离峰的时段再出现，

此即为服务需求面管理的应用。

（八）以长期的眼光试图排除排队等候的情形

力求加速服务，以降低顾客等候时间，则是最根本之道，即是改善服务传送系统，以提供更为快速的服务，例如加快服务的速度，或是使用自动化设施等。但这并不意味着要减少对顾客的注意力，因为对顾客的注意乃是大部分顾客所期盼的。

此外，洛夫洛克（Lovelock，1992）亦提出等待处理策略方面的七项基本原则。

（1）不要让顾客空等。

（2）要让对方感觉这是公平的等候。

（3）不要过度承诺等候的时间。

（4）尽量使等候发生在服务过程中。

（5）不要让对方感觉这是个不确定的等候。

（6）要让对方感觉或观察到你节省时间的努力或企图。

（7）要让对方感觉这是在等候一个有价值的服务项目。

其中，第一项是属于人的方面，第二项与第三项是属于事的方面，第四项与第五项是属于时间的方面，第六项是属于地点的方面，第七项则是属于物的方面（陈泽义，2010）。

第三节　纳税人等候管理

一、税务机关解决办税等待的努力和不足

在生活节奏飞快的现代社会，多数人感觉到时间亏空，内心焦躁不安，不愿把时间花在无意义的等待上。俗话说"一寸光阴一寸金"，实际上，时间比黄金更珍贵。黄金可以通过努力奋斗挣到，但不论你多么努力，一周的时间也不会多出一秒。等待让人损失的不光是时间，还伴随着巨大的心理成本，如无奈、不

安、焦躁等。所以，等待研究专家大卫·梅思特（David Maister）说过："等待能够破坏一次实际上十分完美的服务过程。"在办税服务厅，常被纳税人责难的是服务态度不好和等待时间过长。对于排队拥挤、等待时间太久现象，国家税务总局早在 2005 年就关注过此事，并下发《国家税务总局关于解决办税服务厅排队拥挤问题的通知》，提出要实行分类确定申报期限、开展预约服务、合理设置办税窗口、推行多元化申报等措施以提高办税效率。经过十多年的努力，在多数税务局，纳税人的等待时间大大降低，很多税务机关把缩减纳税人办税时间作为提升纳税服务的成效之一进行大力宣传。在百度搜索引擎中输入"办税等待"字样进行搜索，可检索到 268 万条结果，多数为纳税人的办税等待时间缩短之类的报道，税务机关采用信息化技术及各种措施解决纳税人等待问题，有的地方纳税人办税时间缩短了 80%，甚至达到了零等待。但是，不容否认，有些地方的税务局办税等待问题仍然没有得到很好的解决，尤其是涉及税务改革，比如营改增时期，办税服务厅的办税人员数量出现井喷式的增长。2017年，有纳税人在微信圈晒出照片，显示他在税务大厅排队时其前面排了 136 个人。2018 年，东部某省有纳税人反映，在办税大厅排队半个小时，等办理的时候被告知缺材料，第二天还要再来一趟。近几年，在百度和一些论坛上仍有不少纳税人发帖反映在办税时等待时间过长，有的甚至要等待两个小时以上。以上现象表明，纳税人等待过久问题已经得到很大程度的改善，但是在局部地区，仍不同程度地存在着等待过久问题。

二、纳税人等待管理策略

（一）等候线管理

1. 等待实体环境

等待实体环境以"顾客舒适、忘记等待"为主要目标。首先，提供良好的等候设施，有座位的等候线优于站立等待；其次，对于等待时温度、灯光、声音、氛围等应妥善设计，以维持纳税人的舒适心情；最后，对等待过久的纳税人表达关心和歉意，例如，若是排队时间过长，可提供矿泉水、饮料和点心等。

2. 给予等待资讯

不确定的等待时间比确定的等待时间感觉要长。若想降低顾客等待的不确定性,学者提出要给予顾客等待时间信息,如有些公交站台的显示屏上会提示下辆车会在多久时间内到达,过马路时红灯会显示倒计时,在银行办理业务时显示屏也会提醒要等多久才会轮到你。现在不少税务局通过微信、APP 显示办税服务厅有多少人排队,自己排在多少位以及需要等待多长时间,甚至可以通过手机查询哪些办税服务厅人数比较少,供纳税人自行选择人数较少的办税大厅。需要注意的是,税务机关除了提供等待信息外,特别要注意是否能正确地在承诺时间内执行服务。如果未能在承诺的时间内提供服务,反倒会令纳税人不满,进而影响对税务机关的信任感。

3. 充实等待时间

充实等待时能降低人们的等待时间知觉。美国的服务专家梅斯特和海恩斯在充实等待时间的研究中测试了两种情况:一种是在等待过程中提供与客户办理业务相关的杂志或是书刊;另一种是在等待过程中提供新闻杂志(也就是与办理业务不相关的充实物)。他们研究发现,提供与办理业务相关的充实物的客户满意度远远高于提供不相关的充实物。他们总结提出:服务提供者应当试图将等待时间的充实物与服务本身联为一体,将等待经历置于总的服务经历中。在等待中,可以给纳税人提供有关办税业务的相关资料,以供一些好学者学习之用,也可以提供有趣的报刊杂志等让纳税人有事可做,减少等待的无聊和焦虑。

4. 及早进入服务过程

研究表明,等候者在事前、事中、事后的等待情绪会有不同。顾客既然在等待事中的服务传送时较有耐心,管理者就要设计让顾客感觉已经进入服务传送状态之中。应创造条件,让纳税人尽可能早一点进入服务过程当中。

5. 遵循峰终定律,提升服务办结时的速度和质量

峰终效应对服务体验和等待时间感知具有非常重要的影响,税务机关不可忽视,在此阶段提高服务速度,或者在结束时对纳税人礼貌友好的回应会大大提高纳税人的满意度。

（二）预约管理

预约服务是服务提供方和接受方在基于沟通达成共识的前提下，事先约定服务的时间、地点、种类和所需资料等开展的一种服务模式，并且还可以就其他事项进行交流，甚至还可以预知整个服务过程所需要时长。此种服务模式可以节省纳税人的宝贵时间，减少盲目性，有助于纳税人根据自己的实际情况有计划、有准备地进行时间统筹安排，提高工作效率；对税务机关来说，可以根据纳税人的诉求使得后续的一系列服务更具预见性、准备性和针对性，合理调配行政资源，做到精准服务，提高税务机关的行政效率和行政效能。预约服务是建立在双方沟通的基础之上的，有助于缩短服务办理过程当中彼此的心理距离，减少摩擦和冲突，增加征纳关系的和谐度。在当前的税务机关，预约办税服务已经相当成熟，深受纳税人的欢迎。各地税务机关不断探索完善预约服务制度和措施，推出了双向预约、分类预约、分段预约等各种形式，可以运用电话预约、微信预约、APP 预约等多种手段，大大节约了纳税人的等待时间，减少了整个社会的交易成本。

（三）分类管理

2012 年，《国家税务总局关于进一步加强办税服务厅管理的意见》提出了"分类管理"的要求。2015 年 10 月，中央提出"对纳税人实施分类分级管理"的要求。各地税务机关依据分类管理的精神，结合《全国税务机关纳税服务规范》不断探索适合本地实际情况的分类管理措施。通过对窗口业务量、管户数、办理时间、纳税人集中度、受理业务峰值趋势、等候时间、纳税人需求偏好等进行系统分析，匹配适当权重，在办税服务厅探索实施涉税事项分类管理，大幅减少了纳税人的等候时间。

（四）优化服务设备设施

纳税人在办税服务中常会遇到因为网络、系统、电脑运行速度等问题导致办税时长增加，引发纳税人的不满和抱怨。纳税服务人员也因此感到无奈，面对纳税人的责难感到非常委屈。因此，升级办税设备，杜绝因服务软硬件故障造成的等待问题是优化纳税服务的必要措施之一。

（五）管理纳税人预期

心理学家指出，问题的本质在于个体期望的东西和体验的东西之间的差距。解决问题的途径要么是改变体验，要么是改变预期。生活中，有些纳税人办税期望值太高，希望到达办税厅之后立刻得到最快的办理，当期望的愿景没有达成时，就容易陷入懊丧之中。实际上，在现代社会，等待是一种普遍的现象，去商店、机场、饭店、银行等各种服务场合，完全没有等待的服务过程几乎是没有的。因此，税务机关要引导纳税人树立正确的预期，通过各种途径和方式让纳税人树立合适的等待观念。当一个纳税人预期等待 20 分钟，而在 15 分钟后办结时，他会感觉到非常满意；但是当他预期等待 10 分钟，却在 12 分钟后办结时，他就会心生不满。所以，管理好纳税人的主观时间感知比缩短客观等待时间更重要。

参考文献

［1］魏静.排队问题产生的原因及其政策选择[J].商业经济,2008(5):100-101.

［2］ALEX STONE.等待比折腾更痛苦[J].领导文萃,2014(08):100-101.

［3］陈泽义.服务管理(第3版)[M].台北:华泰文化事业股份有限公司,2010.01.

［4］TAYLOR S. Waiting for service：The relationship between delays and evaluations of service[J]. The Journal of Marketing, 1994:56-69.

［5］HUI M K, TSE D K. What To Tell Consumers in Waits of Different Lengths：An Integrative Model of Service Evaluation[J]. Journal of Marketing, 1996,60(2):81-90.

［6］THOMPSON D A, YARNOLD P R, WILLIAMS D R, et al. Effects of actual waiting time, perceived waiting time, information delivery, and expressive quality on patient satisfaction in the emergency department[J]. Annals of Emergency Medicine,1996,28(6):657-665.

［7］TOM G, LUCEY S. A field study investigating the effect of waiting time on customer satisfaction[J]. The Journal of Psychology, 1997,131(6):655-660.

［8］BAKER J, CAMERON M. The effects of the service environment on affect and consumer perception of waiting time：An integrative review and research propositions[J]. Journal of the Academy of Marketing Science,1996,24(4):338.

［9］ANTONIDES G, VERHOEF P C, VAN AALST M. Consumer perception and evaluation of

waiting time：A field experiment[J]. Journal of Consumer Psychology,2002,12(3):193-202.

[10] JONES P，PEPPIATT E. Managing perceptions of waiting times in service queues[J]. International Journal of Service Industry Management，1996,7(5):47-61.

[11] CHIEN S Y，LIN Y T. The effects of the service environment on perceived waiting time and emotions[J]. Human Factors and Ergonomics in Manufacturing & Service Industries，2015，25(3):319-328.

[12] TAYLOR S. The effects of filled waiting time and service provider control over the delay on evaluations of service[J]. Journal of the Academy of Marketing Science，1994,23(1):38-48.

[13] LEE W，LAMBERT C U. The effect of waiting time and affective reactions on customers' evaluation of service quality in a cafeteria[J]. Journal of Foodservice Business Research，2006，8(2):19-37.

[14] MAISTER D H. The psychology of waiting lines[M]. Boston, MA：Harvard Business School，1984.

[15] HAYNES P J. Hating to wait：Managing the final service encounter[J]. Journal of Services Marketing，1990,4(4):20-26.

[16] DAVIS M M，HEINEKE J. How disconfirmation，perception and actual waiting times impact customer satisfaction[J]. International Journal of Service Industry Management，1998,9(1)：64-73.

[17] JONES P，PEPPIATT E. Managing perceptions of waiting times in service queues[J]. International Journal of Service Industry Management，1996,7(5):47-61.

[18] LOVELOCK C H，WRIGHT L. Principles of Service Management and Marketing [J]. 1999.

[19] LECLERC F，SCHMITT B H，DUBE L. Waiting time and decision making：Is time like money? [J]. Journal of Consumer Research，1995,22(1):110-119.

[20] 李爱梅,赵丹,熊冠星,等. 等待是一种折磨？等待时间知觉及其导致的非理性决策行为[J].心理科学进展，2014,22(11):1679-1690.

[21] ANTONIDES G，VERHOEF P C，VAN AALST M. Consumer perception and evaluation of waiting time：A field experiment[J]. Journal of Consumer Psychology，2002,12(3):193-202.

[22] LARSON R C，LARSON B M，KATZ K L. Prescription for Waiting-in-Line Blues：Entertain，Enlighten and Engage[J]. Sloan Management Review,（winter），1991:44-55.

第六章

纳税人抱怨管理与服务补救

第一节　抱怨是天使的声音——顾客抱怨研究

一、顾客抱怨的概念以及内涵

抱怨在辞典中被解释为"表达内心不平、不满意、反对、愤恨或遗憾",顾名思义,顾客抱怨就是顾客在表达不满意时的行为和语言表现。顾客抱怨是一个复杂的心理和行为过程,涉及原因、动机和行为方式等多个不同的角度。顾客抱怨行为的研究始于 20 世纪 70 年代,早期的研究集中在对不同行业顾客抱怨总体状况的描述以及抱怨行为的影响因素。20 世纪 80 年代末,部分学者开始关注东方文化背景下的顾客抱怨行为。辛格(Singh,1988)把顾客抱怨界定为顾客由于在购买或消费商品或服务时感到不满意而采取的一系列行为或非行为反应。顾客的抱怨可能是来自于产品实际功效与预期功效产生不一致,也可能是来自服务的失误。当顾客面对服务失误时会有数种行为选择,包含转换行为、直接向服务提供商抗议、寻求第三方或团体的支持、进行负面口碑宣传、什么都不做而接受一个不是很满意的服务质量水平。哈佛大学的古德曼和纽曼(Goodman 和 Newman,2003)归纳了顾客抱怨具有八个特点:①顾客对组织提供的产品或服务不满意并不一定提出抱怨;②顾客抱怨有时并不直接涉及不满意的产品或服务的原因;③提供产品或服务的中间环节有时会掩盖或疏漏顾客抱怨;④多数顾客可通过对问题的解释继续信任名牌产品或服务;⑤提供产品或服务的组织与顾客间经常沟通可以减少抱怨;⑥顾客抱怨与问题的严重程度和处理问题态度有密切关系;⑦顾客抱怨往往集中在已经得到承诺或利益的主

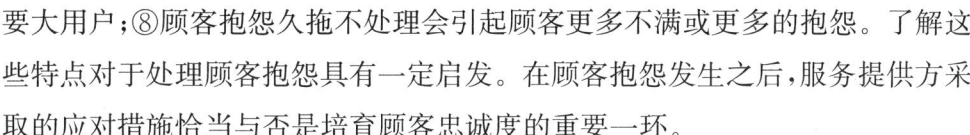

要大用户;⑧顾客抱怨久拖不处理会引起顾客更多不满或更多的抱怨。了解这些特点对于处理顾客抱怨具有一定启发。在顾客抱怨发生之后,服务提供方采取的应对措施恰当与否是培育顾客忠诚度的重要一环。

二、影响顾客抱怨的因素

顾客有多种不同的抱怨方式,并非所有不满的顾客都会抱怨。那么,哪些因素影响顾客是否抱怨,以及采用什么方式进行抱怨?对此,许多学者进行了分析和研究,结果发现,影响顾客抱怨行为的因素大致可以分为个人因素、情景因素和环境因素三大类。

(一) 个人因素

个人因素就是个体之间相互区别的一些相对稳定的特点,涉及人口特征、个性、态度、价值观等。

1. 人口统计特征

人口统计特征包括性别、年龄、教育程度、收入等。有研究发现,抱怨的顾客中,中年人较多,受过很好的教育人较多,收入高者较多,女性较多。较之不抱怨的顾客,抱怨的顾客更喜欢收集信息,更愿意直接向服务供应方而不是第三方抱怨。

2. 心理变量

心理变量主要包括性格变量和态度变量。研究发现,内控型的个体认为事情的发展掌握在自己手里,不大容易抱怨;外控型的个体认为外部的世界掌握自己的命运,则倾向于喜欢抱怨。还有研究表明,喜欢与众不同、个性独立的顾客容易成为抱怨者。抱怨的顾客往往比较果断,在不侵犯别人的权利的前提下,会坚决捍卫自己的权利。一项针对新加坡的顾客抱怨行为进行的研究发现,抱怨的顾客往往更加自信、个性更强、与众不同、更加果断;反之,不抱怨的顾客则更加保守,更愿意遵从社会规范和长辈的意见,更不愿承担风险(朱美艳,2006)。

3. 顾客对抱怨的态度

有的人对抱怨持有积极的态度,认为抱怨是维护自己权利的正常途径。其在抱怨时往往底气十足,非常自信,不会觉得尴尬。而有些人认为抱怨就是发牢骚,是负能量的表现,他们常把"不抱怨"作为自己的人生信条,经常能在不好的事情中看到光明的一面,并能不断安慰自己。还有人认为抱怨也没有用,解决不了实际问题,多一事不如少一事,宁愿相信"忍一时风平浪静"。

(二) 情景因素

情景因素指服务环境中与互动没有直接关联的其他刺激以及个人因环境所引发的暂时性特征,如产品的重要性、不满的强度等。

1. 产品或服务的重要性

不重要的或价格比较低廉的产品,比如去超市买支铅笔或牙签,即使稍有瑕疵,一般人也不会去抱怨。如果购买的某项产品价格较高、人们在生活中对其较为依赖、对自己具有特殊意义(如婚礼上的礼服或喜糖等)、经常暴露在亲戚朋友的目光之下,则产品相对更为重要,顾客就会采取更激烈的抱怨行为。

2. 不满意的强度

当顾客的不满情绪负累比较大,感到忍无可忍,甚至达到气愤的程度,其抱怨的可能性越大。辛格和皮安迪亚(Singh 和 Pandya,1991)的研究发现直接投诉与不满程度之间存在着一定的线性关系,即不满程度越高,直接投诉的可能性就越高。

3. 对服务提供方的态度

顾客对某一厂家或组织往往带有一定的态度倾向。对服务提供方持负面态度的顾客,一般会将商品或服务失败的责任归结于对方;如果服务提供方的信誉不佳或组织形象不好,顾客也会容易传播自己经历的负面服务体验。

4. 抱怨的成本和收益

顾客抱怨时会花费一定的成本,如时间、精力、交通、金钱等方面的成本,有时还会产生机会成本,丧失时机,甚至会产生一定的心理成本。例如,与对方交涉时会辩解、争吵导致心情不快,当其感觉到付出的成本与收益不相称,就有可

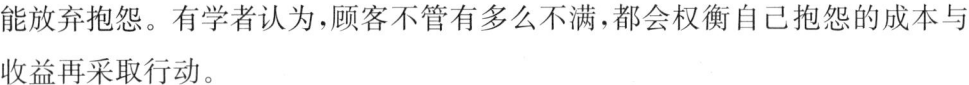

能放弃抱怨。有学者认为,顾客不管有多么不满,都会权衡自己抱怨的成本与收益再采取行动。

(三) 环境因素

环境因素是指一定时期内社会的经济水平、社会文化、政治法律等方面的因素。

1. 文化背景

不同文化背景下的人们有着不同的行为模式和思维方式。刘和麦克科鲁(Liu 和 McClure,2001)研究了跨文化背景下美国与韩国顾客抱怨行为和动机的不同。结果发现,韩国顾客更喜欢私下抱怨而不是直接抱怨,当不满意问题再次发生时,韩国顾客私下抱怨的倾向更高,而美国顾客则是直接抱怨的倾向更高。这一研究表明了奉行集体主义的韩国人更倾向于遵从社会规范,而在个人主义文化背景下成长起来的美国人喜欢与众不同,倾向于直接表达自我感受。

2. 行业特征

当一个行业处于完全垄断下,顾客没有其他选择,当遭遇不尽如人意的商品和服务时,顾客倾向于直接抱怨。这种抱怨行为的出现,往往是因为顾客别无选择,无法用脚投票来表达和维护自己的利益诉求。

3. 经济水平

在个人消费水平较低的情况下,顾客连基本需求都难以满足,自然愿意接受较低品质的产品或服务。而在生活水平较高的情况下,顾客有更多的购买经验,对产品或服务更为了解,也更清楚商家的抱怨处理政策及相关规定,自然知道如何进行抱怨并保障其个人权益。

4. 政府的法令管制

当政府部门对市场运行进行高度控制时,产品或服务的品质趋于标准化,信息趋于透明化,这些情况使得消费者在提出不满时降低了许多不确定性。法律对商家责任和消费者权益具有明确规定时,顾客会感到寻求赔偿的成功可能性提高,从而更愿意采取直接抱怨行为。

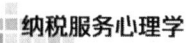

第二节　服务失误与服务补救

一、服务失误与顾客抱怨

不管一个企业或组织多么重视服务，但是，由于服务条件的限制以及被服务人员多样且日益高涨的服务诉求，服务过程中总有不能使顾客满意的地方，从顾客满意的角度来看，这是一种服务失误。正如美国哈佛大学教授哈特（Hart）和萨舍尔（Sasser）在《哈佛管理评论》发表的一篇文章中所说的："失误是服务的关键部分。无论多么努力，即使是最出色的服务企业也不能避免偶然的航班误点、烤焦的牛排和遗失的邮件。在服务业，顾客出现在服务过程中，失误是难免的（1990）。"服务管理专家比特纳（Bitner，1990）将服务失误界定为，在服务提供过程中，在服务接触的任一点上，如果顾客认为其需求未被满足，或是低于其预期水平，那么顾客就有可能认为出现了服务失误。服务失误使顾客感到不满，顾客抱怨的情况也就由此产生。但是不满的顾客并不一定会抱怨，有研究指出，仅有 5％到 10％的不满顾客会主动抱怨和投诉。究其原因主要有五个方面：一是顾客认为企业不会负责；二是顾客不愿等待和面对造成失误的人员；三是顾客无法确定自身权益与企业应负的义务；四是顾客不愿为抱怨花费时间；五是顾客担心提出抱怨后会得到较差的服务（杨勋，2007）。一旦发生顾客抱怨，重新赢得顾客是非常必要的，因此，致力于提高服务水平的服务企业对服务补救进行了深入的研究。

二、服务补救的内涵、策略和价值

（一）服务补救的内涵

作为商业实践和营销研究的焦点，服务补救的概念是随着时间的推移而发展的。在 20 世纪 70 年代末之前，服务补救一词主要涉及恢复计算机或电信中断，或从自然灾害中恢复。然而，从 20 世纪 70 年代末开始并持续到下一个十年,营销人员开始不仅强调在反应性环境中解决特定服务问题的服务补救的发生率,而且还强调长期效益,例如提高客户忠诚度和良好的口碑传播。较早注意到服务补救的是英国航空公司在 1980 年进行的"把顾客放在首要战略"的研究,这项研究将服务补救问题纳入到研究范畴,服务补救从此开始逐渐成为服务管理研究中的一个重要的领域。1990 年,哈特(Hart)等人发表了一篇名为《有利可图的服务补救艺术》(*The Profitable Art of Service Recovery*)的经典文章,以顾客流失、企业利润损失的观点来讨论实行服务补救的好处及重要性,使人们将服务补救的关注重点,从对顾客抱怨的反应性补救,逐步转向其在市场竞争中所扮演的预应性和战略性角色上来。至于服务补救的定义,学术界和实务界并没有达成一致,大多数企业都将服务补救定义为服务失误发生时所做的抱怨处理。学者米勒等(Miller 等,2000)认为服务补救是组织及时察觉并处理服务失误的预应性和主动性行为。格朗鲁斯(Grönroos,1988)认为,服务补救是服务业传递服务过程中,任何一个时间点发生服务失误时,消费者产生的负面反应,服务业为减少或修补因自身服务失误对消费者所造成的缺失、不满所采取的响应速度与方式及补救措施。服务补救的目的是要将不满意顾客转变为满意顾客,并期望未来仍保有此位顾客。我国学者韦福祥(2002)认为,服务补救是服务企业在出现服务失败时,所做出的一种即时性和主动性的反应,其目的是通过这种反应,将服务失败对顾客感知服务质量、顾客满意和员工满意所带来的负面影响减少到最低限度。泰克斯和布朗(Tax 和 Brown,2000)认为,服务补救是一种管理过程,它首先要发现服务失败,分析服务失败的原因,然后在定量分析的基础上,对服务失败进行评估并采取恰当的管理措施予以解决。王永贵(2007)认为,服务补救是企业在遭遇服务失败后所采取的行动,旨在对发生的失误进行纠正,以期对顾客遭遇所带来的不便和损失进行心理上、感情上和物质上的弥补,最终达到使顾客重新满意,进而提升其忠诚度,维系原有顾客的目的(李思华,2009)。

（二）服务补救的策略

对服务失败的补救可以采取多种形式。服务补救也有多个层面的含义,可以指满意地解决问题,也可指服务提供者针对服务失败所采取的应对行动,或者是第二次正确地提供服务。哈特等(Hart 等,1990)将服务补救类型分为道歉、补偿、响应速度三种。阿米等(Amy 等,1999)认为服务补救可分为道歉、补偿、响应速度、企业主动补救制度四种。服务管理研究学者比特纳(1990)所提出的服务补救有四项关键活动:承认错误、解释、道歉与补救。还有学者研究归纳整理出零售业的服务补救方式有折扣、改正、管理者介入、退款、道歉、更换、折价券、不理睬等。霍夫曼和凯利(Hoffman 和 Kelley,1992)以餐饮业为研究对象,归纳出不同的补救策略,有免费用餐、折扣、折价券、管理者介入解决、改换其他餐点、道歉、不理会等。可见,服务补救的方式众多,但可以约略归纳出几点:道歉、更正、管理者介入、折扣、补偿等。最常被使用的补救措施有道歉、协助和补偿,当失误发生的时候,道歉是最基本且必要的补救策略。米勒等学者(Miller 等,2000)把所有服务补救措施分为三种类型。

（1）心理层面,心理上的补救措施,能直接改善和顾客需求相关情况,包括道歉、解释(内部与外部解释)。心理上的补救是简单又经济有效的方式,若应用不当可能造成反效果,增加顾客的负面经验。道歉表示企业可能有过失,并可能增加企业补偿费用的风险,但仍具有存在的必要性。

（2）效率层面,回应迅速,及时处理服务失误并作出补救响应,使顾客感受到业者的忠诚度,并提出更高的评价。

（3）实质层面,是指回馈、实际补偿方面上的努力,补偿是因服务失败造成成本上或方便性上的损失,也是一个提供附加价值的行为,补偿可包括金钱补偿或实物补偿。

笔者认为,服务补救主要的方式为心理补偿及实质补救。心理补偿是组织以有礼貌、尊重及关心等态度向顾客解释、道歉及承认错误;实质补救是组织以折扣、免费、退费等方式补救交易关系。近期的研究者指出,服务补救策略应有积极的观点,即不仅服务失误时需采取完善的补救策略,更重要的是企业应有

"预防胜于补救"的观念。换言之,企业平时就需致力于各项可防范服务发生失误的管理活动,包括员工训练、赋权及回馈机制的建立等。就实务上来说,有预防措施总是好的,但是即使再周全的预防措施也不能完全杜绝服务失误的发生,因此,做好服务补救仍是服务供应方需要关注的课题。

（三）服务补救的价值

服务性企业在致力于推行"零缺陷"服务的时候,多数会提出"第一次就做好"的服务理念。实际上,企业努力追求的"一次成功"愿景在实践中往往是难以做到的。在内外部环境迅速变化的时代中,服务系统和人的因素很难保证不出一次差错。即使企业和公共组织能够提供无可挑剔的服务,但是由于顾客本身的原因,如对提出的服务要求超出了法律、政策的规定,或是对服务的规则、流程等缺乏必要的认知等,在服务过程中仍会出现不满意的情况。既然服务失误难以避免,为了实现顾客满意度和顾客忠诚,企业有必要采取措施,吸取前车之鉴,争取做到"二次成功"。

一般来说,服务失误发生后,顾客会有两种反映:抱怨和沉默。如果顾客采取抱怨的方式,他会有三种途径:一是向供应商抱怨,由顾客服务部等专门处理顾客抱怨的部门来加以解决,服务失误的处理仅仅是限于与顾客服务部相关的工作;二是向家庭、亲戚、同事或朋友抱怨,向他们传播关于提供该服务的公司的负面信息,这种负面宣传非常有害,因为他会加强顾客的消极情绪,并将这种负面影响传给他人,如果负面宣传没有与投诉一起传递到公司,公司就没有机会进行即时的处理,以致于这个"漏洞"越来越大;三是向消费者协会、工商部门、技术监督部门以及法律部门投诉,一旦媒体参与其中进行报道,局面将会难以收拾。从上面的分析可以看出,只有当顾客选择向供应商抱怨,才会给公司以弥补的机会,其他两种情况都会给公司的形象带来巨大的损伤。如果顾客对服务失误保持沉默,问题可能会更严重。人们一般认为"没有消息就是好消息",其实不然。正像一本流行的管理学著作的标题"抱怨是一件礼物",或者一句广为人知的金句"抱怨是天使的声音",顾客的抱怨可以提供改正错误,改善过程、系统和满足顾客的机会。如果顾客保持沉默,服务提供者压根就不知道

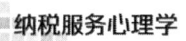

"服务营销的水桶"哪里漏水(马勇,2003)。

三、服务补救的原则

国内服务补救研究专家马勇(2003)归纳了服务补救应当遵循的几个原则。

(一)承认错误,不要太多辩解与顾客争论不休

服务提供者的目的是收集事实以达成双方可接受的解决方案。争论会阻碍聆听顾客的观点,并且不利于平息顾客的怒气。正如英国航空公司顾客关系部负责人查尔斯·怀瑟所说:"98%~99%的顾客都确信自己的批评是正确的。因此,与顾客争论谁对谁错无济于事。我们的目标在于赢回那些不满的顾客,这样每年可以减少大约40亿美元的收入损失。"

(二)认同顾客的感觉,强调对顾客伤害的理解

当顾客由于服务失误而受到伤害时(经济、身体、心理、时间、精力),他会认为自己受到不公正的对待,对对方的容忍度会变小。以默许或明言的方式认同顾客的感觉,有助于缓解顾客的情绪,它是有效服务补救的感情基础。

(三)补救的时机越早、行动越迅速越好

服务失误发生后,通常会给顾客造成两种影响——实际问题和情感问题,尤其是情感问题,时间拖得越长,对顾客的伤害就越大。就是站在企业的成本角度来看,快速的服务补救也是非常有效率的。曾获得美国服务业质量管理奖的瑞兹·卡通(Ritz Canton)酒店,其总裁帕瑞克·迈尼(Patrick Mene)创造了所谓的"1-10-100"的服务补救法则。意思是服务失误出现后,当场补救可能要使企业支出1美元,但第二天补救这笔费用会是10美元,以后补救则会上升到100美元。

(四)向顾客阐明解决问题需要的步骤并让其了解问题解决的进度

在问题不能当场解决的情况下,告诉顾客企业计划将如何行动,表明企业正在采取修复性的措施。心理学的研究表明:不确定性会导致人的紧张和焦虑。因此,要把问题解决的进度及时告诉顾客,以避免加大顾客解决问题的心理成本。

（五）考虑给顾客补偿

在顾客没有得到他们花钱购买的服务结果，或遭受到了严重的不便利，或因为服务失误而遭受了时间、精力和金钱的损失时，正确的做法是赔偿或重新提供服务。这一做法还可能有助于降低恼怒的顾客采取法律行动的风险。服务保证通常会事先确定补偿方式。但在许多情况下，顾客想得到的仅仅是服务人员的道歉和避免类似失误的再次发生。这里必须明确的是，顾客抱怨处理也有可能给顾客补偿，但它是非自愿的，与服务补救相比，同样的赔偿金额，顾客的感受不一样，前者顾客的感觉像是被施舍，后者则更像是主人。

第三节　纳税服务失误补救

一、纳税人抱怨与投诉现状

不可否认，税务机关一直以来非常重视纳税服务，不断创新纳税服务方式，完善各项制度、机制和措施，简化办税流程，确实得到了纳税人的认可，甚至有纳税人认为，在政府行政机关中，税务机关的服务是排在前列的。但是，正如企业服务管理一样，百分百完美的零缺陷服务是不存在的，加上我国地域广阔，各地发展水平不一，人员素质参差不齐，在一些地方的税收服务中，总会出现不尽如人意的地方，引发纳税人的抱怨。从抱怨的形式上来看，有当场抱怨的，有找税务局领导抱怨的，有打 12366 投诉电话的，有向政府热线、政府效能办投诉的，有到网上发帖抱怨的，有在微信圈、微博发表抱怨的，甚至有直接向媒体反映的，还有个别纳税人通过视频方式在自媒体传播的。某些地方还因媒体曝光造成了舆情事件，给税务机关和税务干部带来一定的负面影响。由于在网络发帖具有一定的私密性，可以不用透露自己的真实姓名和工作单位，纳税人可以直抒胸臆地暴露自己在办税服务中所遭受不良服务之后的心情，因此具有一定的真实性。表 6-1 整理出了纳税人 2011—2018 年在互联网上抒发抱怨之情的相关帖子（由于涉及具体税务部门，个别地方用×号代替）。从抱怨内容来看，

多是针对税务人员服务态度而言的。

表6-1　纳税人网上抱怨一览表

序号	抱怨内容	时间
1	去纳个税就像做孙子似的,税务的都是大爷,得罪不起,他们烦,关我们纳税人毛事,我们还烦呢,难道把气也撒在别人头上	2011
2	每次去,态度都很恶劣,除非事情很顺利,一句话都不用说就办完事情,就不用被他们说,都还要看他们的脸色,我每个月按时交税,得罪你们全家了吗?我刚开始去交税的时候就觉得是他们态度恶劣,还以为只是个别,没想到交了十几二十次了,每次都那样,凶巴巴的	2011
3	我想几乎每一个到×税大厅办事的人都有这种感觉:那里的人员大多成天拉着个脸,而且动不动就发火。特别是一个戴着眼镜的年轻女士。虽然"为纳税人服务"几个大字赫然入目,但是谁有过被服务的感觉?到那里办事说话都得压低了声音,赔尽了笑脸。真不知道这种情况何时得以改观	2011
4	刚打电话给×税局,想问问专管员的姓名和税务局地址。谁知道接电话的那个男人,态度恶劣,说我都不知道公司注册在哪的哇,连这个都不知道的哇,吧啦吧啦,然后就态度恶劣挂断了电话	2012
5	分地方,我去过三个×税局办事,某一个就特别差,还给脸色,好几次被气到,但是其他两个就特别好,非常有耐心,还一直笑眯眯的	2012
6	我们这×税的一个女的,抄税窗口的,直接把抄税的步骤打印下来贴在台面上,电脑也面对大众,自己站在一旁冷眼旁观,别人第一次不会弄,她也不帮忙,直接让人看台面上的步骤就不管了。每次过去看她不是站那发呆就是玩手机,没有做过一次本职工作。听说这样子还是算好的了	2013
7	一般就是年轻人态度很好,需要带的资料一次性给你说清,基本上第二次你按照他说的东西办就可以办成。但是,年龄四十左右的吧,我接触的大部分人,都特别讨厌,对你爱答不理不说,你办什么业务,明明带三样的东西,你问他,他告诉你一两种,结果下次来,又说你没带全又让你带,你又要重新跑一趟。真弄不明白,可能窗口每天应付很多人会烦,但是为什么年轻人就很礼貌,有的人完全混日子还要看他脸色	2013
8	窗口人员能跟你一边说话一边翻白眼,就算正常对话了,只能耐住性子跟自己说不跟这种人一般见识。跟营改增×税业务量激增有关系,但是税务局窗口的态度普遍很差,遇到个能好好说话的就跟撞大运似的	2013
9	个体户到××局办税大厅(新装修的,里面装修还可以)办理税务,但是那里的部分(可以说大部分)人员服务态度相当差,只有一位新来的小女生态度好些,其他的老员工态度都不行,多问几句话就不耐烦,鼻子不是鼻子脸不是脸的,好像我们纳税户比他们低一等。建议领导管一管了	2013

（续表）

序号	抱怨内容	时间
10	最近因为一些原因要跟税务打交道，……，真的无法想象他们怎么都以那么冷冽的表情和言语来回答。并且我感觉太容易刺激到他们，一句简单的话语、一个简单的问题，他们在瞬间就不好了，有时近乎处在崩溃的边缘	2014
11	×税务局的人普遍素质有点差，办事效率比较低，解决问题的能力和态度不行，有的甚至不如我，曾经遇到被几个税所踢皮球的事情，后面是请副局长出面解决的	2016
12	现在大部分窗口的人员态度已经很好了，就唯独到×税窗口办事，每次都要气得半死，一个问题问好几遍才会理你一下，多问一句就翻白眼。招的这都是些什么人啊	2017
13	我昨天去税务局，有一个业务要咨询，结果跑过去问了咨询处，咨询处说你去里面问柜台，这个柜台说他们不知道的，要去问另一个，另一个又说不知道，我只能跑去问专管员，结果我们那个区取消专管员了，结果是我昨天待了一天的税务局，找了一圈人，都是不知道，不清楚	2017
14	下午去××县税务大厅开发票，直接去咨询柜台上一男性工作人员，他态度非常恶劣，再次询问他，他爱理不理，并说为什么要去问他！这位同志当时一点也不忙！看到×税局门面在升级，里面工作人员素质却没有提升，深感愧惜	2017
15	明明上班时间到的大厅，开票机器坏了，办事人员不管不问，自己去吃饭了，让一大厅的人等，等他们吃好饭，一大厅的人都饿着。不像样子。机器坏了，你可以手工开票啊，你把厅堂里客户解决了，再去吃饭不可以吗？你是公务员，你老大，一分钟不可以耽误，多学学别的服务行业，银行是怎么服务的	2018
16	我很疑惑，为什么××税务局的人态度那么差呢	2018
17	今天怀着愉悦的心情去××税务局，差不多十点五十左右吧，取了号就轮到我了。由于金额填错，等到我公司会计报给我正确的金额，差不多十一点十几分。然后工作人员让我下午来。我懵了，我问了下她们几点下班。"十一点半，好吧！不过我会准时下班的，到时候弄不完别怪我。"这个态度还行，那我就下午来吧。接着下午两点左右我又去了，取号后十几分钟轮了，好，又告诉我金额错误，我问哪里错，一脸不耐烦，好像我欠了她几辈子钱一样，说你金额不对。"哪不对了？""你的金额和我电脑上的不对，如果通不过你不要怪我。"又是一脸懵，"那您能告诉我哪的金额不对，我来问问会计是不是错了？""就是那个税额不对。"原来服务人员是这样的态度，我明明记得之前的服务人员会非常耐心地教我怎么填和怎么弄的呀！为什么？难道我之前来的不是一个税务局。还有，很多我听了之后真的刷新三观，在这里我就不一一细说了。如果服务人员就是这样的态度，那么我们纳税人的钱会不会缴得心寒啊！如果人与人之间起码的尊重都没有，他们作为公务人员就用一种高傲的态度来对待我们这种不太懂的老百姓，那么我们怎么放心把国家的税务交给他们？我只是希望这样的事真的不要再发生了，真的太让人心寒和心酸，可以多给我们纳税人一点耐心吗？教会我们也是为了下一次的方便。生而为人，请务必善良是吗	2018

资料来源：根据相关网站自行整理。

针对纳税服务中抱怨和投诉的分析发现,引发抱怨和投诉的问题有制度上的,有管理上的,有态度上的,但主要集中于态度上的。另有调查显示(如表6-2所示),态度冷淡与不准确解释是纳税人最为反感的行为。但是,由于纳税人自身原因,如办税所需证件不齐,对办税流程不熟悉,缺乏相关税收知识等导致对办税服务不满意也在一定程度上存在。如何处理此类的纳税抱怨,是一个值得认真研究的问题。

表6-2　纳税人最反感的税收服务不文明行为问卷调查

题项	票数
税务人员对您的咨询,态度冷淡或者不进行准确解释	523
主管税收管理员对税收政策宣传不到位,解释税收政策不够耐心	365
服务态度差,存在门难进、脸难看、话难听、事难办现象	258
主管国税机关人浮于事,办事效率低下	256
办税服务厅办税设施摆放不整齐,环境卫生还存在脏、乱、差	152
随意批评、故意刁难纳税人	89

资料来源:某县税务局网站,时间为2017年12月。

二、对待纳税人抱怨的正确态度

(一)接纳纳税人抱怨的现实

著名心理学家亚伯拉罕·马斯洛认真思考过人类生活中存在的各种抱怨问题,并提出了自己的看法:"永远不要期望怨言会终止,人总是会抱怨的。没有天堂,没有极乐世界,除了一两个短暂的幸福时刻,无论人得到了怎样的满足,他们都不会完全满足。"现代社会,一方面由于公民权利意识的高涨和政府权威的祛魅,人们对优质公共服务的要求也越来越高;另一方面,由于基本的生存需求的满足和物质生活水平的提高,人们必然追求更高层次需求,如尊重、效率、平等、权利等。马斯洛需要层次论中的基本需要和更高层次需要有着明显的划分,这一理论可以用来解释这种发展情况(如图6-1所示)。人的需求和欲望是不断成长的,当预期的要求达不到满足,就必然出现抱怨。这是任何服务

领域都经常出现的社会现象。正如马斯洛(2010)所说:"动机是没有尽头的,仅仅是随着条件的改善不断向越来越高的水平发展。"因此,当纳税人出现抱怨时,应当坦然接受并正视问题的存在,采取相应措施进行补救。

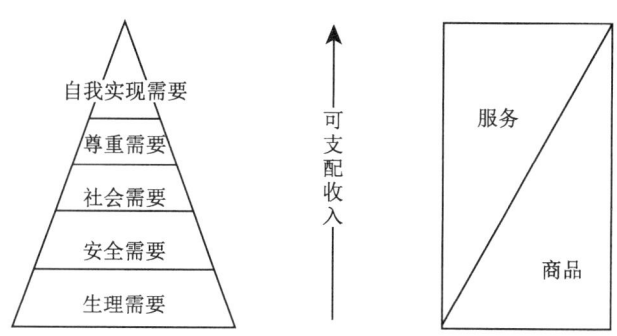

图 6-1　马斯洛的需要金字塔与可支配收入的关系

资料来源:亚伯拉罕·马斯洛、弗雷杰·罗伯特、法迪曼·杰姆斯,《动机与人格》(第 3 版),中国人民大学出版社 1987 年版;转引自保罗·格默尔、巴特·范·路易、罗兰·范·迪耶多克,陈福军、曹婷译,《服务管理:整合的视角》(第 3 版),清华大学出版社 2017 年版。

(二)纳税人抱怨是组织进步的动力

商业领域认为顾客抱怨是天使的声音。抱怨表明顾客对商家的产品或服务是有期望的,希望商家能够改变不足以满足其期望。倘若顾客遇到不满意的产品或服务,只是悄悄地离开,商家则无从知晓其需改进之处。日本经营之神松下幸之助说:"人人都喜欢听赞美的话,可是顾客光说好听的话,一味地纵容,会使我们懈怠。没有挑剔的顾客,哪有更精良的商品? 所以,面对挑剔的顾客,要虚心求教,这样才不会丧失进步的机会。"公共部门同样如此,当公民不愿抱怨或者是抱怨得不到合理的对待,他就很可能对公共部门抱有冷漠和不友好的态度,甚至通过自媒体表达不满,从而使公共组织陷入被动,影响其形象和公信力。从心理的角度看,抱怨具有情感疏泄的功能,是当事人心理需求不平衡的一种调适过程,如果处理得当,其内心的紧张状态就会得到释放,如果得不到化解,其必定通过其他途径来加以排遣。所以,纳税人的抱怨实际上是好事,它可以帮助税务机关意识到服务上的不足,看到改进的方向,如果能妥善处理,还可以防止纳税人后续过激行为的出现。

(三) 创造条件,鼓励纳税人表达不满

政府构建良好的公众抱怨处理机制一方面有利于化解社会矛盾、减少公众信访事件、促进和谐社会的建设,另一方面有利于服务型政府绩效评估的完善。因此,政府高度重视公众抱怨,积极拓宽人民群众向政府提出意见和建议的渠道,创造条件让人民群众监督政府,负责任地解决人民群众的困难和问题,成为一种有效的公共服务(周庆国,2010)。无论是企业组织还是政府部门,完美的服务都是一种止于至善的动态过程,是一种以卓越为核心要义的至高境界的追求,这一境界是只能不断接近而难以达到的。纳税人的抱怨在一定程度上反映了服务系统存在的不足或缺陷,想方设法采取"堵"的方式避免纳税人抱怨或者片面地追求低抱怨率是不可取的。正确的做法是应建立纳税人表达意见的平台,分析纳税人的心理需求与服务现状之间的差距,检验组织在提供服务上存在着哪一层次的缺失。马斯洛把抱怨分成三个层次:低级抱怨是对基本需求不能满足的抱怨,高级抱怨是对不被尊重或自尊受到威胁的抱怨,超级抱怨则是指对非正义或成长机会受限制的抱怨。按照马斯洛的观点,抱怨的水平可以用来表示一个人生活的动机层次。同样的,在纳税服务环境中,研究分析纳税人的抱怨水平,不仅可以了解纳税人的动机层次,还可以衡量税务组织的服务水平,从而采取相对应的措施来平复纳税人的不满。

三、纳税服务补救策略的选择

相比商业领域的顾客而言,纳税人在纳税过程中更容易感到不满。因为在商业活动中,顾客付出了金钱就可以得到相应价值的商品,即使商品不合心意或者服务过程不愉快,顾客可以选择"用脚投票",选择别的商家,直到满意为止。而在缴税活动中,纳税人很难立刻感受到缴纳税款之后的收益,即使在遭遇不良服务之后,也无法更换服务提供方。在文明社会中,税款被认为是纳税人享受的公共物品与公共服务的对价,在当今优质公共物品和公共服务并不理想的背景下,纳税人低纳税意愿是相当突出的。如果在缴纳税款的过程中得不

到税务机关的尊重和良好服务,纳税人的不满是毋庸置疑的,甚至有纳税人在税务机关气愤地喊道:"我来缴税你都不要!"美国国内收入局前任局长查尔斯·罗索蒂(Charles O. Rossotti)先生说过一句话:"纳税人在银行得到了很好的服务,转身到税务局就受气,那是不可想象的。"因此,税收机关要努力切实提高纳税服务水平,如果在服务中遭遇到服务失败,有必要借鉴服务企业关于服务补救的理念和策略进行及时修复。学者萨伊德和萨哈(Saeed 和 Shah,2011)指出,为了使公共部门更加以客户为导向,高效的公共部门组织可采用全面质量管理(TQM)和新公共管理(NPM)的概念,他们借鉴了莱维斯和麦卡恩(Lewis 和 McCann,2004)针对服务业的研究成果,认为税务机关同样可以采用道歉(apology)、同理心(empathy)、纠正(correction)、补偿(compensation)、后续行动(follow-up)、确认(acknowledgement)、解释(explanation)、例外处理(exceptional treatment)和管理干预(managerial intervention)等方式来进行服务补救。国内研究者高旭(2018)引入服务补救理论,分析了纳税服务的特征和服务过错原因,提出了纳税服务过错补救应当遵循的若干策略。

(一)畅通服务反馈渠道,是服务补救的前提

服务补救的前提是纳税人"不满意见"充分表达和收集,这样服务补救意义更大,效果更好,才能实现服务补救悖论的效应。然而,现行的服务反馈渠道有限,应当建立包括 12366 服务投诉热线在内的多种意见反馈渠道,特别是应当借助互联网和公共通信平台,让纳税人及时、便捷、匿名地反馈服务意见和建议。更为重要的是,防止因内部过度追责而人为堵塞服务意见反馈渠道,进而形成"满意"假象,不利于服务工作的持续改进。

(二)科学合理分级授权,是服务补救的基础

服务补救与投诉管理最大的区别在于及时性,纳税人更加关注的也是问题解决的及时性。这就要求服务一线税务干部要有服务过错的识别能力,服务补救的策略与技巧,更为重要的是要有服务补救的授权。要在首问负责制的基础上,使纳税人的问题得到及时解决,精神得到及时安慰,损失得到适当补偿,防止负面情绪蔓延、感染、传播,形成负面舆情事件。

(三) 精神抚慰争取理解,是服务补救的起点

基于纳税服务行为的法律性和征纳之间服务与被服务的重复性,在调查中,45％的纳税人期望在服务过失中得到税务机关的精神补救,重拾纳税人的尊严;在方式上,98.5％的人期望口头道歉,并不希望以处理税务干部为条件的方式;在道歉的层级上,92.5％的人希望得到上一级领导的见证和安慰;当然,也有56％的人担心道歉的真诚性,43％的人担心道歉后的报复行为。由此可见,精神抚慰是服务补救的起点,要研究纳税人的心理预期,选择适当的方式和策略,让其感受精神抚慰的真诚性和有效性。

(四) 及时解决诉求问题,是服务补救的核心

纳税服务的实质是解决涉税诉求,这是纳税人的核心"利益"和基本需求,精神抚慰和物质补偿是附加或额外需求,是不可替代的补救方式。例如办理税务登记需要及时、方便,申报税款的诉求就是快捷、准确,申领发票追求及时、足量。因此,在发生服务失误时除了及时承认、道歉,更为重要的是即时尽可能按照纳税人的要求解决涉税诉求。对其中不合理、不合法的要求,耐心说服,做好解释工作。

(五) 提供适当物质补偿,是服务补救的关键

在纳税服务补救方式调查中,纳税人对物质补救的期望并不高,仅有5.6％的人认为税务机关在服务过失中应当采取物质补救方式。在进一步对物质方式补救事项的调查中,有88％的人认为造成经济损失的应当给予物质补偿;在补偿的额度上,有90.5％的人认为在乎补偿的行为,而不在乎补偿的额度,仅有9.5％的人认为应当足额补偿,如多征税款或多罚税款除了如数退回外,应当按照同期银行贷款利率补偿。尽管纳税人对物质补偿的期望值不高,但是物质补偿的宣传效应较大,可以考虑分两种情况补偿:对于未造成经济损失的过失行为,如态度蛮劣、时间延滞等给予一定的具有象征意义的物质补偿;对于造成纳税人经济损害的,应当给予同期银行存款利率的补偿,也符合对等原则,既然纳税人迟缴税款有滞纳金,那么相应的补偿也是必须的,也是服务过失应当付出的代价。

（六）建立服务测试机制，是优化服务的根本

持续提高纳税服务水平，争取第一次就提供完善的服务，这就需要税务机关建立一套服务测试机制。具体设想是，设计纳税服务质量测评量表，由各级督查内审部门匿名聘请纳税人不定期对不同服务岗位、服务环节、服务事项进行服务测试、评价。同时结合投诉问题持续改进措施，并把服务满意率作为绩效管理的主要内容，与干部年度考核、职务晋升、岗位调整紧密挂钩。

四、服务柔性理论在纳税服务补救中的应用

在发展迅速的现代社会，那些金字塔型的、科层制的、工作内容和性质完全标准化的组织越来越难以应对外界不断涌现的挑战，以不变应万变的信条早已被现实所质疑。在 VUCA（V-volatility 易变性，U-uncertainty 不确定性，C-complexity 复杂性，A-ambiguity 模糊性）时代，很多组织和员工从事的不再是标准化的工作，而是充满创新性的工作。服务型组织面临的变化和冲击更为明显，因为服务具有鲜明的异质性，加上顾客需求的不断变化和服务的不稳定性，以及技术手段更新不断加快等原因，以往在服务型组织中行之有效的管理措施，如标准化的流程、周密的计划和严格的控制等手段能发挥的作用已经捉襟见肘了。因此，服务型组织必须根据形势的变化，变得更加敏捷、灵活和更有创新性，能够及时调整服务战略，打造快速的反应能力，才能赢得顾客，获得长久的竞争优势。早在 20 世纪 90 年代，哈佛大学管理学家哈特（Hart）等人就从服务失败和服务补救的视角提出了服务柔性问题，以期通过服务柔性来减少服务的不稳定性问题。从宏观角度来看，税务机关可以从服务柔性理论得到两个启发：一是打造柔性税务机关，二是培育柔性服务员工。柔性税务机关是指面对复杂性、易变性和动态性的外部环境，税务机关要能建立起灵活性、回应性、充满弹性的组织架构，进而持续地塑造环境或及时进行调整，从而在应对变化的行为和行动中快速投入资源以及有效利用资源，最大限度地减少服务失误率，以及在服务失误时能够及时、迅速、灵活地进行补救。首先，税务组织要营造服务型的文化，动员组织的各个部门树立以服务为中心的价值观；其次，实行

扁平化的组织层级,使信息的流通和沟通更加顺畅,以增进组织应对危机的敏捷性;最后,进行制度建设,为实现从"管控型"税务机关向"服务型"税务机关转变提供制度基础。在培育柔性服务员工方面,需要从以下几个方面着手:首先,要用柔性的管理方式对待员工,严酷的管理方式会使员工想方设法避责,而不是采用灵活变化的方式服务纳税人;其次,激发纳税服务人员的主动性和创造性,鼓励他们在不违背制度的情况下帮助纳税人创造最佳的服务体验;最后,采用柔性的用人制度和措施,如前台和后台的员工能够互相替补、使用志愿者、招聘实习生等,以备在服务高峰时期满足服务需求。

参考文献

[1] SINGH J. Consumer complaint intentions and behavior: definitional and taxonomical issues [J]. The journal of Marketing, 1988:93-107.

[2] JACOBY J, JACCARD J J. The sources, meaning, and validity of consumer complaint behavior: A psychological analysis[J]. Journal of Retailing,1981.

[3] MAUTE M F, FORRESTER JR W R. The structure and determinants of consumer complaint intentions and behavior[J]. Journal of Economic Psychology, 1993,14(2): 219-247.

[4] STEPHENS N, GWINNER K P. Why don't some people complain? A cognitive-emotive process model of consumer complaint behavior[J]. Journal of the Academy of Marketing science,1998, 26(3):172-189.

[5] KIM C, KIM S, IM S, et al. The effect of attitude and perception on consumer complaint intentions[J]. Journal of consumer marketing, 2003,20(4):352-371.

[6] GOODMAN J, NEWMAN S. Understand customer behavior and complaints[J]. Quality Progress, 2003,36(1):51-55.

[7] ESTELAMI H. Competitive and procedural determinants of delight and disappointment in consumer complaint outcomes[J]. Journal of service research, 2000,2(3):285-300.

[8] GOODMAN J. Manage complaints to enhance loyalty[J]. Quality control and applied statistics, 2006, 51(5):535.

[9] 朱美艳,庄贵军,刘周平.顾客抱怨行为研究的文献回顾[C]//中国市场学会 2006 年年会暨

第四次全国会员代表大会论文集.2006.

[10] SINGH J, PANDYA S. Exploring the Effects of Consumers' Dissatisfaction Level on Complaint Behaviours[J]. European Journal of Marketing，1991,38(9):7-21.

[11] LIU R R，MCCLURE P. Recognizing cross-cultural differences in consumer complaint behavior and intentions:an empirical examination[J]. Journal of Consumer Marketing，2001,18(1):54-75.

[12] 杨勋.基于服务失误的物流服务补救研究[D].武汉理工大学,2007.

[13] HART C W，HESKETT J L，JR S W. The profitable art of service recovery.[J]. Harvard Business Review,1990,68(4):148-156.

[14] HOFFMAN K D，KELLEY S W，ROTALSKY H M. Tracking service failures and employee recoveryefforts[J]. Journal of Services Marketing,1995，9(2):49-61.

[15] MILLER J L，CRAIGHEAD C W，KARWAN K R. Service recovery:a framework and empirical investigation[J]. Journal of Operations Management，2000,18(4):387-400.

[16] SMITH A K，BOLTON R N，WAGNER J. A model of customer satisfaction with service encounters involving failure and recovery[J]. Journal of marketing research,1999:356-372.

[17] 韦福祥.对服务补救若干问题的探讨[J].天津商业大学学报,2002,22(1):24-26.

[18] ABELER J，CALAKI J，ANDREE K，et al. The power of apology[J]. Economics Letters，2010，107(2):233-235.

[19] 马勇.超越顾客抱怨处理,实施服务补救[J].经济管理,2003(9):56-59.

[20] 亚伯拉罕·哈罗德·马斯洛.人性能达到的境界[M].马良诚等,译.西安:陕西师范大学出版社,2010.

[21] 周庆国.行政公平的基本涵义和内在意蕴[J].中国行政管理,2010,2:013.

[22] SAEED A，SHAH A. Enhancing tax morale with marketing tactics:A review of literature [J]. African Journal of Business Management,2011,5(35):13559-13565.

[23] 高旭.基于服务补救悖论的纳税服务补救策略选择[J].湖南税务高等专科学校学报,2018(2).

第七章

纳税拖延心理

第一节　与生俱来还是身不由己——拖延心理探秘

一、拖延及其本质

(一)拖延现象种种

虽然现代社会的拖延现象十分普遍,让陷入其中的人们深受困扰,但拖延并不是什么新鲜事。早在明朝有个叫钱福的苏州人就写过一首关于拖延的诗《明日歌》:"明日复明日,明日何其多! 日日待明日,万事成蹉跎。世人苦被明日累,明日无穷老将至。晨昏滚滚水东流,今苦悠悠日西坠。百年明日能几何? 请君听我明日歌。"公元前 800 年的古希腊诗人赫西俄德在《工作与时日》中写下"put your work off till tomorrow and the day after",意思是"把你的工作拖到明天和后天"。这可能是最早的关于拖延的记载了。据说,著名的画家达芬奇就是一个典型的拖延者。拖延给人的感觉往往是负面的,常与懒惰、不负责任、逃避等消极词汇联系在一起。古罗马政治家西塞罗称拖延为"可憎"的。

现代社会,拖延现象比起古代有过之而无不及,孩子做作业、学习功课拖延,大学生写毕业论文拖延,上班族把老板交代的工作拖延到最后一刻完成。从学生到科学家,从秘书到总裁,从家庭主妇到销售员——拖延的问题几乎会影响到每一个人。一项调查显示,大约 75% 的大学生认为自己有时拖延,50%认为自己一直拖延。美国的研究表明,有 80%～95% 的学生有过拖延。百度曾经做的一项调查发现,在 1 148 名被调查者中有 84% 的人有工作拖延现象。有的人甚至把拖延当作一种生活方式,为自己贴上标签名曰"懒癌"。从意志力角度看,拖延是自我调节失败的结果,是在能够预料后果有害的情况下,仍然把计划要做的事情往后推迟的一种行为。即使是经常拖延的人也会承认拖延是不好的,是有害和愚蠢的,但却难以自拔。严重的拖延会对个体的身心健康带来消极影响,如出现强烈的自责情绪、负罪感,不断的自我否定、贬低,并伴有焦虑症、抑郁症等心理疾病。在实验场景中,具有拖延行为的人有更高程度的压力和更差的身体状况;在现实生活中,拖延又常与误时误事相联系,可见拖延的危害是巨大的。在当今高速运转、追求效率的时代,拖延问题的严重性以及解决这个问题的迫切性日益凸显。拖延心理也成为社会心理学、神经心理学、行为经济学等学科研究的热点,并取得了爆炸性的成果。

(二)拖延的本质与维度

拖延的英文为"procrastination",来自拉丁文,"pro"是"放到"的意思,而"crastination"的意思是"明天",放在一起表示把事情放到明天去做。阿克洛夫(Akerlof,1991)认为拖延是一种非理性的拖拉行为,即知道没有好结果,仍然会拖沓。莱伊(Lay,1986)则认为拖延是一种将该做的事情延后的非理性倾向。博卡和于恩(Burka 和 Yuen,1983)指出,拖延就是将该做的事情延后做的一种行为。但他们对拖延的解释仅仅从行为的角度展开,并没有涉及心理层面。所罗门和鲁斯布鲁姆(Solomon 和 Rothblum,1984)把拖延定义为不必要地推迟任务以至于产生主观不适体验的行为。斯蒂尔(Steel,2007)回顾了许多学者的研究,提出了自己的看法,他认为拖延是一种明明意识到拖延会带来负面结果的情况下自愿采取推迟计划的行为。拖延带来的危害是不容置疑的,但也有人认为拖延也有积极的意义,它可使人避免冲动或对某件事有审慎的态度。

研究者试图从不同角度来给拖延加以分类,费拉瑞、麦克科恩和约翰逊(Ferrari,McCown,Johnson,1995)指出,从拖延对象来划分,可分为工作拖延,学业拖延和日常生活拖延;从产生拖延的情境来划分,可以分为决策性拖延和强迫性拖延。米尔格拉姆和特纳(Milgram 和 Tenne,2000)从拖延的风格把拖延分为四种:工作型拖延、日常生活型拖延、决定型拖延和冲动型拖延。楚和楚伊(Chu 和 Choi,2005)将拖延分为消极拖延和主动拖延两类,其中,主动拖延是一种更高层次的自我调节方式,这类群体喜欢在压力下工作,其拖延行为是经过深思熟虑的,他们将注意力放在了更重要的事情上。从这个角度上来看,拖延是为了达到积极目的而采用的一种审慎的策略。在以上对拖延的不同分类当中,费拉瑞等人的分类最具影响力,常被研究者引用。

二、拖延的影响因素

(一)人格特质因素

关于人格特质与拖延的关系已经有许多充分的研究,有人认为,拖延可能与人的生物基础或基因成分有关。有拖延特质的人往往有比较弱的自控能力,缺乏坚持力,工作纪律松弛,时间管理技能差,缺乏有条不紊工作的能力。不少研究表明,大五人格中的尽责性(conscientiousness)与拖延负相关,换言之,越尽责的人越不容易拖延。大五人格中的尽责性是细致小心,或按照良心支配自己的行动的人格特质。它包括自律、细心、彻底性、条理性、审慎以及成就需要等元素。它在传统上被视为一种道德品质。尽责的人通常工作勤奋可靠。大五人格中的神经质(neuroticism)与拖延正相关,神经质的人一般具有不合理信念、低自我效能感、自我设限、低自尊和抑郁等倾向。具有这些特质的人倾向于认为自己不够好,难以左右事情发展的进程,对工作和任务具有抗拒感,导致对待工作一拖再拖。另外,害怕失败、追求完美也会导致拖延。

(二)教养方式

有学者认为拖延是一种相对稳定的行为特质,个人的成长环境和家庭的教养方式会影响其拖延行为。扎科瑞、艾斯法哈尼和拉斯莫吉(Zakeri, Esfahani, Razmjoee,2013)调查了 395 名大学生(其中 261 名女生和 134 名男生),分析了父母教养方式与学业拖延的关系。他们的研究结果发现,父母教养为参与式和心理自主型的学生拖延水平较低,而教养方式为严格监督式的学生学业拖延水平较高。斯蒂尔和费拉瑞(Steel 和 Ferrari,2013)发现教育水平越高的个体拖延水平较低,可能是因为他们有较多的认知资源和更好的时间管理技巧。

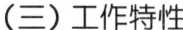

（三）工作特性

拖延涉及人们自愿选择一种行为而不是另一种行为。至于人们为何如此选择则与他选择或回避的任务的特征有关。当一件任务或工作是令人厌恶的，或者是感觉比较困难的，人们就越倾向于抗拒，一直拖到最后期限。所罗门和鲁斯布鲁姆（Solomon 和 Rothblum，1984）的研究发现，有相当大比例的被试者反应，对任务的厌恶是导致拖延的主要原因。如果个体对所从事的活动感兴趣，则通常会表现出积极主动的行为，但若任务本身比较枯燥乏味而个体又缺乏兴趣，则会表现出更多的拖延行为。拖延还与奖惩时机有关，如果一件事的完成期限距离当下较为久远，对当前影响微乎其微，个体就会主动推迟完成的时间。事件的重要性也会影响到拖延，如果个体认为某件事对其来说是非常重要的，其拖延的可能性就会大大降低。

三、拖延的后果及危害

（一）对身心健康的影响

长期以来，拖延一直被视为一种暂时逃避焦虑的方法，不幸的是，这种焦虑在随着任务最后期限的逼近时会变得更加复杂和严重。研究表明，拖延行为可能会导致一系列的心理问题和病理现象，如焦虑、抑郁和过高程度的压力知觉。有研究表明，拖延症患者体育运动时间少，缺乏良好的饮食习惯，出现身体疾病也不及时治疗，使身体健康更加恶化。

（二）对学习成绩、工作绩效的影响

拖延在一定程度上体现了低责任心和非理性信念，这些都会造成糟糕的绩效，糟糕的绩效反过来增强个体的低自我效能感，形成逐渐恶化的失败循环。研究表明，拖延是大学生学业成绩不理想的因素之一。弗里茨泽（Fritzsche，2003）考察了学业拖延倾向与学生写作成功之间的关系。他们发现在写作任务上有拖延倾向的学生承受着更大的焦虑，并且对自己的写作满意度更低，学业等级也差。反过来，不良的表现会打击人的自尊心，表现越糟糕，自尊心越受打击，进而越逃避任务，这种恶性循环方式和情绪类似。

（三）对自我意识和情绪的影响

合理情绪疗法的创始人埃利斯（Albert Ellis，1977）指出，有拖延行为的个体有很强的情绪困扰，这种情绪困扰往往会造成自我挫败的行为模式，引起这些行为模式及情绪困扰的根源在于许多非理性信念。研究表明，拖延与自尊之间存在负相关，持续性的拖延可能会降低个体的自尊水平，导致个体对自己评价过低，出现自我否定、自我贬损等非建设性行为，长此以往会形成个体的习得性无助。罗斯布鲁姆（Rothblum，1986）针对 379 名大学生的调查发现，高拖延者比低拖延者有更高程度的考试焦虑。

第二节　纳税拖延的心理分析[①]

一、纳税拖延内涵

拖延行为也存在于税收领域。我们经常发现，在每月纳税期开始的那段时间，纳税人不是很多，然而，一旦纳税期即将结束，办税服务厅纳税人激增。这就是税收领域的拖延行为，我们将之称为纳税拖延，纳税拖延是一种特质拖延行为（唐小庭，2015）。

（一）纳税拖延定义

心理学研究认为，拖延是一种心理特质或者行为倾向，具体表现为延迟执行某项任务或者做出某个决定。一般认为，拖延是一种不良行为，个体明知某件事情应该做却拖延至最后一刻才做，甚至可能会导致负面结果。莱伊（Lay，1986）认为拖延是在实现某一目标、达到某个要求时没有必要的延迟倾向。也有研究者认为，拖延是对责任、决策以及需要完成的任务的推迟，是自我管理的缺乏以及推迟达到某目标的行为倾向。一般而言，传统上将拖延视为以推迟的方式逃避执行任务或做决定的一种特质或行为倾向，是一种自我阻碍和功能紊

---

①　经同意，此处借鉴和引用了福建省莆田市涵江区税务局唐小庭先生的研究成果，在此深表感谢。

乱行为。

顾名思义,我们将纳税拖延界定为纳税人在纳税期内未合理安排纳税时间,延迟办税,甚至拖延至纳税期最后一刻办税的心理特质及行为倾向。

(二)几个概念的界定

纳税拖延与《中华人民共和国税收征收管理法》(以下简称《税收征管法》)第三十二条、第六十二条中提到的纳税人未按照规定期限缴纳税款,未按照规定的期限办理纳税申报和报送纳税资料的行为有所区别。《税收征管法》中的未按照规定的期限,指的是逾期,即超过了纳税期才办税。逾期办税,其行为发生在纳税期满之后,会产生滞纳金,会受到税务行政处罚;而纳税拖延,则发生在纳税期内,其本质是纳税人在纳税期内的拖延行为,纳税拖延在法律上是被认可的,不会产生滞纳金,也不会受到处罚,只是一种不良的行为倾向或者心理特质。

纳税拖延不同于递延纳税。递延纳税是指纳税人根据税法的规定将应纳税款推迟一定期限缴纳。《税收征管法》中第三十一条规定:纳税人因有特殊困难,不能按期缴纳税款的,经省、自治区、直辖市国家税务局、地方税务局批准,可以延期缴纳税款,但是最长不得超过3个月。递延纳税虽不能减少应纳税额,但纳税期的推迟可以使纳税人无偿使用这笔款项而不需支付利息,对纳税人来说等于是降低了税收负担。

(三)纳税拖延的影响

纳税拖延会给我们税收工作带来很多消极影响。一是影响办税资源的优化利用。纳税拖延会导致纳税期前期资源的浪费,纳税期后期资源的不足,使办税资源不能优化配置,发挥最大效用。二是延误办税时间。由于纳税期后期业务量激增,导致纳税人办税等待时间延长,即使税务机关人员延时办理,也还有很多纳税人不能如期办税,导致纳税逾期。三是引发纳税人办税焦虑情绪,易导致办税冲突。纳税后期,有限办税资源无法满足拥挤的纳税人的需要,纳税人会因为办税时间过长,程序复杂而引发焦虑情绪,这种情绪会进一步破坏纳税秩序,导致纳税人与办税员之间、纳税人之间发生冲突,从而破坏征纳关系的和谐。

由于纳税拖延给税务机关及纳税人自身带来诸多消极影响,因此在纳税服务过程中如何消除纳税拖延现象,提高税务机关整体运行效率,减少征纳冲突,是税务机关必须面对的重大课题。

二、纳税拖延现象的实证分析

为了进一步验证纳税拖延行为,我们对纳税拖延现象进行了实证分析。根据研究需要,我们将纳税期分为纳税前期、纳税中期、纳税后期三个阶段,三个阶段平均分配,如果纳税期为 15 天,则每个阶段为 5 天。

(一)数据收集

我们以发票开具、电子缴税、发票领取三项业务为例,通过福建省税务征管系统查询某区地方税务局办税服务厅 2015 年 2—4 月纳税期三个阶段的开具发票、电子缴税事项、发票领取等业务办理数据,查询途径分别为受理事项查询、缴税综合情况查询统计、用户发票领取验旧缴销综合查询。之所以选择办税服务厅是因为税务机关几乎绝大部分业务集中于大厅。而后对数据进行初步整理,删除重复事项,结果见表 7-1 所示。

表 7-1　2015 年 2—4 月纳税期业务办理情况表

阶段	2015 年 2 月			2015 年 3 月			2015 年 4 月		
	纳税前期	纳税中期	纳税后期	纳税前期	纳税中期	纳税后期	纳税前期	纳税中期	纳税后期
时间	3.1～3.5	3.6～3.10	3.11～3.16	4.1～4.6	4.7～4.13	4.14～4.20	5.1～5.6	5.7～5.12	5.13～5.18
a	96	104	190	101	218	213	94	162	197
b	48	109	184	47	126	130	55	106	124
c	25	16	81	22	83	95	42	56	60
T	169	229	455	170	427	438	191	324	381

注:1. 表中时间:3.1～3.5 指 3 月 1 日至 3 月 5 日,下同。
2. a—发票开具;b—电子缴税事项;c—发票领取;T—综合办税事项(T=a+b+c)。
3. 发票开具包含:不动产发票、建安发票、通用机打发票。
4. 电子缴税事项在系统中有户数、笔数两个指标,这里取笔数指标。

（二）数据处理分析

对数据进行比较分析。结果发现，每个月纳税期三个阶段的业务办理量逐渐增多，纳税人主要集中于纳税中后期办税，纳税后期的业务办理量高于纳税前期、纳税中期。特别是 2 月份，纳税期与我们理想中的纳税期 15 天相近，纳税期三个阶段差异非常显著，纳税后期综合办税事项占整个纳税期的 53.34％。3 月份和 4 月份，因为纳税期延后，而很多纳税人仍按 15 天纳税期安排办税，所以中后期差异不大，即便如此，纳税后期综合办税事项也占整个纳税期的 42.32％ 和 42.52％。以上实证分析表明当前纳税拖延现象的确非常突出。

（三）纳税拖延的成因分析

研究表明，导致拖延行为的因素主要有个体对作业成绩的错误认知、自我设阻、完美主义倾向、人格特征、任务性质、外界所受诱惑、时间压力等等。那么，作为特质拖延，纳税拖延的成因又是什么呢？为了了解这个情况，依据前人研究及税收领域的实际情况，我们对纳税人、税管员及办税服务厅工作人员进行了访谈。对访谈结果进行分析，发现导致纳税拖延的因素主要有纳税人的纳税动机、办税任务性质、时间错误认知、人格特征、企业财务核定等几个方面。纳税动机是促使纳税人积极纳税、主动纳税的驱动力；办税任务性质是指办税任务的难度、复杂度；时间错误认知是指纳税人对纳税期进行误读，时间管理错误；人格特征是一个人稳定的性格特点及气质；企业财务核定指企业账务核算，企业可能在月初核账，核账期间无法办税，导致纳税拖后。企业财务核定为纯粹客观不可抗因素，因此在这里，我们主要针对前四个方面进行探讨。据此我们设计了《纳税拖延问卷》（见本章附件），对管辖区范围内的纳税人进行调查。目的是通过调查进一步了解纳税拖延的影响因素，从而有针对性地提出应对策略。问卷总共设计三道题，每道题有 A、B、C、D 四个选项，第一题了解纳税人是否存在纳税拖延行为，第二题、第三题分别对应纳税人纳税动机、办税任务性质、时间错误认知、人格特征四个方面因素。问卷调查的对象为普通纳税人，总共发放问卷 300 份，收回 278 份，其中有效问卷 274 份，有 46.32％ 的纳税人选择在纳税后期办税,这部分纳税人具有纳税拖延倾向,具体数据见表7-2所示。

表 7-2 纳税拖延因素统计表

数量 比例	A 纳税动机		B 办税任务性质		C 时间错误认知		D 人格特征		合计
第 2 题	58	21.17%	76	27.74%	91	33.21%	49	17.88%	274
第 3 题	42	15.33%	94	34.31%	83	30.29%	55	20.07%	274
合计	100	18.25%	170	31.02%	174	31.75%	104	18.98%	548

1. 纳税人的纳税动机

从调查结果可知,在纳税拖延四个因素中,纳税动机因素大约占18.25%。纳税人纳税意识较低,一直处于被动纳税状态,不会主动办理涉税事项。甚至很多纳税人不知道要办税,不明白为什么要办税,不清楚哪些项目要纳税,于是,经常在纳税期快截止时,才匆匆办税。纳税人无主动纳税意识,缺乏纳税动机,因而倾向于把事情向后一拖再拖。

2. 办税任务的性质

任务性质、个体对任务的喜好程度对拖延行为有重要影响。前人研究发现在可以自由选择的情境中,拖延者会选择比较简单的任务,因为从事这样的任务时个体不需要对自己的能力做或高或低的认知判断,不用去面对自己能力不足的尴尬境况。我们的调查结果显示,有31.02%的纳税拖延行为是办税任务性质引起的。如果办税任务中需准备材料较多,程序繁杂,会让个体产生厌恶感。个体为了暂时消除在办税过程中体验到的焦虑、忧郁等情绪,便用一些与办税无关的行为代替他本该要做的事,为纳税拖延找到借口。这实质上是对办税任务的恐惧,害怕办税困难,从而采取的一种逃避行为。人们总是喜欢做自己感兴趣的事情,对那些厌恶的事情则采取回避或者推迟的态度,并且后者的完成效率远低于前者,这些都导致了对不喜欢的任务的拖延。因此,如果办税任务太过繁杂,会引起纳税人的厌恶与逃避,从而导致纳税拖延。

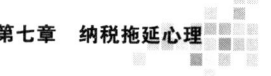

3. 时间错误认知

研究表明,拖延者的拖延行为与完成任务所受的时间压力有关,时间愈充裕,个体越容易拖延,纳税拖延也是如此。调查结果显示,有31.75％的纳税拖延行为是对时间的错误认知造成的。有纳税拖延习惯的纳税人和严守时间无拖延习惯的纳税人对时间认知有显著的不同,守时的纳税人会把时间的焦点延伸到未来,而有拖延习惯的纳税人把时间的焦点锁定在目前。纳税拖延者低估了办理涉税事项所需要的时间长度,他们一直暗示自己,纳税期很长,办税不用那么急,明天办也可以,这就是所谓的"明日复明日",是对纳税时间的错误认知。

4. 人格特征

国外有研究明确提出拖延是一种个人特质,个体某一领域存在拖延现象,在其他领域同样如此。研究者对大五人格与拖延行为进行相关分析,发现公正严谨性与拖延行为呈现显著性的负相关。斯蒂尔(Steel,2007)也指出,拖延在本质上是一种自我管理的失败,与严谨性密切联系,拖延可作为严谨性的一种核心特质。还有研究发现,尽责性是影响特质拖延的重要因素。尽责性较高的个体具有果断坚决、意志坚强并有强烈的"成就动机"等做事特点,在完成任务时往往有目标、能坚持而不易拖延。相反,尽责性较低的个体易发生拖延行为。在我们的研究中,有18.98％的纳税拖延是因为人格特征引起的。一般认为,具有严谨性人格特质的纳税人,在纳税任务上会花费更多的时间,这势必会减少纳税拖延行为的发生;纳税人责任感越强,会把纳税任务放在一个重要位置,纳税拖延行为也较少发生。

第三节　纳税人拖延应对策略

纳税拖延是一种心理特质及行为倾向。在纳税服务过程中,有效解决纳税拖延问题,对于税务机关而言,可以赢得纳税人的理解、支持和配合,有利于降低税收征收成本;对纳税人而言,可以正确履行纳税义务,维护自身的合法权

益。解决纳税拖延问题有助于促进征纳关系的和谐发展。

一、增强纳税人纳税意识,提高纳税动机

研究表明人们在高成就动机的驱动下,对任务的感觉是愉快的,而不是令人厌恶的,所以能降低拖延的可能性。针对纳税拖延,税务机关应该从增强纳税人纳税意识出发,提高纳税人的纳税动机,使纳税人由被动纳税向主动纳税转变。一方面,税务机关应加大税法、税收知识的宣传力度,采取不同方式、多渠道、全方位的宣传。进行普法教育,使税法、税收知识走入企业、深入机关、走向家庭,并推进宣传网络建设,要充分利用新闻媒体和金税网等载体,扩大宣传的覆盖面、辐射面,潜移默化地增强全社会的纳税意识,提高纳税人依法履行纳税义务的自觉性。另一方面,以纳税信用等级评价、纳税评比等为载体,提高纳税人纳税动机。对纳税人进行纳税信用等级评价、评比先进、纳税大户评比等,使纳税人增强对纳税工作的感知价值并自我激励。通过自身的纳税行为,得到社会大众对自己的认同与尊重,最大限度地满足纳税人受尊重的需求,从而增强其自豪感,提高内部动机。纳税人被评为"依法诚信单位""纳税信用 A 级企业",从而在银行贷款方面、参与招投标等方面享受到优惠待遇,通过这些奖励举措,提高外部动机。纳税意识增强,纳税动机得到提高,纳税人办税会更积极,从而减少纳税拖延行为。

二、加强纳税政策宣传与辅导,降低办税复杂度

研究表明,拖延行为与任务的复杂程度、趣味程度密切相关。办税机关应大力加强纳税政策宣传与辅导,将办税变成一项轻松任务,努力减少办税过程中的不愉快行为,从源头消除纳税人的畏难情绪,进而遏制纳税拖延行为。一是纳税政策宣传辅导到位。纳税咨询辅导的对象是特定的纳税人,其内容应该具体且明确,税务机关的答复和辅导应当及时、准确和权威,其作用在于直接指导纳税人办理涉税事项,减少纳税人因不了解有关规定而带来的负担。二是简化办税程序。税务机关应当创造和提供必要的条件,简化办税环节和程序,降

低办税复杂度、难度,使纳税人在履行义务时方便快捷,感到轻松愉快。近年来,税务机关已经意识到这点,在这方面做了很多尝试。如"便民办税春风行动"陆续推出了公开行政审批清单、提高办税服务效率、全面推行首问责任制、减轻纳税人办税负担等系列行动内容,着力解决在行政审批、办事效率、服务意识、办税负担等方面存在的问题,便利纳税人办税,提升纳税人满意度和税法遵从度。

三、实行纳税提醒服务,提高纳税人时间认知

纳税提醒服务的形式包括:上门提醒、电话提醒、手机短信服务平台、微信平台、QQ 交流群、提示牌及其他形式,其中短信、微信平台提醒服务受到纳税人的肯定,具有方便、及时的特点。税务机关在每月纳税期开始时就提醒纳税人注意征期,及时申报,不要拖到后期造成办税拥堵,增加自己的时间成本和精力成本。提醒服务属于涉税事项事前告知项目,要求税务机关准确掌握有关纳税人的情况动态,在规定的办理期内进行有效提醒、催办。征期提醒可以帮助纳税人树立正确的时间价值感,提高纳税人自身的时间效能感,让纳税人对时间的功能和价值有稳定的态度和观念,帮助纳税人有效管理时间,对时间进行准确认知,从而合理地利用时间管理倾向的调节效应,更大化地减少纳税拖延行为的发生。

四、利用纳税人学堂平台,开展人格主题心理讲座

人格是影响纳税拖延的重要因素,人格具有稳定性,税务机关可以利用纳税人学堂平台,开展人格主题心理讲座,使纳税人了解自我,认识自我,并做出一些自我调适。纳税人学堂不仅仅要进行税收政策、税法等方面的学习,还应该加入纳税心理方面的主题,特别是对严谨性、责任性等人格特质进行教育。人格主题教育,也是纳税人自我实现需求的体现。自我实现需求是纳税人自觉自愿纳税的原动力,是纳税行为在法律框架下的润滑剂,充分满足纳税人的自我实现需求,增强纳税人的责任感与成就感,将从根本上消除纳税拖延

行为。

附件

纳税拖延调查问卷

尊敬的纳税人：

您好！为了更好地为您提供优质的服务，特开展本次调查，旨在了解您纳税行为方面的情况。希望您能抽出一点时间来帮我们完成调查问卷，本次调查采用无记名方式，希望您能如实选择与自己相符的选项。问卷采取选择式调查，请选择一个您认为最符合自己实际情况的答案！

1. 假如纳税期是 15 天，您通常在哪个阶段办税：　　　　　　（　　）

    A. 纳税前期（1～5 日）

    B. 纳税中期（6～10 日）

    C. 纳税后期（11～15 日）

    D. 纳税期后（16 日及以后）

2. 您认为以下哪个方面最可能使您选择纳税后期办税：　　　（　　）

    A. 没意识到要去办税，到后期别人提醒才知道

    B. 感觉办税是一件很复杂的任务，能晚点就晚点

    C. 纳税期很长，不用那么急着去办税

    D. 与做其他事一样，喜欢在时间快过时去完成

3. 以下方面您认为最符合自己的是：　　　　　　　　　　　（　　）

    A. 不想去办税，被逼无奈

    B. 办税要做的事情很多，是一件痛苦的事情

    C. 时间很充裕，在纳税期最后一天办税都来得及

    D. 我性格就这样，做什么事都喜欢等到最后一刻

参考文献

[1] AKERLOF G A. Procrastination and obedience[J]. The American Economic Review,

1991,81(2):1-19.

[2] LAY C H. At last, my research article on procrastination[J]. Journal of Research in Personality, 1986, 20(4):474-495.

[3] BURKA J B, YUEN L M. Procrastination: Why you do it, what to do about it now[M]. Hachette UK, 2007.

[4] SOLOMON L J, ROTHBLUM E D. Academic procrastination: Frequency and cognitive-behavioral correlates[J]. Journal of Counseling Psychology, 1984,31(4):503.

[5] STEEL P. The nature of procrastination: A meta-analytic and theoretical review of quintessential self-regulatory failure[J]. Psychological Bulletin, 2007, 133(1):65.

[6] FERRARI J R, JOHNSON J L, MCCOWN W G. Procrastination research[M]// Procrastination and Task Avoidance. Springer, Boston, MA, 1995:21-46.

[7] MILGRAM N, TENNE R. Personality correlates of decisional and task avoidant procrastination[J]. European Journal of Personality, 2000,14(2):141-156.

[8] CHUN CHU A H, CHOI J N. Rethinking procrastination: Positive effects of "active" procrastination behavior on attitudes and performance[J]. The Journal of Social Psychology, 2005,145(3):245-264.

[9] ZAKERI H, ESFAHANI B N, RAZMJOEE M. Parenting styles and academic procrastination[J]. Procedia-Social and Behavioral Sciences, 2013,84:57-60.

[10] STEEL P, FERRARI J. Sex, education and procrastination: An epidemiological study of procrastinators' characteristics from a global sample[J]. European Journal of Personality, 2013, 27(1):51-58.

[11] FRITZSCHE B A, YOUNG B R, HICKSON K C. Individual differences in academic procrastination tendency and writing success[J]. Personality and Individual Differences, 2003, 35(7):1549-1557.

[12] LINDSLEY D H, BRASS D J, THOMAS J B. Efficacy-performing spirals: A multilevelperspective[J]. Academy of Management Review, 1995,20(3):645-678.

[13] ROTHBLUM E D, SOLOMON L J, MURAKAMI J. Affective, cognitive, and behavioral differences between high and low procrastinators[J]. Journal of Counseling Psychology, 1986, 33(4):387.

[14] HARRIOTT J, FERRARI J R. Prevalence of procrastination among samples of adults[J].

Psychological Reports,1996，78(2):611-616.

[15] 李羚. 人为什么会拖延? [D]. 杭州师范大学,2015.

[16] 蒙茜,郑涌. 拖延研究述评[J]. 西南师范大学学报:人文社会科学版,2006,32(4):9-12.

[17] 李晓东,关雪菁,薛玲玲. 拖延行为的心理学分析[J]. 高校教育管理,2007,1(3):67-70.

[18] 甘良梅,余嘉元. 国外关于拖延与人格的相关研究进展[J]. 宁波大学学报:教育科学版,
2006，28(6):28-34.

[19] 郭艳彪,杨菲菲. 理解拖延[J]. 社会心理科学,2009(5):3-7.

[20] 唐小庭. 纳税拖延的成因及对策[J]. 福建税务,2015(6).

[21] 蒙茜,郑涌. 拖延研究述评[J]. 西南大学学报:社会科学版,2006,32(4):9-12.

[22] 国家税务总局. 关于印发"便民办税春风行动"实施方案的通知[Z],税总发〔2014〕29 号.

[23] 杨雅颉. 关于拖延行为的心理学分析[J]. 延安职业技术学院学报,2012,26(3):49-50.

[24] 李建英,钮佳佳,周欢欢. 纳税服务体系现代化研究[J]. 经济与管理评论,2015(3):
118-124.

[25] 傅文晓. 拖延行为与时间管理倾向的关系研究综述[J]. 亚太教育,2015(7):269-270.

[26] 李圣君. 健全纳税服务体系的实践与优化措施[J]. 税务研究,2013(1):95-97.

[27] 刘英. 建立以纳税人需求为导向的纳税服务体系[J]. 中国税务报,2013(4).

[28] 舒珊. 工作满意度、大五人格与员工拖延行为关系研究[D]. 湖南师范大学,2014.

[29] 廖燕然. 工作拖延及影响因素研究[D]. 西南大学,2014.

[30] 袁政慧,赵蓓,陈琳琳. 纳税服务与纳税人满意度:理论框架与实证分析[J]. 税务研究,
2012(12):63-65.

第八章

服务质量感知与纳税人满意度

第一节　服务质量的基本理论

一、服务质量的内涵

很多学者从不同角度对服务质量下过定义,虽然对服务质量的表述不尽相同,但基本都同意服务质量实际上是一种主观感知,是顾客期望的服务和实际感受到的服务相互比较的结果。克罗斯比(Crosby,1979)对服务质量下了个简单明了的定义,他认为服务质量(service quality)就是能够符合顾客期望的程度。丘吉尔和苏珀伦特(Churchill 和 Surprenant,1982)把服务质量看作顾客对于服务的满意程度,也就是客观服务与顾客所期望服务之差异。加尔文(Garvin,1984)同样认为服务质量是一种主观的认知质量,而不是指客观的实际的质量标准。他指出,服务质量的好坏主要在于顾客主观的判断,在于所提供的服务是否合乎顾客的需求,而不是合乎一定的标准或者是某种规格。由于异质性是服务的主要特征之一,换言之,每一位顾客都是基于自己的需求来评价服务质量的,所以,即使服务人员提供的服务每次都是相同的,也无法让所有的顾客都满意。服务的好坏决定于当时体验服务的顾客的主观判断,服务质量是指符合顾客需求的程度。芬兰学者格罗鲁斯(Gronroos,1982)依据认知心理学的基本观点,提出了"客户感知服务质量"的概念,认为服务质量是一个主观范畴,它的优劣取决于客户对服务的期望同实际感知之间的对比。他把服务质量分为"技术质量"和"功能质量"两类。前者是指服务过程的产出,即客户通过服务所得到的东西;后者是指客户如何得到这种服务。多数学者认为,服务质量同时与客户感知和客户期望相关,服务中的交互作用影响服务质量。

二、服务质量衡量的维度

虽然多数研究者意识到有形商品与服务在度量上存在很大的差别,但是顾客对服务质量的感知是一个主观的范畴,涉及很多面向,研究者试图用多个标准来测量服务质量。顾客对服务质量的多个维度的感知,有许多学者进行过分类。罗尔博(Rohrbaugh,1981)认为服务质量与三个层次的维度有关:①结构,指塑造服务的有形可见物,包括实体环境、设施及人员;②过程,即服务提供方与顾客间的互动过程;③结果,意指是否达到了顾客所期望的服务结果。马丁(Martin,1986)认为服务质量包括程序维度和友善维度,程序维度包括提供服务的及时性、监督、预备性、便利性、沟通、组织化的流程、顾客回馈;友善维度包括态度、体贴、说话的声调、肢体语言、引导、销售性建议、解决问题、机智、可叫出顾客姓名。海伍德·法莫(Haywood Farmer,1988)把服务质量分成三个维度:①实体设备、过程与程序,包含服务场所的地点、布置装潢、设备的可靠性、过程流向、流程控制、服务运作程序的弹性、速度及提供服务的范围等;②服务人员的行为因素及愉悦性,主要影响因素有速度、口语或非口语的沟通、衣着整齐、顾客抱怨处理、说话声调及态度等;③专业性判断,包括诊断、建议、辅导与改善、诚实信任、弹性、辨别能力及知识技能。帕拉休拉曼(Parasuraman)、泽丝曼尔(Zeithaml)和拜利(Berry)(简称 PZB 学术团队)在 1985 年发表了《服务质量概念模型及其对未来研究的启示》(*A Conceptual Model of Service Quality and Its Implications for Future Research*),该文提出服务质量涉及十个维度,(如表 8-1 所示)。后来,他们把服务质量的维度做了精简和调整,简化修正为五个维度(如表 8-2 所示)。

表 8-1　服务质量十维度及说明

维度	说明
有形性(tangibles)	具有吸引人的外观实体设施,可见到的书面资料,设备及服务员工
可靠性(reliability)	服务的水准始终如一,能可靠地提供所承诺的服务
回应性(responsiveness)	全体员工能为顾客提供快速的服务
胜任性(competence)	员工具有执行服务所需的技术及知识
礼貌性(courtesy)	服务人员的礼貌、友善及尊敬
信用性(credibility)	有良好声誉、诚恳、值得信赖及服务有保障
安全性(security)	免于危险、冒险或被怀疑的自由
沟通性(communication)	能倾听顾客的投诉,并用顾客熟悉的语言来从事沟通
接近性(access)	易于和服务人员接触
了解性(understanding)	能竭力去了解顾客的需求

资料来源:Parasuraman A,Zeithaml V A,Berry L L,A conceptual model of service quality and its implications for future research,The Journal of Marketing,1985:41-50。

表 8-2　服务质量五维度及说明

维度	说明
有形性(tangibles)	实体的设施、设备、人员与沟通元素的呈现
可靠性(reliability)	能够可靠,并且正确地做到承诺的服务的能力
回应性(responsiveness)	帮助顾客并提供迅速服务的意愿
保证性(assurance)	员工具备知识与礼貌,以及表达出信任与自信的能力
移情性(empathy)	提供顾客关心与个别化的尊重

资料来源:Parasuraman A,Zeithaml V A,Berry L L,Servqual:A multiple-item scale for measuring consumer perceptions of service quality,Journal of Retailing,1988,64(1):12。

下面对服务质量五个维度进行详细阐述。

(一) 有形性(tangibles)

服务虽然具有无形性的特征,但是可以通过一些有形的实体显示出来。有形性指设备、工具(有形的)、人员和书面材料的外表。有形要素是顾客评价服务质量的重要依据和线索,因此,要求企业做好无形服务的有形化工作。服务接待员不仅要把对顾客的关心深藏在心里,还要恰当地表现在脸上和语言上。

(二) 可靠性(reliability)

可靠性是指准确可靠地执行所承诺服务的能力。它意味着服务型公司是否能够按照其承诺办事。承诺出现在服务的每一个环节上,如送货、提供服务、解决问题、定价承诺等。例如,联邦快递的"隔夜送到"就是该公司最具核心价值的一个承诺。在服务质量的五维度中,可靠性被美国消费者一致认为是服务质量感知中最重要的决定因素。顾客喜欢与信守承诺的公司打交道,因此要求公司做的和说的一样,并且在做广告时要格外慎重,不能言过其实。

(三) 回应性(responsiveness)

回应性指对顾客请求、询问、投诉等进行处理时的专注、快捷和自发性。它意味着公司或服务员工能否主动帮助顾客,能否急顾客之所急、想顾客之所想。回应性一般表现在顾客获得帮助、答案或关注之前的等待时间上,以及为满足顾客需求所提供服务的柔性和能力上。建立有效的响应机制或系统是非常重要的,包括电话应答、一线人员和特别服务小组等。例如电器公司的售后服务,在顾客通过电话提出需求后,什么时间能够安排维修人员提供上门服务;如果需要把机器运回维修部进行特别维修,那么在较长的维修期间能否和顾客保持沟通。

(四) 保证性(assurance)

保证性指服务人员的知识、谦恭态度及其赢得顾客信任的能力。当顾客感知到服务包含高风险或自己感觉没有能力评价服务产出时,该维度特别重要,如银行、保险、证券交易、医疗、法律服务等。在业务关系形成的早期阶段,学

位、奖励、特别证书等有形证据以及员工的自信和谦恭态度,对赢得顾客的信心和信任特别重要。例如,股票经纪人、保险代理、律师等如果具有相应的执业资格证书、学历证书、奖励证书等,那么对赢得委托人的信任和赢得订单常常起着决定性的作用。保证性与可靠性有点相似,可靠性是依据履行承诺的结果来评价的,而保证性是通过各种履行承诺的前置条件来评价的。

(五)移情性(empathy)

移情性也称同理心,是指服务型企业给予顾客的关心和体贴。所谓的人性化和个性化服务,主要是指这个维度。该维度的目的是让顾客感觉到他是唯一的、特殊的和重要的。美国人喜欢服务员直呼其名字;而中国人则喜欢服务员称呼其头衔,如张经理、王主任等,如果直呼其名字可能会被看作对顾客的不礼貌、不尊重。此外,掌握顾客的偏好和禁忌,是饭店、餐饮行业常用的个性化服务技巧。

三、服务质量衡量工具

(一)SERVQUAL 量表

SERVQUAL 是"service"(服务)和"quality"(质量)两个词的缩写。PZB学术团队在 1988 年发表的《SERVQUAL:一种多变量的顾客感知服务质量度量方法》(*Servqual: A Multiple-item Scale for Measuring Consumer Perceptions of Service Quality*)一文中对 5 种服务业,以服务质量+维度的 97个题目为基础的量表进行服务质量实证研究,经由调查分析后,再以因素分析法,萃取出 5 个衡量维度 22 个题项的服务质量量表。经过验证,此量表具有良好信度及效度,可更好地了解顾客的期望和感知过程,帮助企业寻找到对顾客感知服务质量影响较大的维度,找到影响服务质量的关键问题,从而更好地做出质量改进决策。不少学者认为此量表可应用于不同的服务产业。当然,后继研究者对 SERVQUAL 也提出过许多不同观点或修正意见,但是,五维度的SERVQUAL 量表在服务质量研究领域有非常重要的地位。五维度的服务质量量表维度及项目如下表 8-3 所示。

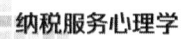

表 8-3　五维度服务质量量表

维度	衡量项目
有形性	1. 有现代化的服务设施
	2. 服务设施具有吸引力
	3. 员工有整洁的服装和外表
	4. 公司的设施与他们提供的服务相匹配
可靠性	5. 公司对顾客所承诺的事情都能及时地完成
	6. 顾客遇到困难时能表现出关心并提供帮助
	7. 公司是可靠的
	8. 能准时地提供所承诺的服务
	9. 正确记录相关的服务需求
回应性	10. 不能指望他们告诉顾客提供服务的准确时间*
	11. 期望他们提供及时的服务是不现实的*
	12. 员工并不总是愿意帮助顾客*
	13. 员工因为太忙,以至于无法立即提供服务,满足顾客的需求*
保证性	14. 员工是值得信赖的
	15. 在从事交易时顾客会感到放心
	16. 员工是有礼貌的
	17. 员工可以从公司得到适当的支持,以提供更好的服务
移情性	18. 公司不会针对不同的顾客提供个别的服务*
	19. 员工不会给予顾客个别的关怀*
	20. 不能期望员工会了解顾客的需求*
	21. 公司没有优先考虑顾客的利益*
	22. 公司提供的服务时间不能符合所有顾客的需要*

资料来源:Parasuraman A, Zeithaml V, Berry L, SERVQUAL: A multiple-item scale for measuring consumer perceptions of service quality, Retailing: critical concepts, 2002, 64(1):140。

注:表中 * 表示反向计量项目。

(二) SERVPERF 量表

有些学者对 PZB 学术团队提出以认知的服务质量与期望服务间的差距来衡量服务质量的方法提出质疑。克罗宁和泰勒(Cronin 和 Taylor,1992)为克

服 SEVQUAL 测量模型实证研究的缺陷，提出 SERVPERF 测量法。SERVPERF 即绩效感知服务质量度量方法，是指利用一个服务绩效变量来测量顾客感知的服务质量。与 SERVQUAL 量表相比，其在维度和测量指标上并没有发生变化，其变化主要体现在测量内容上，它测量顾客感知，不考虑顾客期望，不涉及预期与实际情况的差距。克罗宁和泰勒认为 SERVPERF 量表是较为简单、实用的评价方法，也为不少后继研究者所采用。

四、服务质量模型

服务质量既有服务本身的客观成分，也有顾客感知的主观成分。服务质量的好坏，取决于服务产品满足顾客需求的程度，这要由顾客来评价。顾客对服务质量的评价，基于他对服务的预期（预期服务）与对服务的感知（感知服务）之间的差距（如图 8-1 所示）。如果"感知服务"超过了"预期服务"，那么顾客会感到喜出望外；如果情况相反，顾客就会感到失望；如果二者一致，那么顾客既不会感到惊喜，也不会感到失望，只是觉得满意。

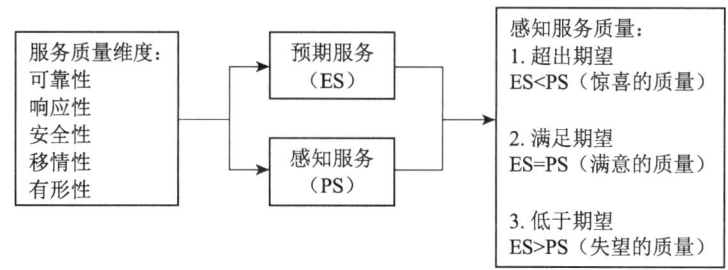

图 8-1　服务质量差距

资料来源：冯俊，张运来，《服务管理学》，科学出版社 2010 年版。

"预期服务"，即顾客对服务的预期，是朋友介绍、个人需要、过去经历、广告宣传等多种因素综合作用的结果。那么，"感知服务"，即顾客对服务的感知，又是如何形成的呢？经过研究，专家们发现这是一个比较复杂的过程。PZB 学术团体（1985）提出服务质量差距模型，也称"5GAP"模型，用以描述顾客"感知服务"的形成过程（如图 8-2 所示）。"5GAP 模型"是一个研究服务的概念性框架，可有效地评价组织服务绩效和能力，已在众多企业和行业中得到应用。"差距①"到"差距④"分别是公司对顾客的期望不了解、错误的服务质量标准、未按服务标准提供、实际传递的服务与宣传的服务之间的差别。"差距⑤"是顾客期望与感知的差距,它可能是由上述的一个或多个差距所造成。

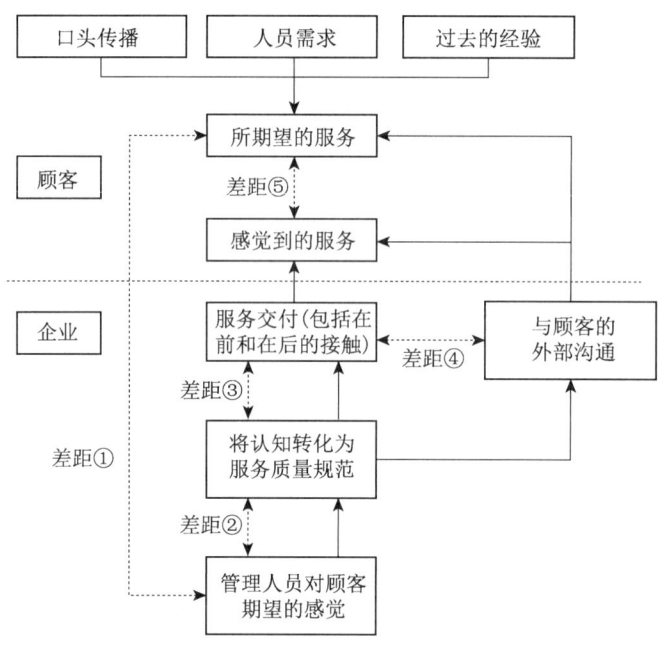

图8-2 服务质量差距模型

资料来源:Parasuraman A,Zeithaml V A,Berry L L,A conceptual model of service quality and its implications for future research,the Journal of Marketing,1985。

"差距①":该差距是指顾客期望和管理者对这些期望的理解之间的差距,即服务企业的管理者不能准确地认知顾客服务预期。它产生的主要原因是管理者和员工,尤其是一线服务员工没有深刻地理解顾客需求并提供个性化的服务。具体表现为,市场调研和需求分析信息不准确;对顾客期望的解释不准确;未进行需求分析;管理层级过多导致信息传递失真等(刘建国,申宏丽,2005)。

"差距②":该差距是指管理者对顾客期望的理解和服务质量标准之间的差距。也就是说,服务企业的管理者所认知的顾客服务预期与服务企业所制定的服务标准不一致而产生的差距(段永瑞,2013)。产生的主要原因是企业高层领导者没有将服务质量问题列为企业的首要问题,服务计划工作出现问题。具体表现为,计划失误或计划程序有误;计划管理水平低下;组织目标不明确;服务质量计划缺乏高层管理者的有力支持等。造成该差距的主要因素有,没有系统的服务设计,不能将服务设计与服务定位联系起来;缺乏顾客定义的服务标准,缺乏侧重于顾客需求的过程管理,缺乏设置服务标准的正式流程;不适宜的有形展示和服务场景。

"差距③":该差距反映的是服务绩效,即服务传递者对服务质量规范的执行与服务质量规范之间的差距。形成该差距的原因很多,例如,没有招聘到合适的员工;员工的有意抵制;服务流程设计不合理;提供的物质产品存在质量问题;个别顾客的特殊要求等。

"差距④":该差距是服务传递的过程与外部沟通间所形成的差距,消费者对服务的期望与认知会受大众传播媒体影响。因此适度地提供合理的承诺,给予消费者相对的预期,才能让真正的服务满足消费者,反之,则会造成消费者的认知服务与期望服务差距过大,进而导致服务的认知质量降低。

"差距⑤":该差距是顾客所期望的服务与实际感受到的服务间的差距。如果消费者期望之服务高于认知的服务,便会感到不满意,反之,则感到满意。而消费者期望的服务水平受到消费者本身需求、个人过去的经验及沟通讯息的影响。该差距受到其他 4 个差距的影响,是其他 4 个差距积累的结果。它产生的主要原因有顾客实际体验到的服务质量低于其预期的服务质量或者存在服务质量问题,口碑较差,企业或地方形象差和服务失败等。总之,它的形成是一个复杂的过程,要想缩小它,必须管理好其他 4 个差距。

第二节　纳税服务质量的衡量与维度

一、纳税服务质量测量的探索

席卷全球的新公共管理运动显著的特征之一就是从企业管理中借鉴有价

值的管理技术和管理方式。政府部门的服务质量这一概念由来已久,人们常说的政府服务质量是一种笼统的感受,没有具体的衡量指标,真正形成科学的度量维度和方法的仍然是借用企业领域的服务质量模型和测量题项。罗晓光和张宏艳(2008)较早地借鉴 PZB 模型提出了政府质量 SERVQUAL 评价维度,并主张在其基础上加入"信息性"和"监督性"维度。其中"信息性"维度反映政府机构提供服务信息的意愿、能力;而"监督性"则反映政府机构主动接受监督的意愿。在税收管理领域,纳税服务质量的提法同样比较早,但只是一个笼统的概念,并没有提出界定和评估纳税服务质量的标准和方法。周开君是较早把企业领域的服务质量概念,尤其服务质量差距模型用在纳税服务领域的研究者之一。他使用 PZB 学术团队的服务质量差距模型(5GAP 模型)探究了纳税服务质量的控制机制,提出了纳税服务质量的优化路径。但是,纳税服务质量测量的维度和具体的衡量方法仍需进一步探索和提出。

二、纳税服务质量的维度

中国台湾地区研究者陈嫈芳(2003)利用 PZB 学术团队的服务质量维度和量表,结合比特纳提出的服务接触三项分类(服务传送系统、回应顾客需求及员工个人行为),采用关键事件技术(critical incidents technique,CIT)和深度访谈法调查了中国台湾地区的高雄和台南纳税人对税务机关服务质量的看法,提出了提升税务机关服务质量的建议。她着重探讨分析了纳税服务质量的三个维度:服务传送系统(包括设施环境、数据明了性、数据正确性、数据共享性、代理人制度、数据传递与保存、处理原则标准化与奖励机制)、回应顾客需求(包括效率型、便利性、弹性与即时性)和员工个人行为(包括态度、专业能力、电话失误、承认错误与操守)。陈鹏宇(2011)根据 SERVQUAL 量表并参考税务机关特点进行了服务质量研究,根据有形物、可靠性、回应性、确实性和移情性五个维度,设计出符合税务机关的服务质量量表,提出了税务机关提升服务质量和民众满意度的建议。陈志(2011)根据 SERVQUAL 量表和服务质量差距模型,开展了基于服务质量差异模型下的纳税服务满意度研究,并设计了税务机关纳税服务质量表。与 PZB 开发的量表相比,税务机关服务质量量表在维度上没有区别,只是从原量表的 22 个题项增加到 26 个题项(如表 8-4 所示)。陈志对 SERVQUAL 量表各维度对税务机关的适用性做了详细的阐释,这五个方面涵盖了评价纳税服务质量的人员素质、软硬件设施、纳税服务程序的合理性和实施纳税服务的一些关于公众感知上的问题,能够在一定程度上反映出纳税服务质量的优劣。

表 8-4　纳税服务质量量表

维度	衡量项目
有形性	1. 拥有现代化的设备和办税场所
	2. 税务执法和服务人员的着装整齐、仪表整洁
	3. 有现代化的税务管理软件
	4. 有严格的业务流程标准
	5. 有使纳税人接受服务信息的便利渠道的设备
	6. 有纳税人参与服务监督和评价的设备
可靠性	1. 税务部门对纳税人的服务承诺尊重并严格履行
	2. 税务部门以诚恳的态度面对公众提出的申诉和抱怨
	3. 税务部门提供纳税服务和办理涉税事务的效率很高
	4. 税务部门对纳税人的服务承诺建立了绩效考核机制和监督机制
	5. 在受理纳税人的申诉和咨询时没有互相推诿,并在时限内完成
	6. 处理纳税人的申诉和咨询的正确率高
回应性	1. 税务部门提供的纳税服务信息准确及时
	2. 税务部门提供纳税服务的主动性强,有主动询问和征求意见的举措
	3. 税务部门不会因为其他事情的借口而忽视纳税人的服务诉求
	4. 对纳税人提出的需求和申诉回复及时
保证性	1.每一位提供纳税服务的税务部门员工都是值得信赖的
	2. 税务部门有保障纳税人申诉、陈情的救济渠道
	3.纳税服务的提供者始终亲切有礼,态度和蔼且业务知识丰富,处理问题的正确率高
	4. 税务部门始终坚持对员工的纳税服务培训

（续表）

维度	衡量项目
同理心	1. 税务部门会针对纳税人的需求，提供专门的关心和注意
	2. 服务人员会针对个别纳税人的需求和申请说明清楚
	3. 税务部门会以纳税人的利益为优先考虑
	4. 服务人员总是能了解到纳税人的个别性需要
	5. 公众能利用网络、电话或传真以及其他媒介办理涉税事务，不用亲自前往
	6. 税务部门的服务人员可以代填各项申请书、表，代办各种手续

资料来源：陈志，基于服务质量差异模型下的纳税服务满意度研究，华中师范大学 2011 年版。

三、纳税服务质量差距模型的建构

周开君（2010）、陈婴芳（2003）、陈志（2011）等都基于 PZB 的服务质量差距模型建立了纳税服务质量差距模型（如图 8-3 所示）。

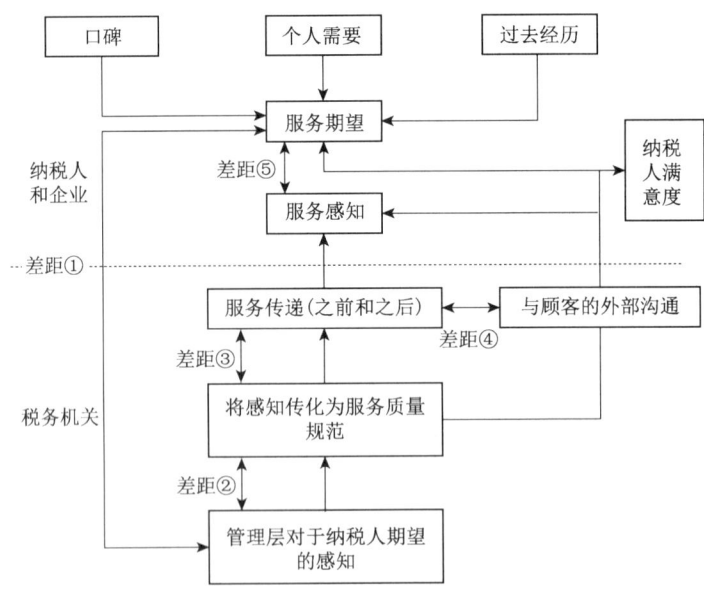

图 8-3　纳税服务差距模型

资料来源：陈志，基于服务质量差异模型下的纳税服务满意度研究，华中师范大学 2011 年版。

此模型的五个差距具体释义如下。

"差距①"：此差距为管理者对于纳税人需求的认知与纳税人期望税务机关所能够提供服务的期望之间的差距。此差距的存在一方面是因为管理者对于纳税人的需求没有足够的调查研究和采取相应的对策，从主观上设定纳税人的需求而产生服务供给，而纳税人的期望又不能有效完整传达给管理者。

"差距②"：此差距为管理者对纳税人需求的认知和将认知转化为服务质量措施的差异。此差异产生自有关机关内部的政策制定和管理策略，以及组织环境、政策环境和地域环境。

"差距③"：此差距为服务传递（服务政策执行）与服务规范之间的差异。此差异的产生关乎于软硬件设备的先进性和政策的执行力度，而执行力度跟组织的结构、机能、执行人员的素质、执行环境相关。

"差距④"：此差距是公共部门普遍存在的一个服务传递上的差距。主要是在对外部（公众）提供服务承诺和沟通的过程中，由于机关内部的职工对承诺事项缺乏了解，或者对机关提供服务的执行能力缺乏清楚的认识，导致了承诺的事项无法兑现，从而使得提供的纳税服务与承诺的纳税服务存在差距。

"差距⑤"：此差距是前4个差距的函数，受到前4个差距的影响。前4个差距所产生的结果就是纳税人在接受纳税服务时所感受和认知到的服务结果，而这种结果与本身在受服务前对服务质量的期望会有偏差，这种偏差的存在就成了影响纳税人对服务质量满意度的直接因素（陈志，2011）。

第三节　纳税人满意度管理

一、服务质量与顾客满意度

在商业领域，顾客满意度是指顾客在购买产品或使用服务后的整体衡量，经由经验而产生的一种态度。虽然服务质量和顾客满意度之间的因果关系还没有定论，但是近些年来学术界还是多认为服务质量是顾客满意度的前提（杜雪芳,2006)。韦福祥(2003)教授认为顾客服务质量与满意度之间为强正相关关系,只有当顾客认为企业所提供的服务质量较高,而且超越了他们的期望时,他们才会产生满意的心理,顾客感知服务质量对顾客满意具有决定性的作用,认为顾客感知服务质量对顾客满意有显著的影响作用。顾客可通过事先服务质量的期望及对事后服务质量感受之间的差距,来评定其对于服务质量的满意度,也就是认为服务质量的好坏,服务水平的高低将会影响顾客是否满意的评价。石蕊(2007)从顾客体验的角度着手,构建了服务质量与顾客满意度的关系模型,并通过对移动通信行业的实证调查,对服务质量与顾客满意度的关系进行了验证,结果发现,服务质量对顾客满意度有显著性的正向影响。赵超超(2007)通过对银行服务的实证调查发现,服务质量在不同的维度方向上影响顾客的满意度。针对税务部门的研究同样发现,服务质量影响纳税人的满意度。乔弗瑞和罗斯塔密(Jofreh 和 Rostami,2014)使用 PZB 学术团队的服务质量量表对伊朗德黑兰增值税总局的纳税服务质量进行了研究,结果发现,服务质量的五个维度都会影响纳税人的满意度。因此,可以这样认为,在税收服务领域,服务质量的优劣同样会影响纳税人的满意度。

二、纳税人满意度的影响因素

提升纳税人满意度是各级税务部门追求的目标,也是检验税收工作成效的重要标准。总体来看,近年来,纳税人满意度呈逐步上升态势,但仍存在着一些问题。罗恋秋(2017)对中部某市的调查发现,纳税人满意度排名较低的事项主要集中在审批程序与办税流程、服务信息化水平和纳税人权益保护三个方面。具体表现在:审批程序不够简便,办税流程不够简便,办税流程等待时间过长;网上办税系统稳定性差,功能有限,微信公众号实用性有待提高,政务网站建设滞后,自助办税终端使用不便等;对纳税人投诉的问题不能够及时解决,对纳税人隐私保护不够到位等。周大伟(2015)针对西部某市纳税人的调查发现,纳税人不满意的地方主要体现在:对纳税人的需求回应迟钝,信息化办税的意识和技术有待提高,社会化协作机构缺乏市场化和监管措施,对纳税人信息保护意识不够,纳税服务意识有待提高。陆露(2017)针对西南省份某个地级市的下辖区1 164份问卷调查发现,纳税服务方面的不足主要表现在:纳税服务理念推进不够深入、税收政策宣传不到位、纳税服务的供给和需求不对称、纳税服务信息化水平不够高、纳税服务的社会化程度较低、从事纳税服务的专业人员少。白亚卿(2018)归纳了纳税人满意度下纳税服务体系存在的问题:①税收服务体系方面。一是,信息共享不到位。由于上级税务机关的制约,政府内部一些信息不能随意浏览,存在权限上的限制,网上办税流程尚未全部打通,办税平台间还存在着互不兼容的问题。二是,网上办税便利度不高。存在运维管理不力、操作不简便和软件运行不稳定的问题。三是,网上办税服务厅功能有限,自助办税服务终端的服务内容较少,税务网站及微信等网络平台的功能多,但侧重于政策发布与宣传公告,与纳税人互动不够。②纳税程序服务体系方面,表现在纳税服务法律法规体系不健全,纳税服务程序缺乏合理性,纳税服务的业务体系缺乏统筹性、协同性。③纳税环境服务体系方面,表现在内在环境和外在环境都不够理想。内在环境指的是税务人员的工作态度,一方面由于窗口人员的工作量超负荷,考核多,压力大,待遇偏低影响了服务态度,另一方面由于没有树立柔性服务理念,导致纳税人满意度降低。外在环境方面是指社会化纳税服务中介发展缓慢,难以满足纳税人需求。④纳税权益服务体系方面。一是缺乏有效的绩效考核机制,没有建立起一套行之有效的绩效评估指标体系,纳税服务标准、质量水平考核体系指标较单一,考核结果并不全面。二是由纳税人广泛参与的长效的绩效考核机制尚不健全,目前的绩效考核缺乏纳税人的参与,考核指标多看重上下级或科室内部的考核,不能如实反映纳税服务工作的成效,考核结果存在偏颇。三是绩效考核指标设定过程中,存在评估的方法、计分标准和指标占比随意性较大的问题,考核存在过于重视工作成果而不重视纳税人需求及感受的问题。

通过以上影响纳税人满意度的因素来看,导致纳税人不满意的原因既有人员上的,也有制度上的,还有技术上和管理上的,涉及服务质量的各个维度。当然,由于受到问卷调查选项范围的局限,影响纳税人满意度的远不止上述原因,

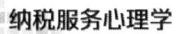

比如税收负担、税款的使用等同样也会影响纳税人对税收的整体感受。

三、基于服务质量感知的纳税人满意度管理

(一) 从纳税人需求入手,了解纳税人的预期与现实诉求

服务质量本质上是一种主观感知,是顾客对服务优秀与否所进行的整体性评价,是顾客所期望的服务与感知到的服务两者的差距。不管是期望的服务还是感知到的服务都是一个心理变量,服务质量的高低依赖于纳税人的主观判断。需要厘清的是,纳税服务质量好坏的最终裁断者是纳税人,而不是税务机关,税务机关如何提供服务以及提供什么样的服务必需基于纳税人的现实诉求,因此在提供服务之前必须做深入的纳税需求调研,充分调动纳税人的参与度。了解纳税人的内心对服务的预期和纳税人对税务机关所提供的服务的实际感受尤为重要,此两者之间的差距即是税务机关努力的方向。降低两者差距的措施除了不断完善服务硬件和软件外,更要注意从心理层面着手,例如,合理引导纳税人预期就是其中一个方面。预期是纳税人的愿望或需求,即他们认为税务机关应当而不是将要提供的服务。首先,税务机关应该根据实际情况,制定各种具体、形象的服务质量标准,使得服务对于纳税人而言具有一定实体性。其次,在纳税人使用服务之前,税务人员应与纳税人进行良好沟通,一方面告知纳税人关于服务的尽可能多的信息,引导纳税人正确使用相关服务,避免其由于自身使用错误而将责任归为税务机关;另一方面告知纳税人税务机关目前存在的实际困难(如技术、服务等还没达到纳税人的期望方面),引导其形成合理期望,避免提出不切实际的要求。

(二) 弥补影响纳税服务质量各维度之短板

同商业领域服务质量相似,纳税服务质量也包括有形性、可靠性、回应性、保证性和移情性五个维度(陈志,2011)。其中移情性、保证性和回应性三个维度更多地与服务人员有关。服务人员的真诚、关心、友善、礼貌、专业化、平等、换位思考等方面在极大程度上体现了税务机关的服务理念和服务意识。服务意识同样表现在对纳税人权益的保护意识上,以及在纳税人权利救济方面回应

的及时性。相对于改变客观世界,改变人的主观世界是更为艰难的,税务机关应当把提升服务意识和提高服务态度作为长期的工作来做,通过不断学习、教育和培训等方式持之以恒地提升税务人员的人文精神和以人为本的服务理念。另外,特别需要注意的是,在信息化时代,以网络和自助终端来实现办税业务越来越普遍,电子政务服务质量同样不可忽视。与传统的服务模式相比,电子政务服务中,服务人员的"在场性"的重要性下降了,但是科技的重要性,尤其是科技中体现的"理念性服务"的重要性上升了。换言之,信息技术设备要以"纳税人为本",要能使纳税人便捷地完成办税事宜;要保证服务的易获得性,如纳税人可以轻松地进入服务网站;提高保证性,让纳税人对办税网站有信赖感;提高可靠性,网站技术功能强大;增强回应性,当纳税人遇到问题时,能得到及时而准确的帮助。

(三) 采用多种手段,了解纳税人的真实感受

为了调查纳税人满意度,以往做法是税务机关以问卷调查、座谈等方式搜集信息,但是纳税人作为被管理对象,心中有所顾虑,难以表达内心真实的感受。近些年来,税务机关开始委托第三方力量进行调查,以期获得更加客观的数据。这种调查方式解除了纳税人的种种顾虑,更能反映内心真实的感受,可以说是一个巨大的进步。虽然第三方调查是一种主要的信息来源,但也不可忽视其他非正式途径的信息来源,如论坛、贴吧、微信公众号的评论等。由于在虚拟世界中,个人信息具有相对的私密性,人们可以不加掩饰地表达自己的感受,其表达的信息可能更接近于真实,是了解纳税人满意度的重要参考信息。

(四) 致力于满足纳税人高层次心理需要,拓展服务范围

随着社会发展以及纳税人文化程度的逐渐提高,纳税人的主体意识和权利意识也日趋凸显。在有些发达地区,纳税人不仅仅满足于税务机关提供的服务助力其完成纳税的过程,并想进一步知晓自己所纳税款的用途、去向,以及获得部分在税收事务上的发言权。有研究表明,征税的透明度和税款的使用同样是纳税人关注的话题(朱远征,2008)。一些被访者表示,征税仅由国家决定,收

多收少没个限额,政府在制定政策时应允许普通百姓参与,并及时公示,广泛宣传税收的相关法律法规;在税款的使用上,纳税人有权知道税款是否适当地用在了教育、医疗等民生领域。这体现了纳税人政治权利意识的觉醒,是时代进步的体现,税务机关应能适度回应纳税人的权利诉求,提供相应的信息,或者为他们提供获得知情权的途径,告知他们去哪里可以获得自己所需要的信息。

(五)赋予地方税务机关权力,鼓励探索适合本地区的纳税服务模式

我国幅员辽阔,各地政治经济、文化发展程度不同,税务人员和纳税人的素质也各不相同,表现在纳税服务上,各地纳税人对税务机关提供的服务也有不同的诉求。各地税务机关在提供纳税服务的财力、人力和理念上有很大差别。各地税务机关应结合当地的实际情况,深入了解纳税人的真实需求,开展有针对性的纳税服务,不断提高纳税人的满意度。

四、纳税人满意度与纳税遵从度的反思

(一)作为纳税遵从手段的纳税人满意度

2009 年,国家税务总局提出建设"始于纳税人需求,基于纳税人满意,终于纳税人遵从"的纳税服务新格局。这一时期,纳税服务体系建设着重围绕提高纳税遵从度,更加注重全员全过程服务,更加注重满足纳税合理需求、保障纳税人权益、推进社会协作、完善绩效评价等。各级税务部门对加强纳税服务往往都是不惜成本,投入了大量的人力、物力、时间、精力,取得了巨大的成绩。纳税服务水平不断进步,税收征管质量不断提升,纳税人的满意度和税收遵从度得到了极大的提高。2015 年,中央全面深化改革领导小组发布了《深化国税、地税征管体制改革方案》,提出了"依法治税"和"方便办税"的原则,"依法治税"原则指出:"以法治为引领,注重运用法治思维和法治方式推进改革,落实税收法定原则,完善征管法律制度,增强税收执法的统一性和规范性。""方便办税"指出:"以纳税人为中心,坚持执法为民,加强国税、地税合作,为纳税人提供更加优质高效的服务,不断减轻纳税人办税负担,切实维护纳税人合法权益,让纳税

人和人民群众有更多获得感。"涂龙力(2016)认为,这其实是确立了纳税服务改革创新的两大目标:一是增强税法遵从度,二是增强纳税人满意度。但在目前的纳税服务改革和创新实践中,出现了弱化税法遵从度、过度强调纳税人满意度的倾向。可以说这种洞见是相当准确的。因为,增强税法遵从是目的,而增强纳税人满意度是手段,确切地说,纳税人满意度是实现税收遵从的手段之一。因此,要提高税收遵从度就需要了解有哪些因素影响了纳税遵从。

(二)影响纳税遵从的要素分析

从税收遵从的动机角度来划分,税收遵从大致可以分为两种:强制遵从和自愿遵从。前者指纳税人或企业迫于税务机关的审计、稽查和惩罚而不得不遵守税法、如实纳税的遵从动机和行为。这就是早期纳税遵从研究代表性的主张,即把纳税人看作是基于犯罪经济学的、理性"经济人"的简单设想,主张通过加大稽查和处罚力度以拔高纳税人犯罪成本的方式来遏制偷逃税。这种模式是由阿林汉姆和桑迪茂(Allingham 和 Sandmo,1972)提出的,在纳税遵从研究领域广受影响。而自愿遵从是指公民纳税的内在化义务,换言之,在没有外在强制力的情况下,纳税人仍然愿意纳税的意愿和行为。自愿遵从也被称为税收道德(tax morale)。不少研究证明,税务机关的强制措施确实可以提高税收遵从度。例如,菲利品等学者(Filippin 等,2013)使用意大利银行提供的"家庭收入和财富调查"数据证实,税收强制措施确实有助于税收遵从度的提高。托格勒(Torgler,2005)利用"国际社会调查项目"(international social survey programme,ISSP)针对瑞士的研究发现,审计法庭的高效能力可以促进税收遵从意愿。卡斯特洛等学者(Castro 等,2015)的研究同样证实了这一假说。但是,正如阿林汉姆和桑迪茂本人所坦陈,强制模式并没有涵盖纳税行为的所有动机,这也正是后继众多研究者所质疑之处。换言之,纳税人并非是新古典经济学所称的"完全的理性人",影响个体纳税行为的动机是多种多样的,并非仅仅由经济因素所驱动。有研究发现,即使在逃税成本和风险远远小于逃税收益的情况下,仍有相当一部分人愿意缴税。莱维纳(Leviner,2008)认为,不应一味单纯采用"大棒"的威慑模式，而是要分析纳税人行为背后的各种社会因素和心理因素等，针对实际情况采取"回应性规制"（responsive regulation）来激励纳税人的自愿遵从行为。因此，有研究者提出，纳税遵从研究的视角应当从"纳税人为什么逃税"转向"纳税人为什么愿意缴税"，由此引发纳税遵从研究者跳出经济视角的藩篱，从更宏阔的视野探索纳税人自愿遵从的非经济因素，并提出用"税收道德"概念来探究纳税人自愿遵从的深层内在动机。研究表明，影响纳税人自愿遵从的因素主要有以下几个方面。

1. 影响自愿遵从的心理因素

心理学一直以来致力于解释人类行为的内在动因，可以说税收心理研究是纳税行为研究的绝佳切入点。税收心理是纳税公民反对或支持税收和国家的态度与行为模式的内隐机制，从心理学角度来解释纳税行为，无疑为税收道德研究提供了扎实的理论基础和知识资源。纳税遵从或不遵从行为过程由纳税人的态度、动机、感知、情绪和情感等诸多心理状态或心理过程所驱动。税收学者把心理学中的计划行为理论、理性行为理论、动机溢出理论、归因理论、公平理论、自我分类理论、前景理论和明耻整合理论等用于税收道德研究中，取得了丰富的研究成果。布雷斯威特（Braithwaite，2003）在计划行为理论基础上提出了五种动机状态：承诺、屈从、抵制、摆脱和博弈。研究表明前两者与偷逃税负相关，而后三者则与偷逃税正相关。情绪和情感在税收道德研究中亦日渐受到重视，如麦斯杰韦齐等人（Maciejovsky 等，2012）通过三个实验研究发现，在税收伦理行为中，情绪起着非常重要的作用。就早期的纳税遵从研究而言，基于新古典主义理性决策假设的威慑模式对纳税人心理上的影响机制实际上主要是恐惧和羞耻。科里切利等（Coricelli 等，2010）通过皮肤电的实验发现，当事人在骗税和低报收入以及被曝光之际，其情绪强度比较大。他把犯罪心理学中的明耻整合理论运用到纳税遵从研究中。该理论认为正确利用羞耻感可以约束人们的行为，羞耻感可分为"烙印性羞耻"和"整合性羞耻"两种："烙印性羞耻"相当于用一种"贴标签"的羞辱办法使人感到被排斥和被抛弃，会增加个体的自暴自弃和社会犯罪率；"整合性羞耻"则通过理解、宽恕、尊重的方式使越轨者产生负罪感和良心苛责,有利于个体改过自新,因此在税收管理中应使用"整合性羞耻"手段以杜绝纳税人的后续偷逃税行为。卢比安等人(Lubian 等,2011)发现了幸福感与税收道德之间存在密切的相关性。他们针对意大利纳税人的实证研究发现,在控制了主要的人口和社会经济变量后,税收道德水平高的纳税人更加幸福,这与哈博夫等(Harbaugh 等,2007)发表在《科学》杂志上基于神经经济学实验得出的研究结论相一致。此发现可以解释为何在预期惩罚和审计概率极低的情况下,纳税人仍然选择自愿纳税的心理原因。这一结论从某种程度上揭开了税收遵从"黑箱"的奥秘。此外,纳税人的民族自豪感、爱国精神和亲社会动机等对税收道德亦有正向影响。

2. 影响自愿遵从的政治行政因素

财政社会学认为,税收是纳税人与税务机关或国家的一种心理契约,两者的互动模式会对这种契约产生影响,即一个国家的政治制度、决策体制、税收体制和制度、政府行为模式和公共支出效率,以及税务机关对待纳税人的态度和方式都会影响着公民纳税道德水平的高低。古斯和另外两位合作者(Güth 等,2005)通过实验法探讨了税收制度的联邦结构与税收道德的相关性,研究结果表明,在分权的情况下,税收道德会更高,因为对一个地区的成员征收的税款只用于该地区的公共利益,而不是像集权那样让其他区域的成员搭便车。托格勒和维纳(Torgler 和 Werner,2005)针对德国的研究发现,高度的财政自主权与税收道德正相关,因为高度的财政自主权更有可能使居民从他们所交的税款中获益更多,从而促进了税收道德的提高。菲尔德和弗莱(Feld 和 Frey,2002)通过对瑞士 26 个州税务机关的调查发现,纳税人的政治参与权利越强,其税收道德水平越高。哈格和斯波利(Hug 和 Spörri,2011)的研究表明,通过投票参与税收政策的制订可以促进对政府的信任,从而提高税收道德。菲尔德和蒂兰(Feld 和 Tyran,2002)的研究同样证实以投票的方式参与政治决策过程是提高公民税收遵从的有利条件。海尼曼(Heinemann,2013)发现税收体制变迁和税制改革会影响纳税遵从行为。阿尔姆等通过场景模拟实验发现,当税务机关提供良好的服务时,纳税人的遵从意愿增强。托格勒等比较了欧洲的三个国家,发现瑞士实行的直接民主制对公民的税收道德有巨大的正向影响,这表明,提高政治机构的合法性会促进更高的税收道德。玛提内·瓦兹科兹和托格勒与合作者(Martinez Vazquez 和 Torgler 等,2009)使用"世界价值调查"(world values survey)和"欧洲价值调查"数据分析了西班牙 1981—2000 年的税收道德,发现随着税收政策和税收管理等制度的改革和完善,纳税人的税收道德有显著的上升。托格勒的另一项研究分析了 2004 年和 2007 年加入欧盟的 10 个国家在 1999—2008 年的税收道德,发现 10 个东欧国家中有 7 个国家的税收道德有所下降,其主要原因是政府管理质量不高、税收管理能力不足和政府结构不合理降低了公众的信任,从而导致税收道德的下滑。甘格尔等(Gangl 等,2013)调查了荷兰 807 名私人纳税人和 1 377 名企业家,发现税务机关提供优质服务,并以纳税人为导向可以大大增强纳税人的自愿遵从行为。巴伦和莫赛提(Barone 和 Mocetti,2011)发现,当纳税人感知和观察到政府是有效率的,即政府使用税收提供了公平的产出,纳税人的税收道德更高。由此可知,税收道德与政府行为息息相关,当政府机构不能很好地履行财政契约,公民的税收遵从意愿就会降低,这可以解释为纳税人以纳税不遵从的方式对权力机关违背财政契约的惩罚,因为政府部门造成了公共资源的浪费,或者没有向纳税人提供与其税收支出相应的公共服务。

3. 影响自愿遵从的社会因素

纳税人的税收遵从行为并不仅仅是与税务机关或国家的互动,他们的行为还受到同行、社会公平状况、文化、亲社会行为、信任等许多社会因素的影响。有研究表明,纳税遵从是一种条件性合作行为,他们的行为取决于社会上其他人的遵从性。托格勒针对拉丁美洲的研究表明,如果纳税人知道其他人逃税或听说过有人逃税,这些纳税人的税收道德则相对较低。博贝克(Bobek,2013)分析了社会规范中的四种类型:个人规范、主观规范、指令性规范和描述性规范,统计分析结果表明这四种规范都对纳税遵从意愿有显著影响。阿尔姆和托格勒(Alm 和 Torgler,2006)的研究指出,文化对税收道德有重要的影响,他们使用"世界价值调查"数据分析了美国和西班牙的纳税人,数据分析表明,美国

人的税收道德显著高于西班牙人,进一步研究发现,即使与欧洲的 14 个国家相比,美国的税收道德仍然是最高的,依次是澳大利亚和瑞士。安德里亚尼(Andriani,2015)针对巴勒斯坦的研究发现,公众的亲社会行为的公共精神,比如,秉持对社区的积极态度和自愿参与社团活动的个体,税收道德水平较高。莫菲(Murphy,2004)通过对 2 292 名被指控逃税的纳税人的调查数据发现,使用威胁和法律强制的监管工具来实现纳税人的遵从,不但成本高昂,并且有时候是无效的。他认为,促进税收遵从最关键的因素是信任,即纳税人认为监管者是公正的。为了形塑官方所期望的遵从行为,税务当局应当超越威慑模式,采用减少征纳双方不信任的策略,使纳税人自愿遵从税务组织的规章制度。正如学者指出,影响税收道德的社会性因素是一个复杂的系统,其要素涉及面非常广泛,彼此之间存在着重叠,其相关关系也比较复杂,对税收道德的影响需要进一步分析和考察,税收遵从研究者对此领域亦表现出浓厚的学术兴趣。

4. 影响自愿遵从的人口统计变量

研究表明,纳税人的性别、年龄、教育程度、婚姻状况、就业状况,甚至所属社会阶层等因素都会影响税收道德。一般来说,女性比男性遵从度高。年轻的纳税人不大惧怕审计和惩罚,遵从度相对较低。教育程度对税收道德的影响并没有统一性的结论。有研究认为,教育程度高的纳税人对税法和财政问题的了解更多,能更清楚政府服务对公民的利益和价值,表现出更高的纳税意愿,但这些纳税人同样关注政府是如何收税及如何再分配的,若征税缺乏公平公正和再分配低效,他们会表示不满,并且也有能力创造逃税和避税的机会。已婚的纳税人由于受其社会网络的约束,往往比未婚个体有更高的遵从度。但是,有项针对伊朗纳税人的研究发现,性别和婚姻状况与税收道德无关。一项针对欧洲国家税收道德的研究发现,税收道德与年龄、宗教、收入、对政治家的信任和对民主满意度正相关,与教育程度和个体经营负相关。托格勒(2006)调查了世界上 32 个国家,发现个体的宗教性可以提高税收道德,尤其是信仰天主教、印度教和佛教的个体其税收道德更高。可见,税收学者对人口统计变量影响税收道德的研究尚不够充分,还未形成定论,需要进一步的探索和完善。

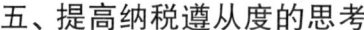

五、提高纳税遵从度的思考

（一）税收道德是优化税收治理的重要手段

具有良好税收道德的公民在从事违法行为时道德成本比较高,会面临着较强的内部制裁(如内疚、不安和自责)和外部制裁(如法律、流言和排斥),从而降低偷逃税的动机,降低税务机关的执法成本和整个社会的交易成本,有助于良好税收治理的达成。税收治理是对征纳行为活动的管理,其途径无非税收道德与税法,前者是指征纳行为"应该"如何地规范,后者是指征纳行为"必须且应该如何"。基于道德与法的异同,税收道德凭借教育和舆论两大非权力力量调节征纳税者之间利害关系,从而实现增进全社会和每个国民福祉总量的终极目的;税法凭借暴力与行政两大强制力量调节征纳税者之间利害,从而实现增进全社会和每个国民福祉总量的终极目的。毋庸置疑,税收道德与税法的终极目的是一致的,都是调节征纳税者之间利益的规范,都是对征纳税者自由的一种限定。不同的是,二者所实现自己的方式以及凭借的力量不同,税收道德凭借的是非权力力量(舆论与教育),而税法凭借的是权力力量(暴力与行政),因此,实现调节征纳税者之间利益的效用便不同。税收道德调节的范围显然要比税法更为广泛,调节的力量虽然微弱,但具有导向性,是税法的价值导向系统,其作用更不可忽视。逻辑上,唯有"德法并举",才是税收治理应有的理想状态。

（二）税收道德总体上受制于政治、经济、文化体制和税制的文明程度

从上文论述可知,政政、经济、文化体制和税制的文明程度,会从总体上影响一个社会的税收道德水平。经济体制直接关涉一个纳税者税法遵从的需要和欲望的大小与强弱,也就是做一个"纳税遵从者"的需要和欲望的大小与强弱。政政体制关涉征纳税者之间权利与义务分配的公正程度,关涉征纳税者之间基本权利与义务交换的完全平等与否,非基本权利与义务交换的比例平等与否。税制优劣关涉一个纳税者税法遵从之动力大小。因为优良税制总是基于征纳税者行为心理规律,即优良税法总是拥有比较坚实的人性基础,纳税者自然愿意遵从。反之,落后税制大多背离征纳税者行为心理规律,即无视或忽略

人性基础,纳税者因此不愿意遵从。文化体制关涉纳税者税法遵从的认知水平,无疑,越是能理性认知遵从税法的利害得失,便越会选择遵从税法,而不是违背税法。

(三)提高税收道德不能仅仅依赖于权力强制

税务机关的服务水平、纳税环境的优劣、税收品德的培养途径与方法,以及个人道德修养,等等,都是影响税收道德的具体因素。影响一个社会整体税收道德水平高低的要素,显然取决于政治、经济、文化体制和税制的文明程度等要素。或者说,就具体的征纳奖惩机制对税收遵从度的影响而言,税收道德建设不应局限于基于权力的威慑模式。正如阿尔姆所说的那样,威慑模式对税务管理来说可能只是一个起点,而不是一个终点(2011)。税收学者伯德(Bird,2008)同样指出:"发展中国家希望仅仅通过加强征税努力而提高税收,这是非常幼稚的想法。"阿尔姆认为,提高税收道德的策略应该含括三种范式:即强势范式、服务范式(提高纳税服务)和信任范式(对政府的信任)。美国税收政治学者玛格丽特·利瓦伊(Levi,1989)认为,纳税者准自愿遵从度主要受相对议价能力、交易费用和贴现率三个要素的约束:相对议价能力是指对强制资源、经济资源和政治资源施加控制的程度;交易费用是指谈判、协商政策合同的费用,还有执行政策的费用;贴现率是指政策制定者的时间意识,较之眼前,若个体越看重将来,贴现率就越低。只有当纳税人相信统治者会遵守协议,且其他人也遵守他们的协议,准自愿服从才会发生。纳税人是策略性行动者,只有当他们预期其他人也合作的时候才会合作。每个人的服从取决于他人的服从。没有人愿意成为"傻瓜"。因此,税收道德建设必须德、法合力,全社会共治,多维度、多方位共同促进,方可全面提升整个社会的税法遵从度。

(四)既要重视税收道德"应该如何"的研究,更应重视税收伦理"事实如何"的研究

从词源意义而言,在西方,"伦理"与"道德"都是指外在的风俗、习惯以及内在的品性、品德,多指人际行为应该如何规范。但在中国,二者的词源意义并不相同,即伦理与道德是整体与部分的关系:伦理是整体,其涵义是人际行为事实

如何的规律及其应该如何规范;道德是部分,其涵义是人际行为应该如何规范。因此,仅仅研究税收道德之"应该如何",或税收道德与纳税遵从之相关性远远不够,更应关注整个社会的税收伦理现状。具体说,既要重视税收道德"应该"之内容的研究,更应重视税收伦理"事实如何"之内容的研究,因为它是滋生税收道德的现实土壤。而且唯有此法,方可深化税收道德价值研究,为优良税收道德和税制的制定,奠定坚实的理论基础,提供科学理性的智力支持与精神滋养,全面提升税收治理的水平。

(五)应重视税收道德研究数据库的建立和方法论建构

重视税收道德研究数据库的建设,创新税收道德研究方法,这既是税收治理现代化的现实需要,也是税收学科体系建设的必然逻辑。因为要深入了解纳税人的人口统计变量以及态度、动机、情绪和意愿等,制定相应的促进税收道德的措施,数据资源与研究方法缺席显然不行。在这方面,国外已远远走在前列,比如国外已经有世界价值调查(world values survey,WVS)数据库、欧洲价值调查(european values surveys,EVS)数据库、拉美晴雨表(Latinobarómetro)数据库、国际社会调查项目(international social survey programme,ISSP)、纳税人意见调查(taxpayer opinion survey,TOS)等,甚至一些国家还建立了本国纳税人数据信息库。目前国内对建立纳税人研究数据库还没有给予足够的重视,亟待缩短与世界水平的差距。同时,学界要重视税收道德研究方法论的建构,尤其是税收实验等研究方法的拓展,融合不同学科研究方法,进行跨学科研究。国外多数以实验方法来进行研究,集多种学科之合力,而国内重视度不够,实验研究成果稀少,研究质量有待提高。

综上所述,要提高纳税遵从,单靠提高纳税人满意度一个维度是远远不够的,必须多管齐下,针对纳税人的具体情况,采取相应的策略,对于故意违反税法的行为予以打击和威慑,对于诚实守信的纳税人提供良好服务,营造征纳双方的诚信氛围,多方合力,多角度入手,多手段并用,方能提高整个社会的税收遵从度。

参考文献

[1] CROSBY P B. Quality is free：The art of marketing quality certain[J]. New York：New American Library，1979：10.

[2] CHURCHILL JR G A，SURPRENANT C. An investigation into the determinants of customer satisfaction[J]. Journal of Marketing Research，1982：491-504.

[3] GARVIN D A. Product quality：An important strategic weapon[J]. Business Horizons，1984，27(3)：40-43.

[4] GRONROOS C. Service quality：The six criteria of good perceived service[J]. Review of Business，1988，9(3)：10.

[5] GRöNROOS C. An applied service marketing theory[J]. European Journal of Marketing，1982，16(7)：30-41.

[6] ROHRBAUGH J. Improving the quality of group judgment：Social judgment analysis and the nominal group technique[J]. Organizational Behavior and Human Performance，1981，28(2)：272-288.

[7] MARTIN W B. Defining what quality service is for you[J]. Cornell Hotel and Restaurant Administration Quarterly，1986，26(4)：32-38.

[8] HAYWOOD FARMER J. A conceptual model of service quality[J]. International Journal of Operations & Production Management，1988，8(6)：19-29.

[9] PARASURAMAN A，ZEITHAML V A，BERRY L L. A conceptual model of service quality and its implications for future research[J]. The Journal of Marketing，1985：41-50.

[10] PARASURAMAN A，ZEITHAML V A，BERRY L L. Servqual：A multiple-item scale for measuring consumer perceptions of service quality [J]. Journal of Retailing，1988，64(1)：12.

[11] CRONIN JR J J，TAYLOR S A. Measuring service quality：A reexamination and extension [J]. The Journal of Marketing，1992：55-68.

[12] PARASURAMAN A，ZEITHAML V，BERRY L. SERVQUAL：A multiple-item scale for measuring consumer perceptions of service quality[J]. Retailing：ritical oncepts，2002，64(1)：140.

[13] 冯俊,张运来. 服务管理学[M]. 北京:科学出版社,2010.

[14] 刘建国,申宏丽.21世纪经济学类管理学类专业主干课程系列教材,服务营销与运营[M]. 北京:清华大学出版社,2005.

[15] 段永瑞.高顾客接触型服务业服务质量改进与团队员工激励[M].上海:同济大学出版社,2013.

[16] 罗晓光,张宏艳.政府服务质量 SERVQUAL 评价维度分析[J].行政论坛,2008(3):35-37.

[17] 周开君.论纳税服务质量及其优化路径[J].税务研究,2010(12):65-67.

[18] 陈嫈芳.税务机关服务质量之探索性研究[D].成功大学企业管理学系学位论文.2003:1-121.

[19] 陈鹏宇.运用 IPA 分析税务机关服务质量之研究——以北区国税局花莲县税务分局为例[D].中国文化大学,2011.

[20] 陈志.基于服务质量差异模型下的纳税服务满意度研究[D].华中师范大学,2011.

[21] 杜雪芳.感知服务质量与顾客满意、行为意愿的关系研究[D].浙江大学,2006.

[22] 韦福祥.顾客感知服务质量与顾客满意相关关系实证研究[J].天津商业大学学报,2003,23(1):21-25.

[23] 石蕊.基于顾客体验的服务质量与顾客满意度的关系研究[D].河北工业大学,2007.

[24] 赵超超.服务质量与顾客满意度关系的实证研究[D].天津大学,2007.

[25] JOFREH M, ROSTAMI A. An Investigation the Effect of Improving Taxpayer Service Satisfaction VAT Department in Tehran[J]. International Journal of Basic Sciences & Applied Research,2014,3:198-203.

[26] 罗恋秋.武汉市东西湖区地税局纳税人满意度研究[D].华中科技大学,2017.

[27] 周大伟.乌兰察布市地税局纳税服务研究[D].内蒙古大学,2016.

[28] 陆露.基于纳税人满意度的纳税服务优化研究[D].云南财经大学,2017.

[29] 白亚卿.基于纳税人满意度的现代纳税服务体系优化研究[D].首都经济贸易大学,2018.

[30] 朱远程,毛雪梅,宋凡.纳税人满意度指标体系的构建及调查实例验证[J].统计与决策,2008(17):79-83.

[31] 涂龙力.新形势下的纳税服务[J].纳税服务研究,2016(17):42-43.

[32] ALLINGHAM M G, SANDMO A. Income tax evasion:A theoretical analysis[J]. Journal of Public Economics,1972,1(3-4):323-338.

[33] FILIPPIN A, FIORIO C V, VIVIANO E. The effect of tax enforcement on tax morale[J]. European Journal of Political Economy, 2013,32:320-331.

［34］ TORGLER B. A knight without a sword? The effects of audit courts on tax morale［J］. Journal of Institutional and Theoretical Economics JITE，2005，161(4)：735-760.

［35］ CASTRO L，SCARTASCINI C. Tax compliance and enforcement in the pampas evidence from a field experiment［J］. Journal of Economic Behavior & Organization，2015，116：65-82.

［36］ KIRCHLER E，HOELZL E，WAHL I. Enforced versus voluntary tax compliance：The "slippery slope" framework［J］. Journal of Economic Psychology，2008，29(2)：210-225.

［37］ BUDAK T. Power and trust as determinants of voluntary versus enforced tax compliance：Empirical evidence for the slippery slope framework from Turkey［J］. African Journal of Business Management，2012，6(4)：1499-1505.

［38］ KOGLER C，BATRANCEA L，NICHITA A，et al. Trust and power as determinants of tax compliance：Testing the assumptions of the slippery slope framework in Austria，Hungary，Romania and Russia［J］. Journal of Economic Psychology，2013，34：169-180.

［39］ LEVINER S. A new era of tax enforcement：From big stick to responsive regulation［J］. U. Mich. JL Reform，2008，42：381.

［40］ BRAITHWAITE，V. Dancing with tax authorities：Motivational postures and non-compliant actions［J］. In V. Braithwaite(Ed.) Taxing democracy. Understanding tax avoidance and tax evasion. Aldershot，UK：Ashgate，2003：15-39.

［41］ MACIEJOVSKY B，SCHWARZENBERGER H，KIRCHLER E. Rationality versus emotions：The case of tax ethics and compliance［J］. Journal of Business Ethics，2012，109(3)：339-350.

［42］ CORICELLI G，JOFFILY M，MONTMARQUETTE C，et al. Cheating，emotions，and rationality：An experiment on tax evasion［J］. Experimental Economics，2010，13(2)：226-247.

［43］ LUBIAN D，ZARRI L. Happiness and tax morale：An empirical analysis［J］. Journal of Economic Behavior & Organization，2011，80(1)：223-243.

［44］ HARBAUGH W T，MAYR U，BURGHART D R. Neural responses to taxation and voluntary giving reveal motives for charitable donations［J］. Science，2007，316(5831)：1622-1625.

［45］ GÜTH W，LEVATI V，SAUSGRUBER R. Tax morale and (de-) centralization：An experimental study[J]. Public Choice, 2005,125(1-2):171-188.

[46] TORGLER B, WERNER J. Fiscal autonomy and tax morale:Evidence from Germany[J]. Public Finance and Management, 2005,5(4):460-485.

[47] FELD L P, FREY B S. Trust breeds trust:How taxpayers are treated[J]. Economics of Governance, 2002,3(2):87-99.

[48] HUG S, SPÖRRI F. Referendums, trust, and tax evasion[J]. European Journal of Political Economy, 2011, 27(1):120-131.

[49] FELD L P, TYRAN J R. Tax evasion and voting:An experimental analysis[J]. Kyklos, 2002, 55(2):197-221.

[50] HEINEMANN F, KOCHER M G. Tax compliance under tax regime changes [J]. International Tax and Public Finance,2013,20(2):225-246.

[51] ALM J, CHERRY T, JONES M, et al. Taxpayer information assistance services and tax compliance behavior[J]. Journal of Economic Psychology, 2010, 31(4):577-586.

[52] TORGLER B, SCHNEIDER F. What shapes attitudes toward paying taxes? Evidence from multicultural European countries[J]. Social Science Quarterly, 2007,88(2):443-470.

[53] MARTINEZ VAZQUEZ J, TORGLER B. The evolution of tax morale in modern Spain [J]. Journal of Economic Issues, 2009, 43(1):1-28.

[54] TORGLER B. Tax morale, Eastern Europe and European enlargement[J]. Communist and Post-Communist Studies, 2012,45(1-2):11-25.

[55] GANGL K, MUEHLBACHER S, DE GROOT M, et al. "How can I help you?" Perceived service orientation of tax authorities and tax compliance[J]. FinanzArchiv:Public Finance Analysis, 2013, 69(4):487-510.

[56] BARONE G, MOCETTI S. Tax morale and public spending inefficiency[J]. International Tax and Public Finance, 2011,18(6):724-749.

[57] TRAXLER C. Social norms and conditional cooperative taxpayers[J]. European Journal of Political Economy, 2010, 26(1):89-103.

[58] TORGLER B. Tax morale in latin america[J]. Public Choice, 2005,122(1-2):133-157.

[59] BOBEK D D, HAGEMAN A M, KELLIHER C F. Analyzing the role of social norms in tax compliance behavior[J]. Journal of Business Ethics, 2013,115(3):451-468.

[60] ALM J, TORGLER B. Culture differences and tax morale in the United States and in

Europe[J]. Journal of Economic Psychology,2006,27(2):224-246.

[61] ANDRIANI L. Tax morale and prosocial behaviour: evidence from a Palestinian survey[J]. Cambridge Journal of Economics,2015,40(3):821-841.

[62] MURPHY K. The role of trust in nurturing compliance: A study of accused tax avoiders [J]. Law and Human Behavior,2004,28(2):187-209.

[63] TORGLER B, SCHNEIDER F. What shapes attitudes toward paying taxes? Evidence from multicultural European countries[J]. Social Science Quarterly, 2007, 88(2):443-470.

[64] HOSSEINI KONDELAJI M H, SAMETI M, AMIRI H, et al. Analyzing Determinants of Tax Morale based on Social Psychology Theory: Case study of Iran[J]. Iranian Economic Review, 2016, 20(4):581-598.

[65] LAGO-PEÑAS I, LAGO-PEÑAS S. The determinants of tax morale in comparative perspective: Evidence from European countries[J]. European Journal of Political Economy, 2010, 26(4):441-453.

[66] TORGLER B. The importance of faith: Tax morale and religiosity[J]. Journal of Economic Behavior & Organization,2006,61(1):81-109.

[67] CUMMINGS R G, MARTINEZ VAZQUEZ J, MCKEE M, et al. Tax morale affects tax compliance: Evidence from surveys and an artefactual field experiment [J]. Journal of Economic Behavior & Organization,2009,70(3):447-457.

[68] HALLA M. Tax morale and compliance behavior:First evidence on a causal link[J]. The BE Journal of Economic Analysis & Policy,2012,12(1).

[69] TORGLER B, DEMIR I C, MACINTYRE A, et al. Causes and consequences of tax morale:An empirical investigation[J]. Economic Analysis and Policy, 2008, 38(2):313-339.

[70] ALM J, TORGLER B. Do ethics matter? Tax compliance and morality[J]. Journal of Business Ethics, 2011,101(4):635-651.

[71] BIRD R M, MARTINEZ VAZQUEZ J, TORGLER B. Tax effort in developing countries and high income countries:The impact of corruption, voice and accountability[J]. Economic Analysis and Policy, 2008,38(1):55-71.

[72] LEVI M. Of Rule and Revenue[M]. Univ of California Press,1989.

[73] 玛格丽特·利瓦伊.统治与岁入[M].周军华,译.上海:格致出版社,2010.

[74] 王海明.新伦理学[M].上海:商务印书馆,2001.

第九章

服务接触与纳税服务体验

第一节　什么是服务接触

一、服务接触的涵义

（一）服务接触的提出

服务企业与顾客接触或顾客与服务企业接触，既是服务运营的基本特征，也是服务运营的核心内容。服务接触是一个复杂的过程，据迪斯尼估计，到其主题公园游玩的游客，平均发生 74 种服务接触（冯俊，张运来，2010）。这些接触对顾客的服务体验和满意度以及引起的对企业的印象和评价起着至关重要的作用。前北欧航空公司 CEO 卡尔森（Carlzon）把这些与顾客接触的关键节点称为"关键时刻"（moment of truth，MOT）。

卡尔森在 1981 年出任北欧航空公司总裁，在短短的一年多时间里，成功地将北欧航空公司从亏损 800 万美元，扭转为获得毛利 7 100 万美元，产值则高达 20 亿美元。他 46 岁撰写的《关键时刻 MOT》，使 MOT 理念风靡全球管理界和企业界。他在《关键时刻 MOT》一书中写道："在北欧航空公司，我们曾经认为飞机、维修基地、办公室和办事流程就是公司的全部。但如果你询问乘客对北欧航空公司有何印象，他们不会说我们的飞机怎样，我们的办公室怎样，或者我们如何筹措资金。相反，他们谈论最多的还是有关北欧航空公司的'人'。北欧航空公司不仅是一堆有形资产的集合。更重要的还在于乘客与直接服务的'一线工作人员'之间进行着怎样的接触。去年一年中，北欧航空公司总共载运 1 000 万名乘客，平均每人接触 5 名员工，每次 15 秒钟。也就是说，这 1 000 万名乘客每人每年都对北欧航空公司'产生'5 次印象，每次 15 秒钟，全年总计

5 000万次。这5 000万次'关键时刻'便决定了公司将来的成败。因此,我们必须利用这5 000万次的关键时刻来向乘客证明,搭乘我们的班机是最明智的选择。"(卡尔森,2013)在卡尔森看来,任何时候,当一名顾客和一项商业的任何一个层面发生联系,无论多么微小,都是一个形成印象的机会。这一个小小的关键时刻,却给服务企业进入顾客的大脑和心灵提供了一个革命性的力量。

服务接触中的关键时刻表明,服务供应商在提供服务的全部流程中每一个服务接触点都会影响顾客的感受、体验和评价。只要是其中一个环节的服务失败都会影响顾客对服务企业整体形象的印象。"100-1=0"这个等式形象地说明了服务接触中"关键时刻"的重要性。

(二)服务接触的界定

所罗门等人(Solomon等,1985)对服务接触的定义简单明了,把服务接触定义为在服务情境中,服务提供者与服务接收者之间的面对面互动。泽皮尔(Czepiel,1985)同样认为服务接触就是员工与顾客之间发生的面对面交互。肖斯塔克(Shostack,1985)给出的定义比较宽泛,他认为,服务接触是在一个时间段内顾客直接与一种服务的互动,依据此定义,可以看出服务接触包括了很多层面,即包括顾客与服务者的互动,也包括顾客与顾客、顾客与实体环境、服务设备及其他有形要素的互动关系。洛夫洛克(Lovelock,1996)认为,服务接触是顾客与包含技术核心和实体设施两部分组成的服务传递系统的接触,包括服务人员、服务设施、非人员接触载体和其他人员四部分。其中,服务设施包括建筑、环境、自助设备等;非人员接触载体包括宣传册、广告、新闻等;其他人员指服务中碰到的其他顾客等。从广义上看,服务接触不仅包括顾客与服务人员的接触和互动,还包括顾客与服务设施、服务设备(如自助服务技术等)、顾客与顾客的接触和互动等。

二、服务接触的理论基础

(一)服务剧场理论

剧场是一个由演员表演供观众欣赏的场所。美国社会学家戈夫曼(Erving Goffman,1959)把剧场元素应用到社会学领域,他认为整个社会就是一个大舞台,每个人都是整个舞台上的一个角色,日常生活中的社会情景就是剧场,互动过程就是表演。在表演过程中,通过有意识地控制身体的言行、举止、仪表等,向他人展示一个良好的自我形象。格罗夫和菲斯克(Grove 和 Fisk,1983)把剧场理论用在服务业中,他指出,提供服务与舞台表演具有一定的相似性,舞台剧场的构成要素与服务的构成要素之间能形成一定的对应关系。他们把戏剧表演中的场景、演员、观众、表演等要素与活动,比喻顾客在服务场所中与服务人员接触、消费服务的过程。

服务剧场的要素有如下四项。

(1)演员,也就是服务人员,服务人员的各个方面都会影响顾客的感受,如服务人员的衣着打扮、行为态度、专业技术与对顾客的承诺等。服务人员如何在顾客面前表现自己,不论是服务人员所说的话、举止动作、外表打扮等,都会影响到顾客的心理与行为。

(2)观众,也就是接受服务的顾客。服务接触是双方面的互动,不只是顾客对服务人员行为的期望而已,顾客也会带着自己想如何体验服务的期望,成为一个主动的服务参与者。顾客的参与度与配合度是影响服务过程的重要部分。

(3)场景,即服务得以发生和展开的舞台,或者说是提供服务的实体环境。

(4)表演,是指在服务的过程中,顾客与服务人员的人际互动。

由于剧场理论以整体论的观点将服务各元素整合在一起,且提供简单明了的框架,很好地体现了服务交互过程中创造体验价值的真实性和动态复杂性,表现了面对面服务体验的基本特征,涵盖了服务互动中的主要因素,不但是一个规划、执行特定服务的良好工具,更使研究者易于了解以及对该服务进行评价。

(二)服务接触三元理论

服务接触三元理论认为,服务接触是由顾客、服务组织和服务人员三者相互作用组成的三角形。在三元结构中,服务组织提供给服务人员一定的资源,如场所、设备以及合理的授权。顾客通过与服务人员的互动,感受到服务组织提供的服务,从而感受到服务组织的服务水平和效率并对服务组织做出满意与否的评价。在服务过程中,服务人员希望顾客能够遵循服务组织的服务规程和准则,以便服务活动易于管理和控制;顾客则在服务过程中希望按照自己的需求和偏好得到更多的便利和效益;服务组织为了控制服务过程,往往会利用规定和程序来限制服务人员提供服务时的自主权和判断,如果这些规定没有充分考虑到顾客和服务人员的需求,往往会挫伤服务人员的积极性和主观能动性,引起顾客的不满。因此,有效的服务接触必须基于三方势力均衡、协调控制,才能解决矛盾。必须做到符合顾客需要,体现对顾客的关心;符合员工个性需要,提高工作满意度;符合组织目标,提高生产率,降低服务成本,才是真正控制了服务接触过程(周军,2009)。

(三)服务接触的系统模型

芬兰学者格罗鲁斯(Gronroos,1990)提出了服务接触的系统模型,他将服务传送系统分为前台、后台和服务接触三部分:①前台,指所有顾客可以观察到的部分,它包括服务人员、设备和内外部设施等;②后台,指所有顾客所看不到的部分,它包括核心技术和后勤系统等;③服务接触,是指在前台中与顾客直接产生互动部分的设计。正是前台与后台的交互作用和互相支持,在服务传递期间内才可以看到服务接触所发生的种种交互作用。服务接触的系统模型是在以前模型的基础上,通过向服务组织内部和顾客两方面延伸,更详尽地对服务接触进行了解释。该模型认为影响服务设计的重要力量是企业的服务理念或者说是企业使命,而且它通过对先前体验、公司形象与市场沟通等其余因素的综合考虑,最终让顾客逐步进入服务接触过程,达到他们的期望值。

(四)服务接触交互模型

国内学者范秀成(1999)提出了服务接触的服务交互模型,他认为在服务过程中,除了顾客与服务人员的交互以及顾客与设备的交互之外,顾客之间也存在着交互作用。他把服务接触分为七种类型:员工与客户的接触,客户之间的接触,客户与系统的接触,客户与环境的接触,员工与系统的接触,员工与环境的接触,系统与环境的接触。在这些交互作用中,人际交互具有特别的重要意义。从社会角度看,服务过程中的服务人员与顾客的人际交互具有与一般人际接触不同的特点,它是短暂的、有目的性的、利益驱动的。因此,在提高服务交互质量时,尤其要重视人际互动质量,如调节服务供求关系、员工适度授权、提高人际技能等。

三、服务接触的要素

(一) 服务人员

从服务接触的概念界定来看,早期的服务接触研究重点放在服务人员与顾客的互动,人员是影响服务质量的重要因素,一线服务人员的地位尤为重要,许多有关服务的具体问题的解决必须依赖于一线员工的具体操作。人际服务接触中,顾客通常会通过与人员的互动交流(如问候、应答态度、状况处理、仪容谈吐等)来判定服务的好坏,直接与顾客接触的工作人员是顾客的重要信息来源,其行为更是顾客评价服务的关键。在服务质量的维度中,顾客依照五个方面来衡量一个服务企业的服务质量,即有形性、可靠性、回应性、保证性和移情性,其中后三项都是由服务人员表现出来的。服务人员在服务接触过程中一般是通过以下几个方面对顾客感知产生影响的。

1. 服务人员的行为表现

所罗门等人(Solomon 等,1985)指出服务接触是一个动态的过程,顾客与一线服务人员彼此间的互动关系是服务接触的研究重点,并进一步认为服务接触实际上是服务人员的服务表现。顾客与服务组织的接触过程中,顾客常常将服务人员的行为视为服务组织的标志以及服务水平高低的证据。对于顾客而言,每一位现场员工即代表公司向顾客推广自己所提供的服务。因此,员工的表现常常被顾客视为整体服务产品组合的一部分。服务产品之所以与有形产品不同,关键在于人员的表现。温斯特德(Winsted,1993)汇集了相关文献并整理出服务接触的相关行为指标,并将正式性(主要指能称呼顾客的姓)、礼貌性(包括知道顾客姓名、不鲁莽、愉快的服务互动、好的态度、快速注意、表示赞同、表现快乐、穿着整齐、工作迅速、帮忙顾客和正面的情绪)、个人化(包括笑容、眼神接触、友善的招呼、提供选择、提供建议、知道并使用顾客名字、和顾客闲谈、特别花费时间、对特别顾客感兴趣和寒暄问候)、关怀(包括表示兴趣、皇家般的招待、注意顾客、不污辱顾客、解释和给予正确的信息)、知觉控制(包括弹性、提供选择、不操纵顾客、响应特别要求和不令顾客等待)、准确性、友善(包括招呼顾客名字、向顾客打招呼、解释、关心顾客、不会拐弯抹角、寒暄、微笑和正面的态度)、迅速(包括短暂的等待时间、服务者熟悉了解工作和不找借口)八个方面,作为人员服务接触的衡量标准。

2. 服务人员的辅助特征

服务人员本身的辅助特征也能影响到顾客的反应,这些因素与服务人员展现的能力、技术无关,而与服务人员的年龄、种族、性别、外貌、衣着等个人特征相关。尽管这些特征因素与服务人员本身拥有的素养与能力无关,但却可能影响顾客初次消费后的反应,并可能进一步对服务接触的结果有所影响。服务人员如何在顾客面前表现自己,其言语、举止动作、外表打扮等都会影响到顾客的内心感受以及对服务企业的判断。

3. 服务人员的服务能力

在服务接触中,服务人员的能力是影响顾客对服务体验感知的重要变量。格罗鲁斯(Gronroos,1989)指出,对于服务企业而言,员工是否有能力注意并应顾客需求处理服务接触中的相关问题是成败的关键。PZB 学术团队(1988)认为大多数服务通常经由顾客与服务人员的接触而产生,因此,员工的服务能力,决定了服务质量的优劣与经营绩效之成败。在服务接触的关键时刻,一线员工除了要具备服务的热忱外,还需要服务能力来与之配合,才能够为顾客提供优质的服务。拜利等人(Berry等,1991)认为服务人员的服务能力是衡量员工具备提供优异服务所需的知识、技术、技巧以及服务热忱的程度。范多伦等人(Van Dolen等,2002)在一个家居服务商的两个店面,针对 413 名顾客和 59 名员工进行的问卷调查,验证了顾客感知的员工工作能力和社交能力对顾客满意度有正向影响。

(二)实体环境

实体环境是服务活动发生的空间,也是服务人员和顾客互动的背景。一些学者发现服务接触中的实体环境对顾客的影响也不容忽视。营销大师科特勒认为服务环境应涵盖视、听、嗅、触等四项知觉可以感知的相关环境因素。其中,视觉知觉包括如颜色、亮度、大小、形状等;听觉知觉包括如音量、音调等;嗅觉知觉包括如气味、新鲜度等;触觉知觉包括如软硬、平滑、温度等。贝克(Baker,1987)根据环境心理学的研究,将服务环境构成区分为三大类,环境因素、设计因素、社会因素,并分别说明各类构成因素对顾客行为的影响。环境因素指能够影响潜意识的背景情境,例如空调、温度、照明、声音、气味、干净等,都可以影响到顾客行为,是使顾客愿意停留或者再度光临的重要方面。设计因素,是指对顾客较为明显的视觉刺激,例如内外部的建筑、色彩、材质、配置和标志等,是存在于知觉最前端的刺激。所以,设计因素有较强的潜力可以塑造顾客的正向知觉,鼓励顾客的趋近行为。设计因素包括美感和功能两部分:美感如建筑、色彩等;功能则指配置、舒适性等。设计因素可以同时应用在外部和内部的服务设施上。社会因素,是指服务环境中的"人",包括在服务环境中的其他顾客和服务人员,他们的外表、行为和人数都会影响顾客对服务机构的认知。

(三)自助服务技术

快速发展的人工智能以及相应数字新技术设备的出现,不但改变了服务接触的方式和范围,也提升了服务的水平和效率。服务型企业利用信息技术来改善服务的流程、提高服务的效率、降低营运成本、服务更多的客户、提供更多功能性利益给顾客,并提升企业服务绩效,如自动存取款服务、自动售货机、网络在线服务等等,大大提高了服务效率,节约了人力成本。自助服务设备的出现使得服务接触不再只限于顾客与服务人员和实体环境的互动过程。顾客通过服务供应商提供的设备和网络完成了特定的活动,顾客本身的时间付出和努力代替了服务人员的时间付出和努力。有学者把这种基于新技术的服务接触模式称为"服务接触 2.0"(Larivière,2017),在这种新的服务接触模式中,服务人员的部分作用被替代了,服务人员的角色也有了新的变化,在服务过程当中变成了促成者(enabler)、创新者(innovator)、协调者(coordinator)和区分者(differentiator)。在促成者的角色中,服务员工帮助顾客和技术设备在服务接触中起到各自的作用,当顾客和技术设备出现问题导致负面情绪时,服务员工

能给予顾客建议或者解决故障;在创新者的角色中,服务员工作为服务系统的一部分,能够更好地辨识顾客的需求,并能根据服务情境的变化创新性调整服务策略;在协调者的角色中,服务员工在多个复杂服务系统中起到沟通协调作用;区分者的角色是指,相对于比较容易复制和模仿的服务技术和设施,服务员工在人际接触中的服务态度和专业技能是不容易复制的,这是一个组织区别另一个组织服务水准的最重要的因素。当然,这些角色并不是互斥的,在服务接触过程中可以同时发生。自然地,随着服务员工的角色发生了变化,顾客的身份和作用也随之发生了变化,顾客不再是被动地接受服务,而是参与到服务生产的过程之中,完成服务的过程也是一种社会学习和体验的过程,是与日新月异的新技术社会磨合和适应的过程,在这个过程中促进了自身技能的增长和体验到完成目标的愉悦感。不可否认,也有一些顾客面对新的技术,会出现使用上的焦虑、压力和对安全感以及个人隐私的担忧。总之,在网络购物和移动应用的时代,服务是由人与人的交互、技术和服务流程共同构成的,而人与人之间的直接沟通似乎越来越少。随着企业和服务组织的不断成长,工业化程度越来越高,就需要重新设计更加人性化的服务体验(Polaine 等,2015)。

第二节　服务体验的内涵和维度

一、服务体验的内涵

体验是个体对外界刺激所作出的反应。顾客服务体验主要来自服务接触,也就是顾客与服务提供商直接互动的期间,换言之,服务接触发生于服务履行之际。根据产业的不同,有些服务接触的过程非常短暂或是只有几个简单步骤,与服务人员互动程度低,如使用自助服务科技的服务;有些服务接触过程为期会比较久,全程与服务人员接触程度较高,如医疗服务与理财服务。比特纳等人(Bitner 等,2000)指出,服务接触是服务体验的关键要点,不论服务接触程度的高低,皆会影响顾客的服务体验。在服务场域中,服务体验是完全来自消费者个人在不同层面上的体验,包含理性的、情感的、知觉的、实质的以及心灵层面的体验。

服务不同于实体产品,它具有无形性、异质性、易逝性与不可分离性等特质,使得顾客不易从服务提供物的外观与性能等方面来评估其优劣程度,往往必须依据个人对服务过程中的体验来衡量。体验带有鲜明的主观性和个人性,是一种情意汇合的境界,因人而异、因事而异。对于同一情境,不同的人会有不同的体验;即使是同一人,在不同的心境下也会产生不同的体验。一般来说,体验有两种词性:一是动词,强调体验是一种经历和过程;二是名词,强调体验是一种感觉(范秀成,李建州,2006)。服务体验是顾客消费产品或服务后的即时感受,是一个个体内部的、主观的、情感化的活动,是一种情感、认知和行为的过程,是感觉、想象和情感的综合反映。著名的服务研究学者格罗鲁斯(Grönroos,1982)较早对服务体验进行了研究,他认为,顾客的服务体验就是顾客对服务接触的感知。国内学者李建州、范秀成(2006)认为,服务体验是顾客对服务遭遇所作出的感觉和评价。从本质上看,体验就是顾客基于已有知识或经验,对现场亲身经历所做出的感觉和评价,涉及情感、认知、思考、行为等一系列心理反应(刘金岩,2009)。简单地说,服务体验就是顾客在服务过程当中或者服务结束后对服务整体状况的感知评价。在服务体验研究中,有些学者注意到了顾客在创造服务体验中的作用,并提出服务的共同创造是一种在顾客和服务专业人士之间联合生产的服务,而顾客的介入意向和高水平的参与将引导共同创造的服务产出(Prahalad 和 Ramaswamy,2004)。有研究表明,一些服务型企业成功的主要因素是激励顾客参与到服务生产和传递的过程中,将顾客视为服务企业内部员工,让顾客与员工共同创造服务产出,提高组织生产力。有远见的企业会鼓励顾客参与到服务体验的设计和服务体验的传递过程中,给予顾客平等的对话权利,通过与服务供应商的良性互动共同发明、创造和设计个性化的服务体验。在顾客与服务企业平等的对话中,企业不仅倾听和回应了顾客的心声,还获悉到围绕体验展开的对顾客的体验设身处地的理解,认识顾客体验的情感、社会和文化背景。同时,它也意味着平等解决问题双方之间的沟通与知

识共享。

二、服务体验的维度

服务是一种体验过程,它包括顾客与某服务过程中的人员、物理环境、服务设备等方面的互动以及顾客感知到的多个面向。曼纳和欧利弗(Mano 和 Oliver,1993)认为服务体验主要集中在两个方面:一种是强调服务的工具或实用功能,另一种强调服务的美学或享乐功能。施密特(Schmitt,1999)基于神经生物学和心理学的观点,把体验从形式上划分为感官体验、情感体验、思考体验、行动体验和关联体验五个维度(如表 9-1 所示)。

表 9-1 施密特对体验维度的划分

体验维度	
感官体验	感官体验是通过对顾客视觉、听觉、触觉、嗅觉等的刺激,所引发的顾客思维的反应。感官体验对顾客来说是最直接的刺激,最容易给顾客留下深刻的印象。感官体验的刺激物为体验线索,包括有形和无形,性能线索和结构线索,内部和外部线索,满足了顾客功能性需求
情感体验	情感是个体内心的感觉,即人对客观事物的一种主观反应。情感塑造是想通过创造顾客喜好的体验,来触动他们的内心情感,从而影响顾客对产品或服务的态度,且这种影响大多是在消费过程中形成的,满足了顾客情感性需求
思考体验	思维是人的心理过程中最复杂的心理现象之一,是人脑对客观事物的本质属性及其内在规律的反映。通过让人出乎预料和激发兴趣,促使顾客进行发散性思维和收敛性思维。思考体验和情感体验互相影响,满意或不满意的评价被认为一半是感知,一半是情感,满足了顾客的功能性和情感性需求
行动体验	行动体验是顾客在与服务组织的互动过程中所感受到的生活方式、身体体验。行动体验通过提高人们的生理体验,展示做事情的其他方法和另一种生活方式来丰富顾客的生活。顾客的需求满足来自与其他顾客、周围环境的互动或者服务人员与其他顾客之间的互动,一定程度上满足了顾客的关系性需求
关联体验	关联体验包括感官、情感、思考与行动等层面。关联体验超越个人人格与私人感情,再加上"个人体验",而让个人与理想自我、他人或是文化产生关联。关联体验之所以能成为有效的体验,乃是由于社会文化意义与顾客对于社会识别的需要之间的相互作用而形成的

资料来源:改编自施密特,周兆晴译,《体验营销》,广西民族出版社,2003 年版;刘金岩,《酒店服务接触对顾客体验的影响效应研究》,经济科学出版社 2009 年版。

派恩和吉尔摩(Pine II 和 Gilmore,1998)从消费者的参与程度和环境的相关性将体验划分为娱乐体验、教育体验、逃避体验和审美体验四种类型,并指出这四种体验的交点是最佳体验,主要是满足了顾客的情感需求。

(1)娱乐体验。在娱乐体验中,消费者被动地通过感觉吸收体验,比如听音乐、看演出、阅读娱乐文章等。娱乐提供者包括运动员、小丑、音乐家、歌唱家、舞蹈家等,他们在亚当·斯密看来都是所谓的"非生产性劳动者"。然而,在现代社会,娱乐提供者变得越来越重要,正是他们的演出使我们开怀大笑和忘却烦恼。

(2)教育体验。教育体验和娱乐体验一样,都是顾客从环境中获知他们并不清楚的事件或知识,不同的是教育体验包含了顾客(学生)的积极参与。通常我们所提到的教育大多是指学校教育,如学生上英语课,需要学生更多的参与。事实上,服务公司提供的正常的服务也包含着教育的成分,如餐馆菜谱中的营养知识介绍,旅游景点的历史故事介绍等,这些同样能给顾客带来教育体验。如果服务公司提供的服务包含着教育体验的成分,那么就会使服务增加价值。

(3)逃避体验。逃避现实体验和娱乐体验相反,顾客不仅浸入到环境中(而不是置身于环境之外观看,对环境没有任何影响或改变),而且还积极地参与甚至沉溺于活动之中,并对环境产生影响,从中获得体验。例如,顾客在主题公园、赌场、电子游戏、虚拟聊天室、滑雪、冲浪、蹦极等。同样是一场足球赛,如果通过电视来观看比赛,所获得的是一种娱乐体验,因为你不在场,无法参与其中;如果在现场观看,则把自己浸入了一种比赛氛围非常强烈的环境中,我们可以通过呐喊参与其中,并对周围环境中的观众构成影响,甚至可能起到影响球队比赛的效果,这时你所获得的是忘乎所以、逃避现实的体验。置身于其中并积极参与的逃避现实体验,显然远比隔岸观火式的娱乐体验和走马观花式的审美体验给人的感觉要深刻得多,记忆也长久得多(冯俊,张运来,2010)。

(4)审美体验。每个人沉浸于某一事物或环境中,而自身对事物或环境极少产生影响或根本没有影响,因此环境基本未被改变。比如,参观博物馆、美术馆、观看大峡谷等,虽融入其中但只是欣赏而已。

荷夫勒(Heufler,2004)认为,顾客在服务体验过程具有多重角色,他即是使用者,也是观赏者和拥有者。从服务的功能性满足来看,他是使用者;作为观赏者,他体验到美感,满足了审美和愉悦性的心理需求;作为拥有者,是重视心灵深处的需求阶段。荷夫勒对顾客体验维度的划分如表 9-2 所示。

表 9-2　荷夫勒对顾客体验维度的划分

人(man)	体验设计的范畴	需求(Demand)	功能(Functions)	体验分类
使用者(User)	功能层面考察	可用性需求	实用功能(Practical)	生理体验
观赏者(Observer)	美感层面考察	愉悦性需求	审美功能(Aesthetic)	感知体验
拥有者(Owner)	社会层面考察	功能性需求	象征功能(Symbolic)	社会体验

资料来源:Heufler G, Design basics, Von der IdeezumProdukt, Sulgen/Zürich, Niggli, 2004。

国内研究者李建州、范秀成(2006)把服务体验分为三个维度:功能性体验、情感性体验和社会性体验,并归纳了三种体验的特征,如表 9-3 所示。

表 9-3　三维度服务体验

	功能性体验	情感性体验	社会性体验
特征	• 更多的认知成分 • 有形产品表现更明显 • 功能性利益 • 强调结果、目的 • 解决问题 • 客观	• 更多的情感成分 • 服务业表现更明显 • 情感性利益 • 强调享乐、快乐 • 享受的投入 • 主观	• 更多的社会属性 • 有形产品和服务业 • 社会性利益 • 强调关系 • 关系的紧密程度 • 主观或客观

资料来源:李建州,范秀成,三维度服务体验实证研究,旅游科学 2006 年第 20 卷第 2 期第 54-59 页。

张立章(2010)依据服务来源和层次差异把顾客服务体验从低到高依次划分为:顾客服务过程体验、顾客服务功能体验、顾客服务环境体验和顾客服务意义体验。顾客服务过程体验主要是指顾客对服务过程的流畅性、便利性、舒适性以及趣味性形成的心理感受;顾客服务功能体验是指顾客对所消费服务的核心利益的实现程度以及成本支出情况的心理感知;顾客服务环境体验主要是顾客利用各种感觉,包括视觉、听觉、触觉、味觉和嗅觉等对服务环境的美感评价;顾客服务意义体验则是指顾客对于该项服务显示或内含的意义与价值的思维认知和认同程度。顾客服务意义体验不同于其他三方面的体验,它是顾客能够从主观意识上明确认知的,其他三个方面的体验虽客观存在,但顾客不一定能够自我清晰认知。张立章认为,让顾客体验到意义是服务体验的最高境界。如果顾客认为所消费的服务具有独特的思维意义与价值,这将成为服务的最大顾客价值。因此,企业应该成为服务意义的主动构建者,"服务的意义建构"就成为企业服务营销的核心内容。

从上述基于体验维度构成的文献评述中可以看到,无论从哪个角度对体验分类,都强调了体验是对顾客多重需求的满足,并不仅仅是一次交易的完成,而是强调在功能性达成的同时满足其他各种需求,这些需求具有一定的层次性,而这种层次性正对应了马斯洛关于人的需求层次的划分,体现了人们不断增长的对美好生活的内在追求。

第三节　基于服务接触的纳税服务体验提升

一、纳税服务中的服务接触和服务体验

虽然对服务接触和服务体验的研究多集中于企业部门,公共部门对此议题还没有给予足够的重视,但是,由于公共部门的服务性属性、服务型政府理念的倡导以及私人部门优质服务的示范性影响,使得政府把顾客导向和提升服务水平作为其工作的重要方面。就世界范围来看,"顾客导向"服务理念是 20 世纪新公共管理运动中的一个核心基础概念。从 20 世纪 80 年代以来,席卷全球的政府再造运动,也都是围绕这一基本理念而展开的。既然政府的公共服务是为公民或顾客提供的,那么,公民或顾客体验到的公共服务品质究竟如何就必须由体验者来回答。因此,近几年兴起的"行为公共管理学"(behavioral public administration)对政府与公民互动过程和体验倾注了极大兴趣。具体来说,政府行为,无论是制定公共决策还是提供公共服务,因为互动的对象是公民,故最终的效果要通过公民的体验来评判。在"政府-公民"互动情境下探讨公民体

验,主要聚焦于政府的公共决策行为与公共服务行为所带给公民的心理感受,包括认知体验(cognitive experience)和情绪体验(emotional experience),前者指公民对政府行为的信息加工过程,后者指政府行为所引起公民的情绪和情感唤醒(张书维、李纾,2018)。公民体验是一个综合的心理过程,体现在对政府服务行为的满意感、信任感、权威感、合法性以及公共政策的合法性等方面。对我国来说,提高政府效能和服务水平是提升国家治理能力和国际核心竞争力的必由之路。税务机关作为政府部门的重要组成部分,是提升税收治理现代化、优化税收营商环境和建设服务型政府的主体,追求优质的、让纳税人满意的税收服务是实现上述目标的题中应有之义。笔者认为,服务接触和服务体验的相关理论和技术同样适用于税务机关,因为,"借鉴当代工商管理(企业管理)领域发展起来的管理经验、原则、方法和技术,实现由传统的行政管理模式向当代(新)公共管理模式的转变"(陈振明,2002)是世界行政管理的重要特征之一。在纳税服务的各个环节中,一样存在着影响纳税人服务体验的多个服务接触点,不管是服务环境、服务人员还是自助办税终端和税务网站,在办税过程的任何环节中,都会影响纳税人对税务机关的功能性体验、情感性体验和社会性体验等,由此引起纳税人对税务机关整体印象的感知和评价。

二、优化纳税服务体验的策略

(一)营造亲民、和谐、宜人的服务环境

美国著名社会学家和未来学家丹尼尔·贝尔 1973 年在《后工业社会的来临》一书中指出:"在后工业社会里,服务经济将替代产品生产经济。大批量生产和自由竞争催生了工业设计的发展,而几何式增长的比特以及全球化服务经济的发展将大大拓宽设计的视野与施展空间。传统的工业设计理念与创新思维在新经济和社会形势下面临着巨大的挑战,新的设计理念、设计方法和设计工具的发展成为必然。"随着服务经济与体验经济时代的来临,作为主要关注教育、医疗、民生、社会保障、餐饮、休闲娱乐等领域相关设施和服务的公共设计,不得不把服务和体验设计作为最基本的设计思维和方法。服务、体验和产品一

样,都是需要设计的。这将是一个系统的解决方案,包括服务模式、商业模式、产品平台和交互界面、用户体验、品牌系统等的一体化设计(罗仕鉴,朱上上,2013)。公共服务是21世纪公共行政和政府改革的核心理念,以合作为基础,强调政府的服务性和公民的权利。从产品设计角度而言,设施是有形的产品,服务是无形的产品,无论是有形的设施,还是无形的服务,公共设计都应遵循"以众为本"和"改善用户体验"的设计原则。相对于宏观的服务体制改革而言,公共服务的用户体验则属于微观的、具体的、细节的范畴,但体验设计的优化或创新,却能在很大程度上改善公共服务的质量和效率。我们应转变过去被动接受、缺乏体验、忽视服务对象的公共服务模式,转而以洞悉顾客行为,为技术赋予有意义的形式(服务、产品、系统、组织等),寻找有价值、更具智慧的服务(丁熊,2015)。

近几年来,税务机关在纳税服务环境建设方面倾注了许多心思和心力,各地认真贯彻《办税服务厅管理办法》和《全国税务机关纳税服务规范》,不断优化服务环境,完善服务标识,增添服务设备和配套设施,极大地方便了纳税人。可以说这些服务环境的改观多体现在对纳税人功能性体验上的满足,也就是说这种以结果为导向的服务实现了方便了纳税人办税的目的。但是,与为个人使用者提供的设计(如个人电子产品、家居产品等)不同,公共设计是多层次的、复杂的,因为不同使用者总是有不同的需求、偏好和期望。为了获得高品质的公共设计,公共事务决策者、专业人士和管理人员必须以使用者为出发点,尊重他们,而不是管束他们,同时要给予他们持续不断的关注(邵健伟,2011)。不仅如此,公共设计中那些原本不同设计领域的工作,正被越来越多样化的公众需求整合到一起,成为相互融合的、不分彼此的一个有机整体。在当前服务经济与体验经济高速发展背景下,公共设计已不再仅是设计一个具象的空间或产品,而是设计一个系统、一种逻辑关系,因而也具有更宽泛的外延(丁熊,梁子宁,2016)。从纳税服务体验的角度来看,纳税人办税过程中,其体验是多维度多层次的,除了功能性体验之外,纳税人还有情感性体验、审美体验、社会性体验、认知体验等各个层面,这些方面的实现贯穿于纳税人与税务机关打交道的各个环节,还需进一步完善和提高。因为,服务与体验经济时代下的公共设计,已不再仅仅局限于研究物的功能,而需更多地研究用户在公共空间中的行为,继而关注与这些行为关联的各种感官体验。体验所涉及的良好感官越多,用户满意度越高,设计就越令人难忘,也越容易成功(丁熊,梁子宁,2016)。在税收活动中,这些方面还没有引起足够的重视。例如,一些办税服务厅和税务部门的设计和布置更多地强调出了纳税人的义务性,传递出程序性、强制性的讯息,而对纳税人的权利性、平等性、服务性等信息的传达方面做得不够,使得纳税人在办税时有种压抑、紧张之感。国地税合并之后,各地税务机关的名称中都包含了"国家税务总局"字样,"国家税务总局"翻译成英文为"state administration of taxation",而美国的税务局叫"美国国内收入署",英文为"internal revenue service",前者中有"administration",体现的是"管理、实行、(政府)行政机关、(法律、处罚等的)施行"等意涵,管理色彩比较浓厚,而后者中有"service",带有"服务、服侍"之意,服务色彩比较浓厚。还有一些税务局在英文标识中存在不规范的情况。有些地方的办税服务厅布置得过于清冷,墙壁上存留的空白过多,缺乏让纳税人感觉亲切、温馨和尊重的元素。以上这些都是未来服务环境优化需要解决的问题。

(二)管理关键时刻

根据前北欧航空公司 CEO 卡尔森的观点,与顾客接触的每一个时间节点即为关键时刻,换言之,关键时刻就是与顾客在服务过程中一些重要触点,如果在这些触点中顾客正好需要特殊的帮助,而服务提供者能及时给予满足,会让顾客有良好的体验和感知,正所谓急顾客之所急,想顾客之所想。在办税过程中,纳税人与税务机关的接触中同样存在着多个触点。税务机关与纳税人的接触既有服务场景与纳税人的接触,也有一线服务人员与纳税人的人际接触,还有纳税人与自助办税设备的接触。从服务剧场理论来看,对纳税人与一线服务人员交互的关键时刻管理可以类比为剧场中的表演过程的管理,税务机关应从热情、温情、尊重和有效等服务细节着手,力争在每个接触点上给纳税人留下好的体验。卡尔森针对北欧航空公司的调研发现,在人际性服务接触中影响顾客满意度的是服务人员的外表、行为、沟通三个方面,这三方面给人的第一印象所占的比例分别为外表 52％、行为 33％、沟通 15％。从当前的纳税服务实践来看,多数税务人员都能够按照服务规范来提供服务,对纳税人表现出尊重和友好,但有些服务人员因为业务不熟练而在办税的效率上打了折扣,从而给纳税人留下不尽如人意的办税体验。在自助办税设备的接触上,由于科技的介入大大降低了人际接触的比重,服务人员的角色有了新的变化。为了解决纳税人的科技焦虑,除了办税设施易用、便捷之外,服务人员还要具备一定科技知识,以便在纳税人遇到困难时能给予及时的处理和解决。总之,税务机关要树立关键时刻的理念,仔细梳理可能影响到纳税人体验的各个接触点,提前做好准备,未雨绸缪,避免因某一个接触点的服务失误而导致纳税人对整个服务过程产生负面印象。

(三)重视办税自助服务体统的体验改善

传播学家麦克卢汉(Marshall McLuhan)曾经说过:"任何技术都倾向于创造一个新的人类环境。"互联网的出现颠覆性地改变了人类的生活、学习、消费,甚至人与人之间的互动模式。信息技术和互联网的出现同样引发了政府治理的革命。20 世纪 80 年代,世界各国政府再造的一个共同特征就是利用信息和通讯技术打造"电子政府"。我国从上世纪 80 年代就开始推行电子政府,并于 2017 年发布《"互联网＋政务服务"技术体系建设指南》,可以说电子政府的观念已经深入人心。税务系统早在 2015 年就开始推行"互联网＋税务"行动计划,各地税务部门都在努力建设电子税务局,引进自助办税终端、税收 APP,创设微信公众号、微博公众号,甚至建设 24 小时无人值守办税服务厅,极大地方便了纳税人。但是,调查发现,纳税人满意度不高的因素中,网络办税服务就是其中之一,突出表现在网速较慢、易出故障、功能不全、互动性欠缺、范围不广、使用界面不友好、服务体验的愉悦感和美感较低、信息共享不足、使用网络办税的纳税人仍需往返服务大厅等。从服务接触和服务体验的视角来看,电子服务的优良与否仍以服务的品质和顾客的体验来衡量,虽然服务的方式改变了,但是顾客在服务过程中的各种心理需求仍然没有改变。传统的服务质量评价体系将服务品质划分为五个维度,有形性、可靠性、反应性、保证性和同理心,但无法全面地反映出所有服务行业的共同特点,至少没有明确体现新兴自助服务的特点。对于智能产品和自助服务而言,界面是用户接触最为频繁的触点,也是服务达成的关键,因此服务质量评价量表中有必要增加第六个服务品质维度,即界面可用性,追加用户界面对于服务影响的考量(张明,高嘉蔚,2015)。纳税服务中的网络服务和自助设备使用除了具备传统科技接收模型倡导的可用性、易用性和高效性之外,还要重视愉悦、情感等审美主题,全方位优化使用者的感官体验、心理体验、认知体验和关系体验。

(四) 鼓励纳税人参与,共创服务体验

在商业领域,传统的观点认为,生产者是唯一的价值创造者。但随着信息化和全球化背景下竞争的加剧,制造性企业纯粹依靠产品质量取胜的策略已难以为继,不少企业开始意识到服务的重要性在产业价值链中的地位。企业不仅重视服务,还把顾客体验管理作为重要的经营抓手,鼓励顾客参与到服务产品设计、服务环境提升、服务水平促进当中,从关注顾客感知和体验的角度来提升服务品质。这就是共创价值理论在服务领域的运用。从这个意义上说,服务是共创的,服务只有顾客在享用时才是有价值的,当商家准备好了完美的设施和服务人员,如果没有一个顾客光临,服务就不可能发生。近些年,价值共创理论在政府公共服务中的运用逐渐得到重视(Subbiah 和 Ibrahim,2011;王伟明,2018;司文峰,2018;温倩宇,2017;孟庆国,2017;庞庆华,2016)。服务型政府理念的倡导促使政府要改变服务的方式。传统政府在公共服务供给方面,实行政府主导模式,政府"替民做主",对公共服务采取强行供给、强制消费的方式,政府提供什么,公民就得消费什么,政府不提供什么公民也就无权消费什么。这违背了公共服务市场消费主权的原则,因此也不可能达到让公民满意的效果。服务型政府建设要求公共服务的方式从政府主导变成公民主导,要不要服务、要什么样的服务、要多少服务、要什么样的服务方式以及服务结果的评判等,都要以公民需求为中心,由公民来决定(燕继荣,2009)。具体在纳税服务事项中,要让纳税人参与税收政策制定、纳税服务的绩效评估、纳税服务流程再造等过

程,建立行之有效的纳税人参与渠道,开辟税收政策听证协商、公共论坛和专家咨询平台,提高税务机关的服务水平,不断优化纳税人的服务体验。

(五)发挥一线员工的重要作用

尽管新技术能够使人们生活的自动化水平越来越高,但"人"依然是服务设计的核心。一线员工是提供服务最前沿的劳动者,是直接与顾客打交道的服务人员。"关键时刻"的提出者卡尔森指出,传统的组织有着像金字塔似的三角结构,最顶端是极少数掌握大权的高层主管,中间部分是数层中层经理,底端则是人数较多、与市场联系最紧密的基层员工。位于金字塔底端的员工才是真正在战场上作战的士兵,但是具有讽刺意味的是,当他们碰到特殊问题需要及时处理时,却常常无能为力。因此,卡尔森主张,致力于顾客导向的企业必须把金字塔式的组织架构倒过来,让一线员工成为服务的主体,因为他们比管理团队更了解顾客。管理学家陈春花(2018)教授指出,服务最重要的是行动,这个行动应由员工来做,多放些关注在能让员工理解顾客和理解服务真谛的启发上。如果你的服务真的是要给大家带来意外惊喜,就一定要把一线员工激活。纳税服务中,一线员工就是办税服务大厅的服务人员,或者是 12366 的电话接线员。他们是影响纳税人服务体验的主导性因素。他们与纳税人打交道的次数最频繁,也最了解纳税人。因此税务机关要提高服务品质就必须要重视一线纳税服务人员。首先,应向一线员工授权,让他们有充分的信息和权力去处理服务中的问题;其次,要创造良好的工作氛围,构建整个组织支持一线服务员工的服务型文化;再次,在制度设计上,要淡化管控倾向,增加服务意识,为纳税服务提供制度性保障;最后,提升服务人员的专业知识和服务技能,尤其是服务过程需要的沟通能力、语言表达、情绪控制和服务态度的培养。

参考文献

[1] 冯俊,张运来.服务管理学[M].北京:科学出版社,2010.

[2] 卡尔森.关键时刻 MOT[M].韩卉,虞文军,译.北京:中国人民大学出版社,2013.

[3] SOLOMON M R, C, CZEPIEL J A, et al. A role theory perspective on dyadic interactions: The service encounter[J]. The Journal of Marketing, 1985:99-111.

［ 4 ］CZEPIEL J A，SOLOMON M R. The service encounter：Managing employee/customer interaction in service businesses［M］. Free Press,1985.

［ 5 ］SHOSTACK L. Planning the Service Encounter［J］. The Service Encounter，1985：243-254.

［ 6 ］LOVELOCK C H，YIP G S. Developing global strategies for service businesses［J］. California Management Review，1996,38(2):64-86.

［ 7 ］GROVE S J, FISK R P. The dramaturgy of services exchange：An analytical framework for services marketing［J］. Emerging Perspectives on Services Marketing，1983:45-49.

［ 8 ］GRONROOS C. Service management and marketing：Managing the moments of truth in service competition［M］. Lexington Books,1990.

［ 9 ］范秀成.服务质量管理:交互过程与交互质量［J］.南开管理评论,1999(1):8-12.

［10］WINSTED K F. Evaluating service encounters：A cross-cultural and cross-industry exploration［J］. Journal of Marketing Theory and Practice,1999,7(2):106-123.

［11］VAN DOLEN W，LEMMINK J，DE RUYTER K，et al. Customer-sales employee encounters：a dyadic perspective［J］. Journal of Retailing，2002,78(4):265-279.

［12］LARIVIÈRE B，BOWEN D，ANDREASSEN T W，et al. "Service Encounter 2.0"：An investigation into the roles of technology, employees and customers［J］. Journal of Business Research，2017，79：238-246.

［13］李建州,范秀成.三维度服务体验实证研究［J］.旅游科学,2006,20(2):54-59.

［14］刘金岩.酒店服务接触对顾客体验的影响效应研究［M］.北京:经济科学出版社,2009.

［15］PRAHALAD C K，RAMASWAMY V. Co-creation experiences：The next practice in value creation［J］. Journal of Interactive Marketing，2004,18(3):5-14.

［16］MANO H，OLIVER R L. Assessing the dimensionality and structure of the consumption experience：Evaluation, feeling, and satisfaction［J］. Journal of Consumer Research,1993,20(3):451-466.

［17］SCHMITT B. Experiential marketing［J］. Journal of Marketing Management，1999,15(1-3):53-67.

［18］PINE B J，GILMORE J H. Welcome to the experience economy［J］. Harvard Business Review，1998,76:97-105.

［19］张立章.顾客独特的服务体验形成来源和内容研究［A］.武汉大学. Proceedings of the

Conference on Web Based Business Management[C].武汉大学:美国科研出版社,2010:4.

[20] ANDY POLAINE, LAVRANS LOVLIE, BEN REASON. 服务设计与创新实践[M].北京:清华大学出版社,2015.

[21] GRIMMELIKHUIJSEN S, JILKE S, OLSEN A L, et al. Behavioral public administration: Combining insights from public administration and psychology[J]. Public Administration Review, 2017, 77(1): 45-56.

[22] 张书维,李纾.行为公共管理学探新:内容、方法与趋势[J].公共行政评论,2018,11(01):7-36.

[23] 李晓倩.行为公共管理学实验:基于 SSCI 期刊(1978—2016)相关文献的分析[J].公共行政评论,2018,11(01):37-61.

[24] 贾奇凡,尹泽轩,周洁.行为公共管理学视角下公众的政府满意度:概念、测量及影响因素[J].公共行政评论,2018,11(01):62-82.

[25] 罗仕鉴,朱上上.服务设计[M].北京:机械工业出版社,2013.

[26] 丁熊.城市公共服务体系创新设计研究[J].包装工程,2015,36(02):13-17.

[27] 丁熊,梁子宁.服务与体验经济时代下公共设计的新思路[J].美术学报,2016(04):90-95.

[28] 张明,高嘉蔚.北京地铁自助售票服务设计策略研究[J].包装工程,2015,36(12):69-73.

[29] 王伟朋.价值共创视角下社区公共服务供给机制研究——以贵阳市 G 社区为例[J].中国集体经济,2018(34):152-153.

[30] 司文峰,胡广伟.我国电子政务服务价值共创质量分析与提升策略——基于国内十大重要省市的网站服务调查[J].图书馆,2018(10):93-99.

[31] 张苗苗,毕达宇.价值共创视角下公安情报共享利益冲突研究[J].情报杂,2018,37(09):32-37.

[32] 祁荣珊,李碧影.政府主导下价值共创的商业模式分析——以无锡物联网中心为例[J].中国市场,2018(20):24-25.

[33] 徐铭.基于价值共创的政府数据开放平台评估方法研究[D].南京大学,2018.

[34] 司文峰,胡广伟."互联网＋政务服务"价值共创概念、逻辑、路径与作用[J].电子政务,2018(3).

[35] 温倩宇,胡广伟.基于价值网的电子政务服务价值共创机制研究[J].情报杂志,2017(12):152-158.

[36] 孟庆国,谷民崇.数据主导逻辑下的公共服务价值共创机理探究[J].理论探讨,2017(3):

159-164.

［37］庞庆华,陈雨儿.基于服务蓝图理论的电子政务服务价值共创研究[J].情报杂志,2016,35（11）:151-157.

［38］刘柳.电子政务服务价值共创公众参与意愿影响因素研究[D].南京大学,2016.

［39］政府服务是互动共创价值的过程[N].中国政府采购报,2012-05-04(003).

［40］SUBBIAH A，IBRAHIM O. E-government towards service co-creation of value［J］. African Journal of Business Management，2011,5(22):9401-9411.

［41］SUBBIAH A，IBRAHIM O. Value co-creation process:a case of e-services for G2C in Malaysia[J]. European Journal of Social Sciences，2011,19(3):443-449.

［42］燕继荣.服务型政府建设[M].北京:中国人民大学出版社,2009.

［43］陈振明.公共管理前沿[M].福州:福建人民出版社,2002.

树立服务理念:
纳税服务的重要之维

纳税服务不是一句时髦的标语和口号,也不是一种应景的行政营销或是谋取赞誉的噱头。就其深层的本质看,它是一种理念,是一种发自内心的为纳税人着想的公共服务动机。"纳税服务"这四个字我们在口头上喊得太多了,以至于我们可能真正地忘记了它的深意。作为一名公职人员,如果我们不能从内心深处体悟自己所从事职业的核心理念,我们的行为就难以到达我们所要奔向的目标。

在现代社会,人们普遍相信并接受这样一个信条:政府存在的唯一理由就是提供公共服务和公共物品,公职人员在其工作中最核心的理念就是服务。实际上,在服务经济时代,每一个人的工作都是在服务他人。没有一个人可以脱离他人的服务而生存。正如爱因斯坦所言,我们每一个人在这个世界上,都是被他人所服务着,我们所做的一切也都是在服务他人。服务这个词本身就充满着高贵的气质,服务他人,或者在服务他人中体验到意义,是每一个人摆脱庸俗、猥琐和空虚的一剂良药。心理学家指出,生活若没有意义和目的,那就将是极其痛苦的、令人沮丧的,有时甚至是不堪忍受的重负。从事心理治疗工作的专业人员早就知道,多起自杀或者行凶杀人事件,正是在生活缺乏意义和目的的情况下发生的。

服务一旦真正成为人们工作的理念,其内心质量不仅大为改观,而且会迸发出蓬勃的创意和激情,极大地改变客观世界。张维迎有本书叫《理念的力量》,强调了理念在改造客观世界的重要作用。他说,人类历史上很多变革,不是一种利益战胜另一种利益,而是一种思想和主义战胜另一种思想和主义,或者新的理念战胜了旧的理念。奥地利经济学家米塞斯，同样强调理念的重要：
"人所做的一切是支配其头脑的理论、学术、信条和心态之结果。在人类历史
上，除开心智之外，没有一物是真实的或实质性的。"没有先进理念的指引，人们
改造世界的行为可能是盲目的或跛脚的，即使有了丰足的物质基础和优良的设
备设施，也很难实现想要的目标，正如美国社会学家英格尔斯所说："无论一个
国家引入了多么现代的经济制度和管理方式，也无论这个国家是如何仿效最现
代的政治和行政管理，如果执行这些制度并使之付诸实施的那些个人，没有从
心理、思想和行动方式上实现由传统人到现代人的转变，真正能顺应和推动现
代经济制度与政治管理的健全发展，那么这个国家的现代化只是徒有虚名。"他
认为，一个国家要实现现代化，首要的是这个国家的国民要有现代化的观念。
他说："如果一个国家的人民缺乏一种能赋予这些制度以真实生命力的广泛的
现代心理基础，如果执行和运用着这些现代制度的人自身还没有从心理、思想、
态度和行为方式上都经历一个向现代化的转变，失败和畸形发展的悲剧结局是
不可避免的，再完美的现代制度和管理方式，再先进的技术工艺，也会在一群传
统人的手中变成废纸一堆。"

　　反观纳税服务，观念上的不到位，也在不同程度上存在着。毋庸置疑，从纳
税服务概念提出至今，纳税服务工作取得了巨大的进展，得到了多数纳税人赞
同和好评。但是，仍有少数税务人员没有实现观念上的转变，权力色彩浓厚，服
务意识不足，习惯凌驾于纳税人之上，不能以平等的态度对待纳税人，常常以
"执法者"的口吻和心态自居；在一些制度和措施上，管控趋向明显，平等意识不
足；在办税新技术的使用上，虽然配备了高档的设备，使用了信息化办税手段，
但是由于服务理念的缺位，往往给纳税人带来不佳的服务体验。这些问题往往
不是技术上的问题，而是观念上的问题，因为，在商业服务领域，此类问题已经
得到充分的研究并提供了良好的解决方案，只是我们还没有彻底敞开胸怀，拓
宽眼界，拥抱新理念和新变革。

　　组织中的重大进步，从短期看，领导者的理念比较重要，因为领导者是组织
变革的引领者；从长期看，员工的理念更重要，因为理念只有经过员工的认同才

能发挥持久的效力，使领导者的理念传承下去，内化成组织的文化。对任何公共部门来说，这种文化就是一种服务型的文化。正如王锋教授在《走向服务型政府的行政精神》一书中所说，在后工业社会，"政府必须在人与人的服务需求满足中寻找自己的生长点，并进而思考自身与社会的关系，政府内部构成及各部门间的相互关系。但是从根本上说来，政府是从服务中获得自己存在的理由，并通过服务实现自己的价值和使命。……政府存在的理由就只能在于如何为社会提供服务，如何在差异化服务当中实现自身的价值"。因此，可以这样说，切实树立为纳税人服务的理念，是做好纳税服务工作的重要之维，甚至是做好纳税服务工作的重中之重。对于政府部门来说，引进新的设备和技术等硬件是容易的，仿照和实施先进的制度和管理措施也是容易的，但是没有心灵软件，亦即观念上的现代化，没有从内心深处生发起为纳税人服务的理念，再好的设备和技术也可能成为一种摆设，再好的制度设计和管理措施也得不到真正的遵守和贯彻。唯有从灵魂深处切实树立为纳税人服务的理念，做到知行合一，每一名税务人才能迸发出无穷无尽的创意和潜力，才能把纳税服务工作尽心尽力地做得更好。